ワークで学ぶ
井藤元——編
ITO Gen
Introduction to Teaching Profession

教職概論

ナカニシヤ出版

はじめに

　プロとアマチュアの違いはどこにあるのだろうか。プロとアマ、両者の違いを考えるうえで参考になるのがプロ棋士・羽生善治氏のインタビューである。25歳で前人未踏の7タイトル全制覇を達成した将棋の天才は、NHKのとあるテレビ番組でプロとアマの違いについて次のように洞察している（『プロフェッショナル　仕事の流儀　棋士　羽生善治の仕事　直感は経験で磨く』2006年7月13日放送）。

　　アマチュアとプロの違いは何か。両方ともミスをするし、一局将棋を指したら必ず何箇所も間違えます。では何が違うかと言えば、プロはミスをするところでも方向性だけは間違えないのです。プロの場合は間違ってはいるけれども方角が少しズレているだけ。アマチュアの人だとぜんぜん違う方向へ行っていることがあるので、それがプロとアマの差となって現れるのです。（傍点筆者）

　対局中、棋士は一つの局面でおよそ80通りの選択肢（羽生善治『直感力』PHP研究所、2012年、32頁）のなかから最善手を選び取らねばならない。時間も限られている。神ならぬ人間がミスをせずに一局を終えることは不可能なのだという。だが、プロ棋士はミスを犯した場合でも「方向性」だけは間違えない。アマのミスは「方向性」そのものを見失っている。そこにプロとアマを分かつ決定的な差異があるというのだ。羽生氏によるこの整理は、プロの教師とは何かを考えるうえでも示唆に富んでいる。羽生氏の言葉を導きの糸としてプロの教師（学校の教員）を目指す人のために書かれた本書の特徴と課題（なぜワークが必要か）を示すことにしたい。

　教師の仕事は判断の連続である。授業、生徒指導、進路指導、部活指導、保護者対応、あらゆる場面でその都度、適切な対応が求められる。一つの場面につき選択肢は二つや三つではない。児童・生徒への言葉かけひとつとってみて

も、表情、表現、声量、テンポ、タイミングなどを状況に応じて変えてゆく必要がある。数多くの（ときに無数の）選択肢のなかから、最適解を探り当てる力がプロの教師には求められるのである。しかも、ある生徒に対して有効だった働きかけが別の生徒にとっても有効とは限らないし、同じ授業内容でもクラスが違えば授業展開は驚くほど異なる。また、対応の是非がその場ですぐに判定できるものばかりではない。一見うまくいったようにみえる働きかけも、俯瞰的にみたとき、あるいは長期的展望でとらえたとき、適切だったかどうかの判断が分かれるものもある。こうしてみると、高度に複合的な判断が求められる教師の仕事において、ミスを犯さずにすべての業務を完璧に遂行することは（棋士の場合同様）ほとんど不可能といってよい。

　重要なのはミスを犯した場合でも「方向性」を間違えないことである。方角が少しズレているだけならば、修正も容易である。だが「方向性」が大幅にズレていると、取り返しのつかない過ちを犯すことにもなりかねない。

　ではどうすれば「方向性」を見誤らずにすむのであろうか。もっとストレートに問うならば、本書を読むことでプロの教師になるための力が多少なりとも培われることになるのだろうか。

　「本なんか読まずに、実際に子どもと関わる経験を積んだほうが何倍も有益だ」と考える人もいるだろう。「本に書かれている内容など死んだ知識にすぎない。生きた経験こそが重要なのだ」と。たしかにプロになるためには「経験」が不可欠である。だが、「経験」を積めば誰もがプロの教師になれるかといえば、事はそれほど単純ではない。一定の年数を経れば、自動的にプロの教師になれるというわけでもないのだ。ここでまたしても示唆を与えてくれるのが先にみた羽生氏のインタビューである。彼は、「経験」に加えて「価値観を磨くこと」の重要性を訴えている。個々の状況において判断に方向性を与えるもの、それが「価値観」だというのだ。これを教育の文脈に置き換えるならば、教育についての価値観＝「教育観」を磨くことが教師の働きかけの方向性を担保するものとなる。

　長い前置きとなった。本書が目指しているのは、ワーク課題を通じて「教育観」を磨くこと、その一点に尽きる。読者の皆さんのなかには、すでに自分なりの教育観（「教師とはかくあるべきだ！」など）をもっているという方もいる

かもしれない。だが、本書ではある教育観を「正答」として盲信することに待ったをかけ、それが本当に正しいかどうか、あらゆる角度からの検証作業を行う。一つの教育観を無批判に信奉し、無反省な態度でいると、目の前の生きた子どもと関わる際に判断を誤る可能性もあるからである。したがって、本書を読んだからといってすぐにプロの教師になれるわけではないのだが、本書自体がプロの教師を目指すための鍛錬の場（教育観を磨くための訓練の場）となるよう設計が施されている。

　本書を手にとってくださった方の多くは今現在、教職を志している学生の方だろう。ボランティアやインターンシップ、あるいは教育実習などで子どもたちと関わり「経験」を積むことはできる。だが、時間的・条件的な制約もあるため、学生時代に十分な現場経験を積んだうえで教員になることは不可能である。けれども自らの経験不足を不安に感じる必要は一切ない。むしろ、学生のうちにこそできることを突き詰めておくほうがより重要だと筆者は考えている。多様な価値観にふれ、自らの教育観を磨いておくことは、プロの教師として現場に立つ前に行うことのできる大事な下準備なのである。

　教育観は、お題目を唱えることで磨かれるものではない。「なぜ？　どうして？」とつねに問い続け、その問いに対して自ら答えを導き出そうとする訓練を積み重ねるなかで洗練されてゆくものである。本書では各章においてさまざまなワークが用意されている。それぞれのワークは文中に組み込まれるかたちで配置されているので、ワークを避けては読み進めることができない。読者の皆さんは本書のなかで遭遇する諸々の問いの前でしっかりと立ち止まってほしい。そこで提示されている問いのほとんどは答えのない問いであるが、本書で提示されている問いにさまざまな角度からアプローチすることで、教育観が磨き上げられるような仕組みとなっている。

　本書は「ワークで学ぶ」シリーズの第3弾にあたるテキストである。ナカニシヤ出版の酒井敏行さん、面髙悠さんには『ワークで学ぶ教育学』『ワークで学ぶ道徳教育』に引き続き、今回の企画でもつねに背中を押し続けていただいた。ワーク課題を中心に据えた本シリーズの意義をお認めいただき、シリーズの継続を全面的に後押ししていただいた。この場を借りて心より感謝を申し述べたい。また、シリーズ第1作、第2作に引き続き、イラストは藤沢チヒロさ

んにお願いした。彩り豊かな藤沢さんのイラストに導かれ、読者は答えのない問いへと誘われることだろう。

　前置きは以上となる。プロの教師を目指す旅は長くて険しい。だが恐れることはない。旅の途上で指針を見失わないよう、準備を進めていくことにしよう。

編者　井藤　元

目　　次

はじめに　*i*

第1章　教師に「なる」とはどのようなことか？
　　　　　創造としての生成変化 ──────────── 3

第2章　教師と生徒の「いい関係」とは？
　　　　　発展性と創造性をもたらす「教える－学ぶ」関係 ──── 15

第3章　目指すべき理想の教師像なんてあるのか？
　　　　　歴史のなかの教師像と「教師」への期待の変遷 ───── 29

第4章　教員免許状は誰が授与するのか？
　　　　　教員免許状でみる教員養成史 ────────── 43

第5章　教師になるために大学で学ぶべきことは何だろうか？
　　　　　教員養成におけるアカデミズムとプロフェッショナリズムをめぐって ── 57

第6章　「法」のなかで生きる教員とは？
　　　　　ブレーキ／モーターとしての法 ────────── 70

第7章　教師の仕事とはどのようなものだろうか？
　　　　　教師の仕事の過去・現在・未来 ────────── 84

第8章　教師はスーパーマンにはなれない？
　　　　　教師の多忙化とバーンアウト ——————— 98

第9章　「授業」とはいったい何が行われている場なのか？
　　　　　「スピーチ」と比較してみる「授業」の条件 ——————— 113

第10章　コンピュータに教師のかわりはできる？
　　　　　教育の情報化 ——————— 128

第11章　想定外の出来事にも準備はできる？
　　　　　教師の即興の技量としてのタクト ——————— 142

第12章　教師として学び続けることとは？
　　　　　教師の研修に求められる省察と協働性 ——————— 155

第13章　保護者とつながるには？
　　　　　「モンスターペアレント」を考え直す ——————— 171

第14章　学校外部に頼るのは教師の敗北なのか？
　　　　　関係機関との連携にもとづく生徒指導のあり方 ——————— 183

第15章　現代社会に生きる10代と向き合うには？
　　　　　10代と秘密から考える ——————— 196

第16章　子どもたちの「多様性」と向き合うには？
　　　　　子どもたちそれぞれの成長物語と教師 ——————— 208

目　次

第17章　これからの教師の役割とは？
　　　　　ファシリテーターとしての教師 ────── 224

人名索引　241
事項索引　241

ワークで学ぶ教職概論

◎イラスト=藤沢チヒロ

第1章
教師に「なる」とはどのようなことか？
創造としての生成変化

1．長めの導入――ある哲学者の述懐から

手はじめに次の文章に目を通してみてほしい――

　回顧すれば、私の生涯は極めて簡単なものであった。その前半は黒板を前にして坐した、その後半は黒板を後にして立った。黒板に向かって一回転をなしたと言えば、それで私の伝記は尽きるのである[1]。

　これは、近代の日本を代表する哲学者、西田幾多郎（1870-1945）による「或教授の退職の辞」（1928年）と題された小品の一節である。定年を迎えた、はにかみやの老教授の口を借りて、西田は、自身の生涯を「黒板に向かって一回転をなした」とふりかえっている。「黒板を前にして坐した」半生は彼の学生時代を、「黒板を後にして立った」残りの半生は彼の教師時代を、それぞれあらわしている。老境にさしかかり、長い教師生活を終えてこれから教壇を降りようとするとき、そのこころにはさまざまな想いが去来したにちがいない。にもかかわらず、黒板に対する位置関係という無味乾燥な情報だけで自らの来し方をふりかえってみせるところに、この述懐の妙味はある。

　「教職概論」と銘打つ一書の冒頭で「退職の辞」からしみじみと話を始めることにいささか拍子抜けした読者もいるかもしれない。けれども、「教職概

図1-1　西田幾多郎
出所）『西田幾多郎全集』第十二巻、付録より。

論」というメガネを通して読み直してみると、西田の文章は、その簡潔さゆえにこそ、実に多くの示唆を与えてくれるように思われる。ここで次のワークに取り組んでみてほしい（ワーク1-1）。

ワーク1-1

「或教授の退職の辞」を参考にしつつ、あなた自身が「教師」、および、「生徒」ないし「学生」を定義するとすれば、どのようなものになるだろうか？ またその際、上の一節にはどのような点がなお足りないと考えられるだろうか？ 下の空欄に記入してみよう。

【教師】
....
....

【生徒・学生】
....
....

　どのような意見が出ただろうか。念のために言い添えておくと、ここでは西田に「反論」することが問題なのではない。このワークは、西田の簡潔な回顧から出発してあれこれの要素を付け加えてみることが、そのまま、教師とは何者なのか、また、教師と生徒ないし学生との関係とはどのようなものなのか、といった問いの考察につながると期待してのことである。そのことをふまえたうえで、基礎的な論点にしぼって、以下に三つの点を確認しておく。

①教えること、教わること、教えられること

　一つ目は、教師と生徒・学生との関係についてである。上の一節では、前者は黒板を後ろにして立って教える者として、後者は黒板を前にして座り教わる者として、それぞれ記述されていた。教師は能動的にはたらきかけ、対して生徒や学生はそのはたらきかけを受けとる——こうしたイメージに託して「教育」と呼ばれるいとなみを思い描く人も実際のところ多いのではないだろうか。これは何もこの国に限った話ではない。「講義」を意味するドイツ語の"Vorlesung" という単語は、字義通りには、教師があらかじめ用意してきた原稿を学生の「前で」「読むこと、朗読すること」を意味する。ならば、教師の

朗読する原稿を聞きながら教えを受けとるのが学生であり生徒であるということになる。英語やフランス語の "lecture" という単語も、やはり「読むこと」をその原義にとどめている。

　とはいえ、教師はもっぱら「教える」だけの存在ではないはずだ。たとえば、日々の授業や講義を準備するなかで、不足している知識を補い、すでに知っていることをより深く知り直すために「教わる」必要があることはいうまでもない。また、たとえばクラス内の人間関係や若者の文化のように、生徒や学生のほうがかえってよく知っているということは当然多くある。だが、そればかりではない。授業や講義の最中に発せられた何気ない質問によって、教師としての自分がいかに何もわかっていなかったのかがわかる、あるいは、自分がいかに特定の観点や先入観に縛られて物事をみていたのかが突きつけられる、ということもあるだろう。これらの場合、自分が知りたかったことを「教わる」というよりは、むしろ自分がいかに知らなかったのかを「教えられる」、と表現したほうが適しているような事態が生じている。このように、教師の活動には、「教える」ことのみならず、**「教わる」**ことや**「教えられる」**こともまた、ひとしく属している。

②**伝わること、伝わらないこと、伝わってしまうこと**
　これに関連して、二つ目に、教師と生徒・学生とのあいだの伝達の問題がある。教育といういとなみを**「伝える」**という観点からみたとき、知識を持てる者が持たざる者に受け渡すかのようにそのプロセスを想像する人も多いだろう。しかし、ことはそれほど単純ではない。教師の側での伝え方が難しすぎたり、生徒や学生の側が十分な注意を払っていなかったりして、円滑に**「伝わらない」**ことはもちろん、そもそも何をもって「伝わった」とみなすのかも定かではない。うんうん、と肯いているのに実は何もわかっていなかった、というのはしばしば見受けられることだ。また、テストで正解が書かれていればそれだけで本当に「わかっている」とみなすことができるのか、という問題もある。ただ暗記して機械的に答えているだけであれば、そのことがらを真に理解しているとはいえないからだ。さらには、意図せずとも**「伝わってしまう」**というケースも考慮に入れねばならない。何気なく発した言葉がときに相手を傷つけ

あるいは喜ばせるように、たとえば本来の話の筋からは脱線した学生時代のバイトについての雑談が期せずして「資本主義」という抽象的な概念を理解させるのに役立つこともあるだろう。このように、教育という伝達のいとなみは、**教える者の制御できる範囲を容易に超えうるのである**。

③「間柄」としての教師と生徒

　教える者が教育という事象を首尾よく手中におさめることができるわけではないのは、教育が他の人間（たち）を相手にするという基礎的な事実と関連している。ここで三つ目の点に移ろう。見落とされがちではあるが、教える者としての教師、教わる者としての生徒・学生がそれぞれまず独立して存在し、次いで、両者がしかるべきときに教室という空間で出くわすわけではない。教師は生徒や学生に対して教師なのであり、生徒や学生もまた教師に対して生徒であり学生である。かつて一度も子どもをもったことのない「父親」というものは存在しえないように、生徒や学生とはまったく無縁の「自称教師」というのは、それが滑稽であるばかりか、そもそもありえない話なのだ。

　もう少し詳しくみてみよう。「**間柄**」という概念を基軸に壮大な倫理学体系を築きあげた和辻哲郎（1889–1960）は、その大著『倫理学』において、次のような論を展開している[2]。教師は、生徒に対して「教師らしく」ふるまうよう規定されるとともに、生徒が自分に「生徒らしく」ふるまうよう規定しかえしてもいる。さらに、教師と生徒は「学校」という空間に入ることによってこそはじめて教師であり、生徒である。普段校内でしか見かけない教師を街中で偶然見かけたときに不思議な違和感を覚えるのは、そのとき教師は「教師」としてではなく、たとえば「よき父親」として、あるいは先を急ぐ「歩行者」として見出されるのであり、ふと垣間見られた「別の顔」に戸惑わされるからであろう。他方、ある建物は教室や実験室、図書室や運動場を備えていればそれだけで「学校」となるわけではない。学校もまた、教師と生徒によって存立するのであって、かつて一度として教師も生徒も抱えたことのない学校というのは端的にありえない。これから開校を迎える学校といえど、教師と生徒の定員はすでに決まっており、当の学校に見あった教師と生徒を募集する以上、潜在的には教師と生徒を抱えているといえる。逆に、廃校舎が不気味なのは、その

建物が「学校」としての使命を終え、教師や生徒によってふたたび満たされる可能性がすでに閉ざされたにもかかわらず、なおそこにぽつんと立ち続けているからであろう。このように、教師とは、**生徒や学校との関係の編み目のなかではじめて教師たりうる**。この点は最後にもう一度ふれるので念頭に置いて読み進めてほしい。

2．教師に「なる」こと

黒板を後にして……

　教師とは黒板を背にして教える者であり、生徒や学生は黒板を前にして教わる者である、という広く共有された図式の背後には、実にさまざまなことがらが複雑に入りくんでいることが確認されただろう。しかし、ここまであえてふれなかった論点がある。それは、**教師に「なる」という契機**についてだ。だいぶイントロダクションが長くなってしまったが、以下で立ち入って考えてみたいのは、この「なる」という出来事についてである。

　西田は、黒板に対する位置関係でもって教師に「なる」ことを簡潔に表現していた。この点に関してもまた、さまざまな補足が可能であることだろう。ここで次のワークに移ってみよう（ワーク1-2）。

ワーク1-2

学生が教師に「なる」とはどのようなことだろうか？　また、どうすれば、学生は教師に「なる」ことができるのだろうか？　黒板に対する位置関係のほかに思いついたことを下の空欄に各自箇条書きにしてみよう。

....
....
....
....

　どのような意見が出されただろうか。すぐさま思いつくように、塾や予備校などを除けば、教壇に立つためには教員免許を取得しなければならない。また、教員採用試験のことを思いついた人もいるだろうが、ともかくどこかの学校に

採用される必要がある。あるいは、所定の授業を履修し単位を取得し学位を得ることも求められよう（詳しくは本書第5章を参照）。

　これらの制度的側面にくわえ、教師に対する社会的期待への応答という側面も看過できない。かつて教員養成機関を「師範学校」――字義通りには「模範となる師を養成する学校」――と言ったように、「教師たるもの、かくあるべし」、あるいは「教師ってこういう人がなるものだ」という一定の要請を満たすことが教師には求められている。そのことの証左の一つがまさに、本書の主題である「教職概論」である。世の中にさまざまな職あれど、「概論」というかたちで大学に講座を持つ職業はきわめて少ない。たとえば「哲学概論」や「社会学概論」はあるが、「哲学者概論」や「社会学者概論」というのはちょっと聞いたことがない。「教職」に就くことを志す者にはなぜ「概論」が用意されているのか――この問いに答えるには、現状の制度を多かれ少なかれ規定しているこの国の教員制度の歴史を紐解く必要も出てくる（詳しくは本書第4章を参照）。このように、教師に「なる」とひと口でいっても、そこにはいろいろな要素が複合的にからみあっているのである。

「なる」ことのとらえがたさ

　しかし、教員養成の制度、その歴史、あるいは教師に求められる資質や技量を知ることが、教師に「なる」とはどのようなことか、という問いに十全な答えを与えてくれるわけではない。というのも、「なる」ことには次のような独特のとらえがたさがつきまとうからである。人は、教師であるか、教師でないか、のどちらかである。教師に「なる」ことについて思いをめぐらす者は、（たいていは）学生であるのであって、いまだ教師ではない。反対に、教師である者は、すでに教師になってしまっている。いずれの場合にせよ、「なる」を生け捕りにすることはできなくなってしまうのである。

3．本当は「学生が教師になる」とはいえない？

アキレスと亀

　「なる」という出来事のとらえがたさを探るために、20世紀前半に活躍した

フランスの哲学者、ベルクソン（Bergson, H. 1859-1941）の『創造的進化』（1907年）をとりあげてみよう[3]。彼が着目するのは、古代ギリシャの哲学者、エレアのゼノン（Zeno 前490頃-430頃）が伝えたとされる数々のパラドクスである。そのうちの一つに、「アキレスと亀」と呼ばれる、よく知られた難問がある。

　アキレスという男と亀が徒競走をすることになった。足の速いアキレスはハンデとして何十メートルか後ろからスタートすることにした。スタート直後、アキレスはぐんぐん加速する。亀を追い抜くにはもう何秒とかからないだろう。しかし、ここで次のような推論が成り立つ。亀のスタートした地点にアキレスが到達したとき、亀はすでに何メートルか先を行っている。その亀の位置にアキレスが到達したとき、その間にも亀は何センチか先を行っている……。以下同様に考えると、アキレスはいつまでたっても亀に追いつくことはできない、という結論に至る。

　誰もがこの推論の「おかしさ」に直感的には気づくだろう。人間が亀を追い抜くことができないはずはない——そのように考えるはずだ。では、「アキレスと亀」の一体何が「おかしい」のだろうか。ベルクソンによれば次のようになる。アキレスの軽快な走りも亀の緩慢な前進も、それ自体としては一続きの運動である。問題の推論はしかし、亀のいた地点までいったんアキレスを動かし、次いで、その間に亀が進んだ分だけ亀を前進させる、というふうにして進められている。つまり、アキレスが亀のいた地点に到達したときアキレスはいったん走行を停止し、かわって亀が何センチか先に進むかのように、アキレスと亀の運動を解体して説明している。もしアキレスがそのように走るとすれば、左右の足の動かし方を逐一意識しながら階段を一段一段登るときのように、その走行はギクシャクとしたものになるだろう。だが実情としては、アキレスはにわかに加速し、難なく亀を抜き去る。「アキレスと亀」のおかしな帰結は、本来は細切れに分けられない一連の運動を分割し、各々の通過点の集積でもってアキレスと亀の走行の軌跡を再構成しようとしたことに由来する。

思考の映画的なメカニズム

　ゼノンの提起したパラドクスの検討を通じて、ベルクソンは興味深い議論を展開している。本性上、分解や分割にはなじまない事象に対してまで分析の手を忍ばせてしまうのは、人間の思考にごく自然に備わっている「**映画的なメカニズム**」に起因する。フィルム映画のからくりは、少しずつ位置のずれた静止画をすばやくコマ送りすることで登場人物の動きや風景の流れを再現してみせることにある（デジタル映画全盛のこんにち、フィルム映画にぴんと来ない人であれば、いわゆる「パラパラ漫画」を思い浮かべてもよい）。「アキレスと亀」は、人間の思考の「映画的なメカニズム」——ないし、「パラパラ漫画」的なメカニズム——を示す一例にほかならない。

　人間が亀を追い越すことができない、という推論であれば、ことはさほど深刻ではない。誰もがそのおかしさを直感的に悟ることができるからだ。しかし、同様の発想様式はさまざまな場面でそれとして意識されることなく実践されている、とベルクソンは指摘する。たとえば「**子どもが大人になる**」という表現。そのように口にすることに誰しも何ら抵抗をおぼえないであろう。だが、立ち入って考えてみると、この言い回しは容易には納得しがたい奇妙な事態を相手にしていることが理解されるはずである。「子ども」という主語を置くとき、「大人」という補語はま̇だ̇その主語にはぴたりと当てはまらない。また、「大人」という補語を口にしたときには、この語は「子ども」という主語にはも̇は̇や̇適用されえない。さらにそもそも、「子ども」にせよ「大人」にせよ、人生を誕生から現在に至るまで伸びる一直線のように見立て、その間の一定の時期を区切って取り出された仮想上の停止点にすぎない。だが、いったん停止点として立てられたものからは、どうやっても別の停止点への移行を導き出すことはできない。とすれば、「子どもが大人になる」という言い方は、その穏当なよそおいとは裏腹に、実は「アキレスと亀」と同じ袋小路にはまり込むことになる。つまり、「子ども」は「大人」に「なる」ことができない、という背理が導かれてしまうのである。これを避けるには、「子どもから大人への生成変化があった」とより正確に言い直さなければならない。にもかかわらず、「子どもが大人になる」という表現が難なく通用してしまうのは、人間の思考の「映画的なメカニズム」に見あうようにかたどられた言語が有する習慣的な力

による。そのおかげで、「子ども」と「大人」とを橋渡しすることに隠された不思議をやりすごすことができるのだ。同様のことは、**「学生が教師になる」**という表現についてもいえるであろう。

　以上の議論は、言葉尻をとらえた揚げ足取りと思われるかもしれない。実際、もし「子どもが大人になる」に類する言い方の一切が誤りであるとしたら、そのときに言語が被る制限はきわめて大きなものとなる。たとえば「不親切な人が親切な人になる」と言うことも、「学生が教師になる」と言うこともできなくなってしまうとしたら、それはたいへん窮屈なことだ。くわえて、「子ども」や「大人」といった区切りがいくら人為的に設けられたものだとはいえ、それらが——たとえば発達心理学などの分野において——一定の意義をもつことは否定しえない。けれども、人間の思考にとってごく自然な「映画的なメカニズム」になじまない、あるいは、それでもってしてはとらえ損ねてしまう事象があることもまた、揺るがしがたい事実である。その代表例がアキレスの「走り」という**運動**であり、「子どもが大人になる」という**生成変化**であった。生成変化の出来事をとらえようとするとき、「AがBになる」という定型表現ではどうしても足りないし、ともすれば当の出来事を歪めてしまっている。そのことに思い至らせてくれるのが、ベルクソンの意表を突く指摘だったのである。

4．創造としての「なる」こと

　「なる」という生成変化がとらえがたいのは、たんにそれを適切に表現する手立てがないからだけではない。もう一つ、これから何ものかに「なる」者はその帰結を完全には見通すことができない、という、より根本的な事情がここに介在してくる。「なる」という出来事は、その予見不可能性において、出来あいの材料を組み合わせて何かを作り上げることからは区別される。つまり、それはモノの「**製作**」の秩序ではなく、新しいものを出現させる「**創造**」の秩序に属している。例をあげて説明しよう。

　画家が肖像画を描くとする[4]。描き終えて作品として完成した肖像画は、そのモデルの顔つきや当の画家の作風、あるいはパレットの上に溶かされた絵

の具などから、批評家によるいろいろな説明を受けつけるだろう。しかし、これらの情報をいくら事後的に集めたとしても、作品がひとたび完成するまでは、たとえ当の画家本人にとっても、その肖像画がどのようなものになるかは正確に予見することはできなかったはずである。肖像画の出来上がりを実際に作品が完成するに先だって正確に予測することは、いわば「生み出す前に生み出す」という自己矛盾でしかない。このように、創造といういとなみにおいては、出来あいのもの——肖像画のモデル、絵の具などの材料、画家の作風——の単純な足し引きでもって、これから出来るものをあらかじめ説明し尽くすことはできない。別様にいえば、すでに出来ていたものの組みあわせ以上の何かが出来上がったもののうちにあるとき、そこに「創造」が認められる。「創造」がモノの「製作」と根本的に異なるのはこの点にある。たとえば木材でテーブルを作るとき、材料はあらかじめ製作物に合うようにかたどられ、テーブルは設計図にすでに定められたように作ればよい。同じ材料からは同じテーブルがまるで金太郎飴のように製作され、テーブルのその都度の出来あいは、手もとにある材料の組み合わせとひとしくなる。そこには厳密な意味での「創造」はない（ワーク1-3）。

ワーク1-3

あなたは「創造」のいとなみとして何を思いうかべるだろうか？　「絵を描く」以外の具体例を列挙してみよう。

....

....

....

　モノとは異なる人間に訪れる「なる」という生成変化が画家の作品制作の過程にも擬せられる「創造」の出来事であるとすれば、それは、これから何かに「なる」者はなり終えた自分を完璧に見通すことができないからである。もちろん、当人の性格や影響を受けた人物、理想像などによって、「なる」という出来事のある程度の輪郭をあらかじめ描きとることはできるだろう。しかし、芸術的創造にとってハウツー本は本質的には無縁であるように、これから「なる」者にとって、どう生成変化するかを前もって正確に教えてくれる便利な説

明書は本来ありえないのである。

5．「なる」ことへの自由

　以上を経て、教師に「なる」という生成変化の出来事のとらえがたさの内実をより深く理解することができる。「学生が教師になる」という素朴な言い回しがその「なる」という出来事を取り逃してしまうのは、「学生」としてひとたび区切られた定点から出発したとき、「教師」として区切られた別の定点への移行を説明することが困難になるからだけではない。より根本的には、いまだ「教師」であらざる「学生」にとって、これから到来するであろう「教師」に「なる」という出来事をあらかじめ正確に予想することはできないからである。

　「なる」という出来事の予測不可能性とその創造的性格から導き出されるのは、どうせどうなるかわからないのだから時の流れに身を任せるしかない、という諦念や日和見主義ではない。教師に求められる資質や自分がなりたいと思う教師像をあらかじめ見定めておくことは有益でさえあるだろう。他方でしかし、いまだならざる者があらかじめなり終えたときの自分を型にはめて枠どってしまうことは、不必要なまでの窮屈さを自らに課すことにもなりかねない。とりわけ、教師のように、「かくあるべし」という期待や要請、あるいは理想がいかんともしがたく社会的に規定されている場合、「早く大人になりなさい」という親の小言よりもさらに強力な**「なる」ことへの強制**とでもいうべき事態が容易に生じてしまうおそれがある。だが、そうした仕方で「なる」ことがことさらに重荷としてのしかかってくるとき、実は「なる」ことの生成変化の創造性はかえって硬直し、その本来の姿を逸してしまっているのである。

　最後によく考えてみてほしい。教師とは、そのあり方からしてそもそも、定型にはまることに馴染まない存在なのではないだろうか。というのも、先にみたように、誰しもひとりで教師に「なる」ことはできず、教師は、生徒や学生、学校などとの関係の編み目のなかではじめて教師たりうるからである。生徒や学生はたいていは複数おり、しかも一定の期間を経て入れ替わる。学校と呼ばれるものも、管理職や事務員といった他の人間たちから成り立っている。このように、おびただしい数の他者たちとともにあるなかで人は教師に「なる」と

すれば、自分が無数の他者たちとの関係の網目のなかでどのような教師になるのか、その行く末を前もって狂いなく予測することはそもそも無理な話なのだ。ならば、むしろ求められるのは、ある固定観念に則り到達点に向かって一直線に進むのではなく、他者たちとのその都度の関係のなかで生じる「なる」という出来事の創造性を生きる軽やかさであることになる。「なる」ことへの強制に閉塞感をもって従うのではなく、**「なる」ことへと自由であること**――これが、教師に「なる」という生成変化に見合った姿勢なのである。

注
（1）　西田幾多郎「或教授の退職の辞」『西田幾多郎全集』第十二巻、岩波書店、1950年、169頁。旧字、旧かな遣いは改めた。
（2）　和辻哲郎『倫理学（一）』岩波文庫、岩波書店、2007年、81-85頁。
（3）　ベルクソン（合田正人・松井久訳）『創造的進化』ちくま学芸文庫、筑摩書房、2010年、391-397頁。
（4）　ベルクソン前掲書、24頁。

【読書案内】
①夏目漱石『**坊っちゃん**』新潮文庫、新潮社、2003年。
　国語の教科書で読まされた人もいるかもしれない。しかし、これから教師にならんとする立場からあらためて読みかえしてみると、漱石が描く新米教師の奮闘とその孤独は、これまでとはちがった相貌をみせることだろう。
②四方田犬彦『**先生とわたし**』新潮文庫、新潮社、2010年。
　文学や映画をはじめ、多彩な分野で批評活動を続ける著者による回想録。大学時代に師事した英文学者、由良君美との出会いから別離までを物語る。濃密な師弟関係にきざまれた有為転変について深く考えさせられる好著。

（平石晃樹）

第2章
教師と生徒の「いい関係」とは？
発展性と創造性をもたらす「教える−学ぶ」関係

1.「先生」と「友だち」は何が違う？

　この本で学ぶ皆さんは「先生」になることを目指している。おそらく、ただ「先生」になるだけではなく、「いい先生」になりたいと考えているはずだ。「いい先生かどうか」を判断する基準はたくさんあるが、この章では、子どもたち（児童・生徒）の視点から、特に「関係性」という言葉をキーワードにして「いい先生」について考えてみたい。

　それでは、「いい先生」と教師と生徒の「関係」はどのように関連するのだろうか。たとえば、ある社会調査で「理想の先生像」のランキングをみてみると、櫻井翔、武田鉄矢、尾木直樹、といった面々が並ぶ（表2−1）。ここで注目したいのはこれらの人物が選ばれた理由である。「イケメンだから」「授業を教えるのが上手そう」といった外見的魅力や教育技術への期待はもちろんある。しかしそれ以上に、「生徒と真剣に向き合ってくれそう」「相手を思う強さや厳しさが言葉から感じられる」といった、生徒に対してどのように関わってくれるのかを期待する言葉が多くみられるのだ。つまり、児童・生徒からみた「いい先生」には、「何を知っているか」「教えるのがどれだけ上手いか」という教育技術面の資質や能力だけではなく、「生徒にどう関わるか」「生徒とどう向

順位	名前
1	櫻井翔
2	武田鉄矢／坂本金八
3	尾木直樹
4	池上彰
5	イチロー
6	松岡修造
7	仲間由紀恵／山口久美子
8	明石家さんま
9	天海祐希
10	乙武洋匡

表2−1　理想の先生ランキング

出所）オリコン社、2013年調査、調査対象10代-20代。

き合うか」という教育関係面の資質や能力もまた求められているのである。

　この教師と生徒の「関係性」を考えるうえで、近年しばしば目にするのが「同じ目線に立つ」という言葉だ。上から目線で一方向的に押しつけるのではなく同じ目線に立って問題解決を目指してくれるのが「いい先生」だ、という考え方である。これは教師と生徒の関係性だけではなく、大人と子どもの関係性自体に対してみられる傾向でもある。たとえば「友だちのような親子」「友だち感覚で付き合える同僚」と表現される場合、それは「仲がいい」ことを示すものとして使われている。しかし、ここで考えてみよう。「先生」と「友だち」は同じだろうか。違うとしたら、何が違うのだろうか。「先生」を目指す立場から考えてみてほしい（ワーク 2-1）。

ワーク 2-1

（1）あなたは、「友だちのような先生」になりたいと思いますか？
（2）「先生」と「友だち」の違いをそれぞれできるだけ具体的に挙げてください。

（1）「友だちのような先生」になりたい？　またその理由は？
　　_____
　　_____
　　_____
　　_____

（2）「先生」と「友だち」の違い
　　_____
　　_____
　　_____
　　_____

　先に断わっておくと、ここで「友だちのような先生がいいか悪いか」を決めたいわけではない。そうではなく、いま、実際に書いてもらった回答から、あらためて「自分は"先生"をこういう存在としてとらえているんだ」という点に気づいてほしいのだ（これを意識化という）。実際の回答をみてみると、「友だちのように心を開いてほしい」「上から目線の先生にはなりたくない」「友だちみたいになるとけじめがつかなくて甘くみられそう」「先生なんだから少し

は尊敬も大事」等々、ヒントとなる言葉の宝庫である。あなたの回答こそが、あなたが考えていくための一番のヒントなのである。

さて、実はこのワーク、いままで出題して「先生と友だちはまったく同じ」という回答にはほとんど出会ったことがない（もちろん、そういう回答が悪いわけでは決してない）。ざっくりといえば、「先生」と「友だち」とが違うのは、①教師と生徒は「教える－教えられる関係（**指導の関係**）」にある、②教師と生徒は「助ける－助けられる関係（**支援の関係**）」にある、という二つの関係性が「友だち」との違いを生み出す前提としてあるからである。ここで、「生徒に教える教師」「生徒を助ける教師」という教師像、そして「教師に教えられる生徒」「教師に助けられる生徒」という生徒像をみることができる。

2．「憧れ」を導く教師・「寄り添い」支援する教師

教師と生徒の二つの関係を説明するために、漫画『ちはやふる』（末次由紀、講談社、2008年-）から2人の先生方に登場してもらおう。冨士崎高校の競技かるた部の顧問である桜沢翠先生は、準クイーンの座に5回もついたほどの名選手としての経歴をもち、それに憧れている生徒も多い。桜沢先生の指導に基づく練習は非常に厳しいのだが、部員たちは一生懸命にそれについていき、結果として作中の冨士崎高校は競技かるたの強豪校となっている（図2-1）。

図2-1　先生の「すごさ」を感じること

出所）末次由紀『ちはやふる』17巻、講談社、155-156頁。

こうした教師に対して生徒たちは、「先生はすごい！」という憧れと尊敬のまなざしを向ける。このとき教師は生徒たちにとって「**憧れ**」の対象や「**モデル**」としての役割を果たす。この関係においては、生徒たち自身が教師の行為・言葉から価値や「**善さ**」を感じ取るようになり、自分からその「**模倣**」をするようになる。こうした行動は生徒たちにとって強制されているのでも嫌々ながらに行動しているのでもない。むしろ、その教師が示す「すごさ」を感じ取ることで、「自分も先生みたいになりたい！」という動機（いわゆる「やる気」）が生じ、教師の指導を一生懸命に受け入れていくのである。

　これに対して、瑞沢高校の競技かるた部の顧問である宮内妙子先生は、かるたについてはまったくの素人である。顧問になったあとで、同僚の先生にルールブックを借りて読み、百人一首（かるた）について勉強をするほどだ。しかしながら、瑞沢高校かるた部の生徒たちもやはり、宮内先生を慕い、頼りにし、感謝と尊敬の気持ちをもって接している（図2-2）。

　それはなぜだろうか？　宮内先生は、かるた部の生徒の活動を支援するために適切な行動を行っている。生徒の気持ちを聞いたうえで助力を示すこと、生徒の活動環境を整えることなどは「教師」という立場・役割があって可能となる。生徒たちは、宮内先生が自分たちを応援し、支えてくれていることを理解

図2-2　感謝と尊敬の気持ち
出所）末次由紀『ちはやふる』10巻、講談社、163-164頁。

している。だからこそ、両者のあいだには尊敬や信頼といった関係が成り立つのである。

　もちろん、生徒の「憧れ」となって導く関係をつくる教師と生徒に**寄り添い**を通して支援する関係をつくる教師とは決して相反する存在ではない。むしろ、桜沢先生も宮内先生もその双方の要素を兼ね備えているからこそ、それぞれの高校の部員たちと「いい関係」をつくっているといえる。

3．「出逢い」の力を育てる教師——「授業」を通した関係

　ここで、少し立ち止まってみよう。先に挙げた2種類の関係性は「ある特定の活動」を基盤にして成り立っていた。桜沢先生の「すごさ」がわかるのは競技かるたをやっている生徒たちだし、宮内先生に敬意を払う生徒たちはそれだけ一生懸命に競技かるたをやっているということだからだ。それでは、そうした特定の活動に従事していない生徒たちは、普段の授業を通して教師を「すごい」と思ったり「ありがたい」と思ったりするだろうか。実はここに、「教える職業」としての「教師」の独特な性質がある（「教師」という仕事の特質や歴史については、本書の第7章も参照してほしい）。

　たとえば、江戸時代の学びのようにある職業に就くために子どもがその職業の人に「弟子入り」して学ぶのであれば（**徒弟制度**と呼ぶ）、子どもは教えてくれる人と「将来の自分の姿」とを重ねてみることができる。だから、そこで教えられる事柄を「将来自分がやらなくてはいけないこと」として受け止めて学んでいく。ところが、学校の教師と生徒はそうではない。生徒たちは全員が

ワーク2-2

生徒から「何のために将来使わないことを勉強をするの？」と聞かれたら、あなたは何と応えるか？（必修教科を想定してほしい）

....
....
....
....
....

「教師」を目指しているわけではないからだ。だからこそ、「なんで将来使わないようなことを勉強するのだろう」といった疑問も生まれる。皆さんはどう応えるだろうか。ワーク2-2に臨んでほしい（なお、この問いについては、『ワークで学ぶ教育学』の第14章も参照してほしい）。

ワーク2-2の問いの難しさとポイントは、「学校」という子どもたちの生活空間・生活世界とは切り離された場で、あえて「教師」と「生徒」という関係がつくられている点にある。「職業に関係なく、大人になるために必要だから勉強する」という理由であれば、子どもたちが生活する空間のなかで教えられる人が教えればいい（家庭教育や地域教育などが想定されるかもしれない）。また、「たくさんの知識や情報を得ることが必要だから」という理由で勉強するのであれば、「今の時代ならインターネットでたくさん情報が得られる」「学校のなかでなくはじめから職業体験だけをたくさんすればいい」といった意見も出てくるだろう。しかし、そのいずれにおいても不十分なものがある。それが、子どもたちに「出逢い」の力を育てる、という点である。

漫画『ボールルームへようこそ』（竹内友著、講談社、2011年-）には、主人公である富士田君が「なんで僕、もっと早くダンスに出会わなかったんだろう」と号泣する場面がある（図2-3）。

自分が好きになったもの・夢中になれたものについて、「もっと早く知り

図2-3　もっと早く「出逢い」たかった
出所）竹内友『ボールルームへようこそ』講談社、第3巻、Heat 9。

かった!!」「もっと早く始めていれば……!」と悔しく思った経験をもつ人もいるだろう。逆にいえば、「出逢い」がなければ、「好き」にも「夢中」にもなることができない。当たり前のことのようだが、子どもたちは自分の知らないものについて、それを目指したり頑張ったりすることなどできないのだ。それは、「あなたの好きなことは何?」「あなたのやりたいことを応援するよ」と子どもたちにメッセージを送り続ける大人が、一度は立ち止まって考えてみる必要がある事柄である。「好きなものは何?」「何がやりたい?」と問う前に、その選択肢となりうるものにこの子は出逢ってきているだろうか、と。

　そして、この場合の「出逢い」には条件が少なくとも二つある。一つは、その対象となるものに接する「場」や「機会」があること。もう一つは、その対象となるものがもつ「善さ」や「意味」を子どもたち自身が感じ取る、ということだ。子どもたちの身近な生活世界で接する場や機会が少ないからこそ、学校がその場や機会となるのである（そうでなければ、子どもの選択肢は自分の身近な生活世界に限定されてしまう。教育の機会均等の重要性はここにある）。また、接する経験があったとしても、その「善さ」や「意味」を感じ取る能力が子どもになければ、それは「出逢い」にはならない。そして、その「善さ」や「意味」を感じ取るためには、概念や感覚を磨くことが必要となるのである。普通教育で養われる「**教養**」の力とは、この「出逢い」の力にほかならない。生徒は、教師との関係を通して「世界と出逢うための力」を身につけていくのである。

4．「教える－学ぶ」関係としての教師と生徒

　以上のように考えてくると、教師と生徒の関係は「教える－教えられる」「助ける－助けられる」というだけでなく、「**教える－学ぶ**」**という関係**が成立していることがわかる。生徒は教師がもっている情報や技術や価値を単にコピーしているのではない（図2-4）。教師の「教える」という行為が自分の情報・技術・価値を生徒のなかに移動させる以上のことを意味しているからこそ、生徒が伝えられた事柄を拡大させたり（発展性）、まったく新しいことを創り出したり（創造性）することが起こりうる。このときの生徒は単に「教えられ

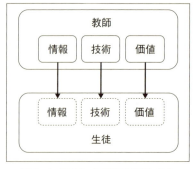

図2-4 「コピー」関係の教師と生徒

ている」という受け身の状態ではない。このような「発展性」と「創造性」をともなう活動のことをわたしたちは「**学び（学ぶ）Learning**」と呼ぶのであり、それは教師の「**教える Teaching**」との関係性によって生じるのである（もちろん、「模倣」と「コピー」は同じではない）。

この「教える−学ぶ」の関係を表すために、「コピー」関係の（図2-4）はどのように捉え直すことができるだろうか。教師、生徒、教える−学ぶの対象となる内容は最低限含めて書いてみてほしい（ワーク2-3）。それ以外の要素を付け加えてもらっても、もちろんかまわない。

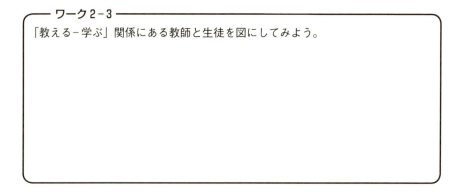

ここで、あなたの描いた図の意味を考える手がかりとして、「教える−学ぶ」関係を表す図を二つ紹介しておこう。教育哲学者の生田久美子は、「ケアリング」論にもとづく「教える−学ぶ」関係を提案している（図2-5、2-6）。

図2-5では、教師（教える者）と生徒（学ぶ者）との関係は「教える内容」を通して構築される。特徴的なのは、教師も生徒もそれぞれが「事物」「他者」「観念」などと「ケア」の関係——実際に関わったり、関心をもったりする現在進行形の関係——を結んでいる点である。つまり、教師も生徒もそれぞれ自分自身にとって大切な関係性でつくられた世界をもっており、それらに

もとづいて「教える−学ぶ」関係が成立しているのである。この説明にもとづくと、教師から生徒へコピーするだけの教育関係も、教師が生徒を完全にコントロールする教育関係もありえない。

さらに図2-6では「学ぶ者」が複数登場する。それぞれの円柱の大きさは熟達度を示しており、熟達度が低い「学ぶ者A」は、「教える者」からだけでなく「学ぶ者B」（自分より熟達した学習者、先輩）からも優れたところを見て学ぶのである。このとき、教師は「教える者」として関係性のなかに参加していると同時に「学ぶ者」同士の関係性づくりも行っているのである。

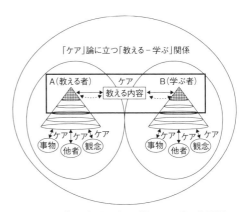

図2-5 「ケア」論に立つ「教える−学ぶ」関係

出所）生田久美子『ジェンダーと教育』東北大学出版会、2005年、19頁〔一部改〕。

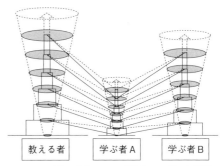

図2-6 「学ぶ者」同士の「教える−学ぶ」関係

出所）生田久美子、2010年、日本教師学会発表資料〔一部改〕。

5．成長し続ける教師
――「当事者性」にもとづく「教える―学ぶ」関係

「教える−学ぶ」関係における「学ぶ者」同士の関係、という見方が出てきたところで、皆さんにはちょっとイジワルに思えるかもしれないワークに臨んでもらいたい（ワーク2-4）。それぞれの場面について、自分の気持ち、台詞、態度などをできるだけ具体的に描写してほしい。

実は、ワーク2-4は、教育実習の準備をしている学生からしばしば質問を受けたり相談されたりする事柄である。そうした学生の質問や相談のもとにあるのは、「生徒の前で間違いたくない！」「先生なんだから何でも知っていなくちゃ！」という強迫観念にも似た思いである（だからたいてい、この質問や相

---- ワーク2-4 ----

（1） 授業中にあなたが説明したことについて、生徒から「先生、それ間違ってます」と指摘された。あなたは、「先生」としてどう感じ、どう対応するか？
（2） 学校内で生徒から質問を受けたが、あなたが知らない事柄についてだった。あなたは、「先生」としてどう感じ、どう対応するか？

（1）「先生、それ間違ってます」

（2） 自分が「知らない事柄」を質問された

談をしてくるのは真面目な学生である。もちろん、いいことだ）。

　そして、本章をここまで学んできてくれたあなたは気づいてくれるはずだ。そう、この強迫観念が生み出されるのは、教師と生徒の関係を図2-4の「コピーの関係」でとらえている場合なのである。教師である自分の持つ情報・技術・価値がそのままのかたちで生徒に移動すると考えているからこそ、「間違ってはいけない！」という気持ちが過剰になってしまうのである。

　このとき、教師と生徒の「教える-学ぶ」関係がとても息苦しいものになってしまい、「教えと学び」の活動そのものが堅苦しくつまらないものとなってしまうことは容易に想像できる。たとえば、漫画『クニミツの政』（安童夕馬原作、朝基まさし作画、講談社、2001-05年）には、すっかり教育への情熱を失ってしまった先生方の描写として、「ビデオ教材を見せる」ことに頼る様子がでてくる（図2-7）。なるほど、ビデオは「間違えない」。誰がいつどのように再生しても同じ内容が生徒たちに伝わる。しかし、それが本当に「いい授業」や教師と生徒の「いい関係」をつくるのだろうか。ここではあえて言い切るこ

第2章 教師と生徒の「いい関係」とは？

図2-7 「ビデオ」で教えればいいよ

出所）安童夕馬・朝基まさし『クニミツの政』11巻、講談社、133頁。

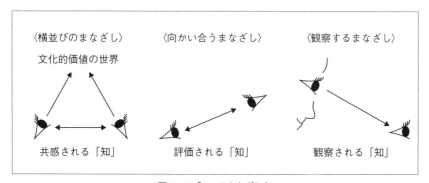

図2-8 「3つのまなざし」

出所）佐伯胖『共感——育ち合う保育のなかで』ミネルヴァ書房、2007年、25頁。

とにするが、決してそんなことはない。生徒が「話なんかマトモに聞いちゃいない」状態になってしまうのは、教師が生徒に向けるまなざしの据え方そのものに原因がある。教師と生徒の関係性次第では、生徒の学びの意欲そのものを奪ってしまうのである。

それでは、教師と生徒の「教える－学ぶ」関係を息苦しいものにしないように、「いい関係」へと転換するためにはどうすればよいだろうか。一つの方策は図2-5、2-6で示したように「教える－学ぶ」関係の図式そのものをとらえ直すことである。また、ここでは手がかりとして、認知科学者である佐伯胖の「横並びのまなざし」を紹介しておこう（図2-8）。

右端の「観察するまなざし」では、教師は生徒にとって「**観察者**」である。それは一方では生徒理解のために必要かもしれないが、他方で偏りすぎると自

分の指導計画や思い込みを生徒に当てはめるだけの冷たい視線となってしまう。
真ん中の「向かい合うまなざし」は「評価者」の視線である。これは一見すると真剣に向き合っているように見えるが、実際には互いを「評価」し合うだけの息苦しい関係になる危険性をもっている。「この生徒はできる子かどうか」「この先生は自分の味方かどうか」という視線でお互いを監視し合うような関係は、どちらにとっても間違いなく辛いものだ。

そこで、左端の「横並びのまなざし」の意義を考えてみよう。本章の第3節で教師は「出逢い」の力を育てると述べた。繰り返しになるが、学校で生徒たちは「教師」に出逢うというよりは、教師との関係性にもとづいて「世界」そのものと出逢うのである。それゆえ、教師も生徒同様に「出逢う」対象となるところの「世界」を見ている。図2−8で「文化的価値」と評されるとおり、それは教師も生徒もお互いが参加しているところの文化において「善い」とされている対象物である。もちろん、図2−5で示したように、教師と生徒はもっている知識も経験も異なる。その異なる視点の交歓があればこそ、同じ世界を見ることが、教師にとっても生徒にとっても「発展性」「創造性」をともなう学びをもたらしうるのである。先に挙げた漫画『クニミツの政』のなかでは、当初は教育への思いを失っていた芽草先生がビデオを捨てられて自分自身が「教える−学ぶ」活動のなかに「参加者（当事者）」として入っていき、教師の「楽しさ」を思い出すシーンが描かれる（図2−9）。

教師と生徒の双方が当事者として参加する「教える−学ぶ」関係は、「発展性」「創造性」とともに「楽しさ」を

もたらしうる。それは心理学者のレイブとウェンガーが「状況に埋め込まれた学習 Situated Learning」として表した、「暗黙知」（数値化やマニュアル化はできないけれども、実際には大きな役割を果たしている「知」の形）をも包含するような「知」の成長をもたらす。そのなかでは、教師も生徒もその双方が新しい世界との出逢いとそれにもと

第 2 章 教師と生徒の「いい関係」とは？

図 2-9 忘れていた「楽しさ」
出所）安童夕馬・朝基まさし『クニミツの政』11 巻・12 巻、講談社、184 頁、24 頁。

づく新たな「知」を獲得しうる。この場合に、「友だち」は「共育ち（ともそだち）」となり得るのかもしれない。最後に、こうした「楽しさ」について考えてもらいたい（ワーク 2-5）。

―― ワーク 2-5 ――
あなたにとって「教える－学ぶ」関係がもたらす「楽しさ」とはどのようなものだろうか？　なぜ「楽しい」と感じるのだろうか？

教師と生徒がともに当事者として「十全に」参加する「教える－学ぶ」関係は、活動も思考もアクティブにする「楽しさ」をもたらす。あなたの教師人生に、そうした関係と時間が多く構築されることを願う。

【読書案内】
①レイヴ＆ウェンガー（佐伯胖訳）『状況に埋め込まれた学習――正統的周辺参加』産業図書、1993 年。

「あれしなさい」「これしなさい」と言葉で指示するのが「教育」だとする狭い見方を粉々にしてくれる、「学習」を考えるうえで欠かせない基本文献の一つ。
②マイケル・ポランニー（高橋勇夫訳）『暗黙知の次元』筑摩書房、2003 年。
　数値や言葉で見えるものだけが「知」ではない。本書を読み終わったあとには、現実世界に散りばめられた「知」の見方が変わっているはず。
③生田久美子『「わざ」から知る（新装版）』東京大学出版会、2007 年。
　「わざ」の世界を分析対象としつつ、「教育とは何か」という問いそのものを考え、「教える」観を拡げるための大きな手掛かりを明示してくれる書。
④佐藤学『学校の挑戦――学びの共同体を創る』小学館、2006 年。
⑤松下佳代・京都大学高等教育開発推進センター編『ディープ・アクティブラーニング』勁草書房、2015 年。
　「教育方法」論であり「教育・学習とは何か」論でもある 2 冊。学校や授業のつくり方・あり方を考える材料がちりばめられている。

参考文献

生田久美子・北村勝朗編『わざ言語――感覚の共有を通しての「学び」』慶應義塾大学出版会、2011 年。
佐伯胖『（新版）わかるということの意味』岩波書店、1995 年。
ショーン（佐藤学・秋田喜代美訳）『専門家の知恵――反省的実践家は行為しながら考える』ゆみる出版、2001 年。
高橋勝・広瀬敏雄編『教育関係論の現在――「関係」から解読する人間形成』川島書店、2004 年。
ノディングズ（立山善康他訳）『ケアリング』晃洋書房、1997 年。
水原克敏・足立佳菜編『学校を考えるっておもしろい‼――教養としての教育学』東北大学出版会、2006 年。
宮澤康人『〈教育関係〉の歴史人間学――タテ・ヨコ・ナナメの世代間文化の変容』学文社、2011 年。

（尾崎博美）

第3章
目指すべき理想の教師像なんてあるのか？
歴史のなかの教師像と「教師」への期待の変遷

1．誰にとっての理想の教師か？

　「教師」にはさまざまな顔がある。時代や地域によって、文化によって、「教師」はさまざまに表象され、期待され、表現されてきた。専門書や啓発書において「教師は○○であるべきである」とされる一方で、TVドラマや漫画などのメディアのなかでは個性的な教師たちが、視聴者や読者に向けてときにはセンセーショナルなかたちで立ち現れる。こうしたことからも推察されるように、世の人々がもつ「教師」という存在に対する見方・とらえ方はさまざまであるが、本章ではそうした教師への見方・とらえ方を広く「教師像」と呼び、それらが特に歴史のなかでどのように移り変わってきたのかを考察したい。

　本書を手に取り、読まれている方のなかには、教師を志し、将来実際に教師として働く者も多くいると思う。「理想の教師像」をもっている方もいるかもしれない（「理想の教師」については第2章も参照）。あとで提示するワーク3-1で、ぜひ自らの教師観・教師像をふりかえってみてほしいと思うが、ここでは現代の養成校の教職課程で学んでいる学生の皆さんがもつ「理想の教師像」の一例として、かつて筆者が勤めていた大学で行ったアンケートの結果を示しておきたい[1]。二つの質問①「どんな先生がいい先生だと思うか」、②「自分はどんな先生になりたいか」に対する回答として、最も多かったものが「1人ひとりの個性に合わせて」「1人ひとりをよく理解して」と表現されるような個性を重視する教師、次に多かったのが「叱るときは叱る」「ときには厳しく」と表現されるようなメリハリをつけられる教師、次点が「子どもたちの目線に立ち」「子どもと同等の立場になれる」教師であった。ほかにも、「子どもが何をしてほしいと思っているか、何が嫌なのかがわかる」教師や「少しの変化に

も気づいてあげられる」教師も「いい先生」と考えられていた。ちなみに、オフィシャルな場面ではないがあるとき筆者の友人に同様の問いかけをしてみると、「教科書どおりじゃない先生」「考えるきっかけをくれる先生」という、やはり多様な答えが返ってきた。

ワーク3-1

「教師と聞いて何を思い浮かべるか」「理想の教師とはどのような教師か」などの問いを自らに投げかけて、自らの教師像・教師観をふりかえってみよう。

....
....
....

　ここで、上のアンケートの結果にみられる「いい先生」というものが、"誰にとって"いい先生なのかを考えてみてほしい。教員養成校の学生であるから、もちろん「教師を目指す学生にとって」の理想の教師像だといえる。しかしながら、大学1年生の初回の授業時に自らの経験をふまえて考えてもらった「いい先生」というものは、それまでの学校経験での生徒という「教育を受ける者にとって」の「いい先生」でもあり、こうした過渡的な立ち位置からの答えが期待されたところにこのアンケートの面白さはあった。
　"誰にとっての"理想の教師かという視点からみれば、教員養成校の学生の立場や学校教育を受ける子どもの立場のほかにも、わが子を託する保護者の立場、あるいは教育行政当局の立場や経済界の立場といったものが想起され、「理想の教師」の語られ方がいかに多様であるかがわかる。『新教育学大事典』の「教職観」の項目を紐解くと、教職観とは「教員の職能活動がいかにあるべきかを規定する、社会的期待のあり方」であり、「他の職業に比べ、きわめて多様な側面をもたざるを得ない」ものとされている。執筆者の大橋

幸による記述を参照すると、教職観は、共時的・同時代的には①教育行政当局、教育学者、教員組合、知識人などにより公式に規定され、期待される職業イメージと②社会（特に父母たち）により漠然と期待されている職業イメージとに分類され、通時的・歴史的には①専門性や社会性・政治性の否定、俗世間からの距離などを特徴とする伝統的教職観と②「教育労働者としての教師」や「専門職としての教師」といった近代的教職観とに分類される。以降では、こうした分類を出発点として、歴史における教師に対する見方・とらえ方の変遷をともにみていきたい。"誰にとっての"理想の教師像なのかということも意識しながら読み進めていってほしい。

2．教育政策における教師への期待と要求

　まずは現代に目を向けよう。学校崩壊、学級崩壊、不登校、いじめ、校内暴力などの現象が問題となったとき、「教師」はそれぞれの問題の専門家としてまなざしを向けられ、政策課題として浮上する傾向がある。1970年代の「荒れる学校」の問題においても、1990年代後半の「学級崩壊」現象においても、さまざまな「教育問題」への対応が教師たちに迫られてきたのである。それらの教育問題は教師の権威や指導力の問題とされ、政策課題としての「教員の資質向上」という議論にまで発展していった。1985年には臨時教育審議会第一次答申において主要課題として「教員の資質向上」が示され、以後、教育職員養成審議会や中央教育審議会でも同様に主張された。1987年、教育職員養成審議会答申において「教員の現職研修の改善」が示され、一連の流れのなかで1989（平成元）年度から「教育公務員特例法」が一部改正、30日の校外研修と60日の校内研修を含む初任者研修が制度化されることとなった。1996年の中央教育審議会答申においても、教員の能力・資質の向上は課題として取り上げられている（「教員の研修」については第12章を参照）。

　こうした流れと軌を一にすると即断するわけにはいかないが、21世紀に入り、学校の組織構造の変化に伴って個々の教師の役割が徐々に変容しつつあることも意識しておくべきである。伝統的に学校組織は「なべ蓋型」とも呼ばれる単層構造を保持してきた。個々の教師は日常の教育実践の大部分において自己の

考えや判断が尊重され、トップからの縦の指揮命令関係はさほど明確ではない「ルース・カップリング（疎結合）」とも呼ばれる構造である。しかしながら近年、学校組織は単層構造からピラミッド型の重層的な組織構造へと変化しつつある。2000年の学校教育法施行規則改正による職員会議の法的位置づけと学校経営における校長のリーダーシップの強化や、2006年の教育基本法改正にともなう2007年の学校教育法改正により従来の校長・教頭に加え「副校長」「主幹教諭」「指導教諭」という職が新設されたことも記憶に新しい。学校組織の管理機能の強化と組織構造の重層化が図られ、縦の指揮命令関係が明確な管理統制型へと学校組織のあり方が転換したのである。

こうした組織構造の変容の背景として、教育専門職である教師への社会的信頼の低下を要因として考えることもできる。いずれにせよ、教師へのまなざしの変化と教育政策の動向が連動している事態を確認したうえで、次節に進みたい。

---- ワーク3-2 ----
現代のわたしたちの社会は「教師」という存在にどのようなことを期待していると考えられるだろうか？　また、本節でみたような学校の組織構造の変容は、現場の教師の生き方や働き方にとってどのような意味をもつだろうか？　ニュースや新聞記事、雑誌記事などさまざまなものを素材にして、自由に話しあってみよう。

3．「教員」の誕生と教師像の連続・非連続
——聖職者としての教師と「師範タイプ」

厳密にいえば、「教師」や「教員」、「教職」は別の言葉であり、それぞれが指すものは異なる。気になる方はぜひとも辞書を引いてほしいが、本節ではそのなかでも「学校に勤務して教育を行う人」としての「教員」の誕生という歴史的事態を扱い、そうした事態をめぐり変遷する教師像を眺めていく[2]。

「教員」は、近代国家の成立とともに誕生する。わが国では、1871年に文部

省が創設され、翌1872年に「学制」が公布されることで近代教育が制度的に開始され、「学校」で教える者としての「教員」が出現するのである。そうした「教員」を養成するための場所もまた、徐々に整備されていくこととなった（戦前の複雑な教員養成制度について、特に「教員」の資格要件については、第4章を参照）。こうして、国家による計画的・組織的養成教育によって、それぞれの文脈で個々の関心から手習いを学ばせる近世の寺子屋「師匠」とは異なる、知識を一斉教授する職業人として「教員」が出現したのである。

ただし、世の人々の教師像を考えれば、その中身には当然前近代からの連続がみられるはずであり、「教員」が出現したからといって人々の教師像が断絶し、非連続的に移行するわけではない。明治中期ごろまでは前近代的な、すなわち寺子屋師匠的な教師像が引き継がれていた。また、教員の実態に関しても、特に明治前期は地方教員の不足などの問題もあり必ずしも規定や資格に忠実であったわけでなく、昔なら寺子屋師匠となっていた階層のものが教員となり、教育の方法や振る舞いにおいても師匠的形態を色濃く残していた。

1880年代の後半になって一つの転機が訪れた。1885年に第一次伊藤内閣時に初代文相として入閣した森有礼（1847-1889）が、国家発展の基礎は師範教育にあるとする考えのもと、翌1886年に「師範学校令」を制定、これによって全国各地に尋常師範学校が設立された。森の師範学校令以後、師範生の学費は公費、食料・被服・学用品は県費で支給、教科書は貸与、手当ても支給されることとなった。全寮制で、学科課程に毎週6時間の兵式体操があり、師範生は新聞禁止、冬期休業時には帰郷禁止命令も出された。森は師範学校の眼目として「順良・信愛・威重」の三気質を重視したのだが（「師範学校令」第一条「順良、信愛、威重ノ徳性ヲ涵養スルコトヲ務ムベシ」）、こうした森の考えや制度的特徴がその後の教師像を強く規定していくことになる。

明治の師範教育の特徴は、寺子屋師匠に求められた優れた人格や人物、品性という人格的要素を強調する教師像を学校制度のなかに持ち込みつつ、一方で上にみた改革を断行し、新たなタイプの教師たちを広く形成していこうとした点にある。江戸時代の寺子屋師匠時代から連続する教師像を「聖職者としての教師」と考えておくことができるが、そうした教師像のうえに、これ以後「師範タイプ」という独特な教師像が立ち現れ、塗り重ねられてくるのである。

1880年「集会条例」、1881年「小学校教員心得」、1891年「小学校長及教員職務及服務規則」にみられるように、1880年代以降、教員の社会性や政治性を否定する政策が進められるが、ここからもわかるとおり「教員」はまずもって国家に忠実な下級官吏として仕えることが求められる聖職者的な公人として位置づけられた。しかしながら一方で、森の軍隊式の教育制度は、形式的な罰則や下級生の失態摘発を趣味とする上級生といった特徴から、「師範タイプ」という「着実性、真面目、親切などがその長所として評価される反面、内向性、裏表のあること、すなわち偽善的であり、仮面をかぶった聖人的な性格をもっていること、またそれと関連して卑屈であり、融通性のきかぬ[3]」性質の教師をも生み出すことになったのである。ここに、日本の近代教育制度や教員養成システムに特徴的な葛藤の淵源をみることができるだろう（日本の教員養成史における教師像については第5章も参照）。

4．近代的教師像の諸相

労働者としての教師

　こうして明治になり組織的・計画的に教員の養成が行われることになったのであるが、他の知的専門職に比べると社会が必要とする教員の数は非常に多く、給与のほとんどを公費でまかなっていたこともあり、公の財政事情への影響は非常に大きかった。知的専門職とみられながらも、教員が医者、法律家などと比較して低い待遇を甘受させられたのにはそのような事情もある。

　そうしたなか、19世紀半ばごろにおける欧米での教員組合の組織化に少し遅れて、日本でも大正期の1919年に下中弥三郎（1878-1961）により教育者の互助団体である「啓明会」が結成された。下中は翌20年に第1回メーデーに参加したのち「啓明会」を「日本教員組合啓明会」と改称したが、これはわが国最初の教員組合だといえる。「教育改革の四綱領」として①教育理念の民衆化、②教育の機会均等、③教育自治の実現、④教育の動的組織を発表し、教員たちの生活改善要求を掲げる運動を展開した。しかし、政府による弾圧や昭和初期の軍国主義的な風潮のなかで雲散霧消し、1930年には解散させられることとなった。1930年代後半には、「戦時下教育」として日本の文教行政は統制

されていき、1941年「国民学校令」公布により「皇国ノ道」による教育が強調され皇国民錬成と臣民教育が徹底されたが、教員は官吏として拘束されながら国家の模範的教師像を目指し体現する存在として期待された。

　その後、戦後の1947年に結成された「日本教職員組合（日教組）」の1952年第9回大会において、宮原誠一、勝田守一、清水幾太郎、宗像誠也、上原専禄らに作成の依頼がされていた「教師の倫理綱領」の草案が採決された。ここでは「教師は労働者である」と明確に規定され、労働運動を通して教職員からの政治的・経済的要求を実現しようとする以後の日教組の運動に大きな影響を与えることとなった。しかしながら、そもそも教員には公務員としての身分規定があるため、このような階級闘争的な姿勢が抑えられることも目に見えていた。実際、1954年の「教育公務員特例法」改正や「義務教育諸学校における教育の政治的中立の確保に関する臨時措置法」などにより、こうした動きは空洞化していくことになる。

「三重の教養」をもつ民主的教師像
　こうした「労働者としての教師」という教師像とは別のレベルで戦後の教育改革のなかで形づくられてきた教師像も存在する。戦前の師範教育への批判を契機に現れた、「三重の教養」をもつ民主的教師像というものがそれである。
　1946年3月31日に提出された第一次米国教育使節団報告書において、戦前に教師教育を受けていた者たちがある種のタイプに限定されていたことが批判され、教師になるための専門的な準備教育はあらゆるタイプに開かれているべきことが指摘された。ここでは教師教育が、高等普通教育、教材についての特別な知識に関する教育、教職についての専門的な知識に関する教育の三重になるべきとされていた。1946年8月に教育刷新委員会が設置され、1947年11月には「教員養成に関すること」が建議されたが、ここでは、過去の師範教育が学問と離れ教えるための知識と技術に偏っていたこと、給費制や服務義務制など学校生活面においても閉鎖的であったことが批判され、「大学における教員養成」と「開放制に基づく教員養成」という原則が示された。そして、1949年には教育職員免許法が制定され、以上にみた戦前への反省のもと、自律的、民主的、開放的な教師像が志向されることになる。一般的教養、教科専門教養、

教職的教養の「三重の教養」を身につけた教師を、「大学における養成」と「開放制」という二大原則のもと養成しようとする、新たな教師教育が始まったのである。

専門職としての教師

　公教育に携わる教員に専門的能力を要求し、それを公的免許によって保証しようとする試みは多くの国に共通のものである。教職を専門職化することのメリットについて、大橋幸は以下の4点を指摘している。①公教育のレベルを一定の水準に維持し普及することを可能にすること、②教員免許を与える基準を設定することにより教員養成制度を体系化しカリキュラムの充実を促進すること、③教員の社会的地位の向上や教師の近代的権威の確立にとって不可欠の条件となること、④教員の職能活動に責任感をもたせ、専門的知識・能力を不断に向上させる義務を負わすことができること、である。

　教職は「専門職」であるかどうかという議論がわが国で活発になったのには、1966年にILO・ユネスコが出した共同勧告「教員の地位に関する勧告」の影響が大きい。ここでは「教師の仕事は専門職とみなされるべきである」と明確に表現されていた。これを受けた1971年の教員養成審議会中間報告においては教職が「高度の専門的職業である」とされ、活発な議論を呼んだ。

　ところで、教職が専門職であるかどうか、専門職であるとしてもどの程度そうなのかを議論するためには、「専門職」の基準が必要となる。ここで、しばしば参照されるリーバーマン（Lieberman, M. 1919-2013）の専門職論を紹介しておきたい。彼は専門職の基準として以下の8点を挙げている。①独特で、範囲の明確な、社会的に不可欠なサービスである、②サービスの遂行における知的技術の強調、③長期の専門的訓練、④個々の実践者と職業集団の双方に対する広範囲にわたる自律性、⑤専門職的自律性の範囲内でなされた判断や遂行された行為に対して実践者が広く個人的な責任を引き受けること、⑥実践者に対する経済的利得ではなく、職業集団に委嘱された社会的サービスの組織化および遂行の基盤としてなされるサービスというものに強調が置かれること、⑦実践者たちによる包括的な自治団体の形成、⑧具体的事例をめぐって曖昧で疑わしい部分で明確化や解釈がなされてきた倫理綱領／倫理規準体系（code of ethics）をもっていること、である。

　ただし、これらの基準は医師や弁護士といった既成の専門職を参考にしたものであり、独立した専門職の理想型を示したものといえ、公の性質も帯び特殊なかたちで組織のなかに雇用されている教員という存在に安易に適用できるものではない。これらの基準、指標は参考にすることはできるが、教職への適用のあり方については議論を続けていくべきであろう（「教育公務員」としての教師の身分規定などに関しては第6章を参照）。1970年代後半から学校教育を中心とする教育病理現象が目立ち始め、1980年代に入って一層深刻化してきたことを受けてさまざまな政策が現れてきたことは第2節でみたとおりだが、研究者のなかでもこの時期以降、「教師＝専門職論の再検討」という課題が活発に議論され、現在につながっていくことになるのである。

5．戦後、日本の教師は何を期待されてきたのか？――教師役割の変遷

　ここまでは教師像の変遷という観点から歴史を眺めてきた。ここからは現代において教師の役割がどのように認識されているかを、もう少し日常的なレベルでみていくことにしよう。家庭や保護者の価値観が多様化してきているともいわれる現在、「教師」は世の人々からどのようなまなざしを向けられているのだろうか。あるいは、教師の自己意識、アイデンティティはどのように変容しつつあるのだろうか（教師の仕事の変化については第7章も参照）。

　油布佐和子は、学校で起こった事件についての新聞記事を検討することで、教師の役割が1965（昭和40）年ごろを境に変化してきたことを指摘している。記事からは、昭和40年代までは学校と外部・地域社会の壁がきわめて薄かったこと、地域社会に向かって交流の場としても開かれていたこと、不審火や強盗、泥棒、暴行などの外部からの侵入者による事件も多かったことが明らかであり、校門で外部と遮断された現在の学校とは異なる、外部との境界を明確にもたない学校空間の姿が浮かび上がってくる。また、昭和40年代までは、教師と児童・生徒が臨海学校等へ出かけるだけでなく正規の授業の際にも日常的に海や川に行っていたこと、昭和30年代にみられた教師と生徒の学校外での交流がいつのまにか規制され、自由な行動としては行われなくなったことも読

み取られている。また、こうした空間的な事態だけでなく教師の仕事時間についても変化がみられるという。宿直という「深夜勤務」が徐々に減少してきたこと（文部省の調査によると宿直を実施している学校は昭和44年の段階で全国の小・中学校の7割以上、翌昭和45年には5割を割りこみ、昭和50年の段階でようやく1割となる）がその典型であろう。

昭和40年代までの教師には明確な境界を持った仕事場や仕事時間という観念が薄かった可能性があり、地域住民のカウンセラー的役割なども含め、学校を越えて保護者や地域社会にまで積極的に関与するものとしてその役割を担う存在であるととらえられていたようである。昭和40年代を境に、学校と社会の境界が明確化、教師の仕事と役割の認識とその実際は、学校の内部と子どもの指導へと限定されていったと、油布はまとめている。

さらに、昭和40年代以降になり、教師の役割として管理や監督ということが明確に意識され、教師の責任についての言及が増加、責任の明確化と強化が盛んに叫ばれるようになったことが示される。たとえば水泳指導における複数指導の必要性や、指導に際してスケジュールを明確にもつこと、指導に際してきまりをつくることなどのような教師の仕事を細部にわたり規格化しようとする言説が増え、また、教師が児童・生徒の活動のどんな場面にも立ち会っていなければならないという意見や学校の管理指導体制のあり方を疑問視する声も、新聞記事において目立つようになったという。周囲からそのように意見を述べられたり、まなざしを向けられたりするだけでなく、教師たち自らも「学校と教師の責任」を自覚すべきことを表現するようになった点も強調すべきだろう。「空間・時間の無限定性からの解放という点から見れば、教師の役割は縮小してきているが、子どもへの指導責任の明確化という点から見れば、それは拡大

ワーク3-3

最近のニュースでは学校で起こった事件についてどのように語られていたか、思い出して書き出してみよう。確かめるために、たとえば「教師の責任」という観点からいくつかの記事を調査して、比較検討してみよう。

してきているといえよう」と油布は述べるが、今後の教師の役割のあるべき姿を展望するうえできわめて重要な指摘であるといえる。

6．二つの「プロ教師」論——教師がもつ可能性と限界

　本節では少し趣向を変えて、現代のある時期に普及した二つの教師論を比較検討することで、これまでとは別の角度から教師のあるべき姿や役割について考えてみたい。よくよく思考してみると、これからみる世俗的・草の根的な教師論も、ここまで話題にしてきた制度あるいは思想の歴史的展開と論点を同じくし、それらと密接に関連しているものである。

　1980年代から90年代にかけて、小・中学校教員を中心に「教育技術法則化運動」（TOSS：Teacher's Organization of Skill Sharing）と呼ばれる運動が盛り上がった。この運動への評価には賛否両論があり、「思想・理論のない法則化」との批判も一方ではあったが、現場への影響力の大きさは相当なものであり、各地域での活動は現在でも続いている。この運動の中心にいた人物は、東京都の小学校教員、向山洋一（1943-）。彼は1982年の著書『跳び箱は誰でも跳ばせられる』をはじめ、『プロ教師への道』など、数多くのベストセラーを世に送り出した。彼の「教育技術」論の要点は、教育技術の主体的な学習・再現・検討・文章化を長期間繰り返すことにあり、大量の「研究授業」（教材と指示・発問を具体的に順序よく組み合わせた指導案にもとづき、「見る力量」のある参観者がいる緊張感のなかで直感的に授業実践を体験し、授業後に文章で検討して技術の効果を検証すること）の機会の必要性を強く説いたのである。

　さて、実は向山の運動とほぼ同時期にもう一つの「プロ教師」論が世に現れていた。1980年代から90年代にかけて一世を風靡した「プロ教師の会」のそれである。中心人物の1人は埼玉県で中学校教員をしていた河上亮一（1943-）であり、彼は教師が子どもを抑圧する権力者であると冷静に認めるところから出発する「プロ教師」論を展開した。意識的に「プロ教師」を演じる必要を説き、衣装、動作、言葉遣いを整えること、他の教師や生徒との私的な付き合いを絶ち、「公的な人間関係」を構築すること、公的な「きまり」によるクラス

秩序を創出すること、生徒たちのなかに教師から相対的に独立した自治的空間を創出すること、自分たちで状況を整理する機会をつくること、などを旨とした。ここで、教師が教育という仕事のなかでやるべき事柄が限定され、語られている点に注意を向けておきたい。

　以上、二つの「プロ教師」論を紹介したが、これらの違いはどこにあると考えられるだろうか。教師の役割という観点からみると、興味深い側面がみえてくる。白石崇人は、向山のプロ教師論が教師の「可能性」を最大限に発揮させる主張であるのに対して、河上のプロ教師論は教師の「限界」を冷静に判断すべきことの主張であると分析している。たしかに向山の論は教師の限りない努力を要請し、河上の論はむしろ教師の仕事や能力に限定を加えることを強調している。こうした論点は、まさに「教職の専門職性」や「教師の多忙化」に関する議論の際に現れてくるものであり、「教師とは何か」という大きな問いへの回答をわたしたちがその都度考え続けなければならないことを示しているのである。

7．あらためて、教師像をふりかえるということ

　遠回りもしながら、少し長い道のりになってしまったが、自らの教師像をふりかえる材料を得ることはできただろうか。本章では、歴史を越えたところにある普遍性を帯びた理想の教師像を探究するのではなく、歴史のなかにおいて教師なるものがどのようなイメージでとらえられ、語られてきたのかを、淡々と提示してきた。そのうえで、そうした知識をもとに、現在を生きるそれぞれ

ワーク3-4

はじめにふりかえってもらった自らの教師観、理想の教師像と、本章で学んできた歴史的な教師像との関連を探ってみよう。自分がもっている教師のイメージと歴史のなかに堆積する教師のイメージとで重なり合っている部分はなかっただろうか？

の「教師」やそれを目指す者たちがそれぞれの理想を追求していくあり方について、ともに考えてきたつもりである。本章で提示した種々の教師像を方法的に用いて、自らの教育実践をふりかえる契機としてもらいたい。

　教師像の探求は限りないプロセスなのかもしれない。最近でも、社会構造の変容についての洞察を背景として、技術的な合理性が通用しなくなった不確実な時代を生きる教師のあるべき姿として「反省的実践家」としての教師像が検討されている(4)。ただし、たとえつねに反省的である教師を思い描き、それを目指すにしても、ただ試行錯誤を繰り返しできないことが技術的にのみできるようになっていくというだけでは十分とはいえないだろう。自らの教育的営為・教育実践をふりかえるためには、本章で挙げたようなさまざまな教師についての像や見方への視点を保持し、自らが抱える像や見方を相互に関連づけて随時把握することが必要である。そうした種類のふりかえりも含めた反省のもと、自らを制約する環境や制度に配慮しつつも自らの個性を活かし、理想を実現していこうとする姿勢を大切にする教師。

　たとえばそんな一つの教師像を筆者自身はもっている。

注
（１）　2016年4月11日実施。1年生の必修科目「教育実習指導」の初回ガイダンス時に実施し、1年生137名中出席者136名から回答を得た。
（２）　井藤元編『ワークで学ぶ教育学』ナカニシヤ出版、2015年、第7章も参照。
（３）　唐澤富太郎『教師の歴史――教師の生活と倫理』創文社、1955年、55頁。
（４）　たとえば、佐藤学『教師というアポリア――反省的実践へ』世織書房、1997年、佐伯胖・黒崎勲・佐藤学・田中孝彦・浜田寿美男・藤田英典編集『教師像の再構築［岩波講座　現代の教育6］』岩波書店、1998年など。また本書第8章、第12章も参照。ほかにも、「ファシリテーターとしての教師」という考え方も現れている。これについては本書第17章を参照。

【読書案内】
①**陣内靖彦『日本の教員社会――歴史社会学の視野』**東洋館出版、1988年。
　「これまでの教師論議に執拗に付きまとってきた混乱を解きほぐす」ことを目的に、「教師の営みという具体的イメージの解読」を、教師が「公的職業人として身を置く

その歴史——社会的文脈」に即して探究した著作。先行する教員研究の方法論的分析も含む、きわめて意欲的な研究書であり、大変勉強になる。

②**油布佐和子編『教師の現在・教職の未来——あすの教師像を模索する［シリーズ子どもと教育の社会学］』**教育出版、1999 年。

　「変化する社会のなかで、制度的な制約に拘束されながら、教育活動を行わねばならない教師の現状と問題を検討していく」ことを目的に、さまざまな立場の論者の議論を編んだもの。たとえば教員の「多忙化」問題についても、教員の仕事の縮小を主張する立場から、教育の公共性を重視し縮小論には慎重な立場まで、幅広い議論を学ぶことができる。

参考文献

朝日新聞テーマ談話室編『先生——1000 万人の教師像』朝日ソノラマ、1986 年。
新井保幸・江口勇治編『教職論』培風館、2010 年。
市川昭午『教育行政の理論と構造［学術著作集ライブラリー］』日本図書センター、2013 年。
河上亮一『プロ教師の道——豊かな「管理教育」をつくるために』洋泉社、1996 年。
北神正行「教職の歴史——教師像の変遷と教師論」小島弘道・北神正行・水本徳明・平井貴美代・安藤知子『教師の条件——授業と学校をつくる力［第 3 版］』学文社、2008 年、25-40 頁。
篠原岳司「新しい学校と教師の学習」末松裕基編『現代の学校を読み解く——学校の現在地と教育の未来』春風社、2016 年、81-112 頁。
白石崇人『幼児教育の理論とその応用②——保育者の専門性とは何か［改訂版］』社会評論社、2015 年。
永井聖二・古賀正義編『《教師》という仕事＝ワーク』学文社、2000 年。
日本教師教育学会編『教師とは——教師の役割と専門性を深める』学文社、2002 年。
細谷俊夫・奥田真丈・河野重男・今野喜清編集代表『新教育学大事典』第一法規出版、1990 年。
向山洋一『プロ教師への道』明治図書、1999 年（初版は 1994 年）。
Lieberman, M. *Education as a profession*, Englewood Cliffs, N.J.: Prentice-Hall, 1956.

　　　　　　　　　　　　　　　　　　　　　　　　　　　（岸本智典）

第4章
教員免許状は誰が授与するのか？
教員免許状でみる教員養成史

1．教員免許状がないと教壇に立てない？

　あなたはいま、教員を目指して大学で教職課程を履修し、教育職員免許状（以下教免と略記する）の取得を目指していることだろう。一般に、幼稚園、小学校、中学校、高等学校、特別支援学校の教員、養護教諭・栄養教諭になるためには教免を取得することが求められている。もし教免を取得せずに、または有効期限が切れているにもかかわらず、これらの学校の教壇に立つと、「犯罪」となる。教免が無効の教員の授業を履修しても、その教員の授業を履修した生徒の単位が認定されずに無効となってしまうケースは各紙地方欄で散見される。たとえば2015年8月に北九州市の私立高校で国語担当の男性教師が教免の更新を忘れたまま授業を受け持ち、その授業が無効となった（『毎日新聞』2015年8月12日西部夕刊）。こうしたニュースを目にして、とんでもない事件だ！などと思った人もいるだろう。

　このように、教免ほど学校教員として厳しく求められる資格はないだろう。では、教職課程を履修しているあなたに質問をしよう。教免は、どの機関が授与するのだろうか？　ワークに思い付いた機関名を記入してみよう（ワーク4－1）。

---- ワーク4－1 ----
教免は、どの機関が授与するか？

なぜ教免の授与権者を問うのか。それは、「教員」資格と国家との関係が歴史的にどう変わったのか知るために重要だからである（教員と国家の関係については『ワークで学ぶ教育学』第7章を参照のこと）。

教免は誰が授与するのか？

では、あなたはどこが授与していると書いただろうか。大学で教職課程を履修しているのだから、大学が授与する？　いや、学校を管理している文部科学省が授与するのでは？　もしかして、各都道府県知事？などと答えた人もいるだろう。実は、どれも不正解である。実際、筆者の勤務校で同様の質問をしたところ、「正解」に達する学生は意外と少ない。

とはいえ、文科省や都道府県知事が教免を授与するという発想はあながち否定できない。戦前の教育制度では、中等学校の教免は文部省が授与し、初等学校（尋常・高等小学校）は各都道府県知事が授与したからだ。図4-1の左は大阪府が授与した小学校教員免許状、右は文部省が授与した師範学校中学校高等女学校教員免許状である。前者は師範学校卒業者に授与され、後者は高等師範学校卒業者に授与される。詳細は本論でふれる。

実は、現在の教育制度の下では、教免そのものは都道府県教育委員会から授

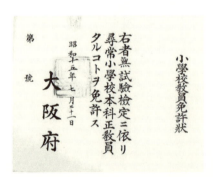 

図4-1　戦前の教員免許状

以下教免の写真は個人情報の保護のため、個人特定につながる情報を処理している。玉川大学教育博物館所蔵。

第4章　教員免許状は誰が授与するのか？

与される（図4-2）。しかし教免の取得には以下の二つの条件を満たす必要がある。第一に大学等において学士の学位等の基礎資格を得ること、第二に文部科学大臣が認定した課程において所定の教科および教職に関する科目の単位を修得すること、以上の二つである。そのため教職課程の授業だけ履修しても、卒業要件を満たさないために学士号を取得できず、結果として教免を取得する資格を失ってしまう。

さらに、教免を取得し各都道府県や政令指定都市の教員採用試験を経て各学校に勤務する。学校教員になる道筋は、いくつもの関門がある。

図4-2　現在の教員免許状

個人蔵。

こうした教員養成は「**大学での教員養成**」原則、「**開放制**」原則、「**免許状主義**」という**三大原則**と呼ばれ、「戦後教育改革」によってこの原則がつくられた。本章ではこれらの原則のうち、「免許状主義」に注目して論じる（大学での教員養成原則については第5章を参照のこと）。

免許制度の枠内にある教免

そもそも免許制度とは「人間の精神・生命に直接的な関係をもち、特殊な知識、技能、経験を必要とする職業について、国家が国民に対し、その安定性を保証する制度」である[1]。たとえば医者や弁護士、自動車の運転などで免許制度が敷かれている。一般的には制限禁止されている行為を、特定の場合に解除し、適法になしうるようにする行政行為である。すなわち、普段は許されない行為が、専門職性を国家が保証する免許を有することで許されるようになることが、免許制度といえる。教免も、そうした免許制度の内に位置づけられるのである。教免がなくても各種学校（専修学校以外の塾や予備校など）では教え

られるが、学校教育法第1条で定められる教育施設(大学、短大、高等専門学校を除く)で教壇に立つことは許されない。

では、なぜ大学や文科省ではなく、教育委員会が教免を授与しているのだろうか。そもそもなぜ、教免の取得のために三大原則に従って大学で教職課程を履修する必要があるのだろうか。その理由を探るためには、まずは日本における教員養成の歴史をふりかえってみる必要がある。以下では第2節で戦前の教免について、第3節で戦後教育改革での教免の転換について扱い、最後に第4節で現在の教免について紹介する。

2．戦前の教育制度での教免

小学校の教免

戦前の教育制度で重要なのが、法律ではなく勅令だったことである。勅令とは、天皇の名において法的効力のある命令のことである。法律と異なり国務大臣の輔弼(はひつ)(天皇への助言のこと)のみで制定施行することができた。つまり、臣民(大日本帝国憲法下での国民のこと)の代表者である議員は審議を行うことができなかった。

まずは戦前の小学校の教免について、簡単に紹介する。小学校教員は1886年に出された「小学校令」と施行規則で規定され、師範学校を卒業するか、教員検定に合格することが必要だった。このとき、小学校では全国で無期限に有効の普通免許状と、府県でのみ5年間(のち7年間)有効の府県免許状に分けられた。普通免許状は高等師範学校卒業者または地方免許状を取得して5年以上勤務し、かつ優秀な者に授与する、とした。普通免許状は終身制であり、全国で有効で、文部大臣が授与した。そのため普通免許状は特権的な位置づけにあった。しかし実態として授与件数はごくわずかであり、例外的制度となっていた。そのため1900年に小学校の教免はすべて終身制となり、さらに1913年に有効区域の区分と普通免許状が廃止された。その結果「免許状ハ府県知事之ヲ授与シ全国ニ通シテ有効トス」と規定された(『学制百年史』)。1913年に全国共通となる小学校の教免は府県知事が授与する体制が完成し、小学校教員資格は知事を頂点として確立した。

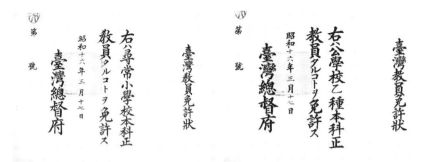

図 4-3　台湾総督府が授与した日本人の教免

同一の日本人教員に授与された教免である。左は日本人の小学校、右は台湾人の公学校の教免である。両種の学校の教免を取得できた。

日本の植民地での教免

戦前の日本は台湾や朝鮮といった植民地を有しており、植民地を管轄していた総督府も教免の授与権者だった。図 4-3 は、台湾総督府が授与した教免である。台湾は 1895 年から 1945 年まで日本の統治下にあった。戦前の台湾では日本人中心の小学校と、台湾人中心の公学校に分かれており（1941

図 4-4　台湾総督府が授与した台湾人の教免

個人情報保護のため姓名などを処理したが、台湾人の名前で授与された教免である。

年 4 月からは「国民学校」に統一される）、それぞれの教免が授与された。しかも教免は日本人だけでなく、台湾人もまた取得することができた（図 4-4）。

ただし、日本人教員は小学校と公学校のどちらの教員にもなることができたが、台湾人教員は公学校の教員にしかなることはできなかった。

戦前の教員養成制度

戦前の教員養成制度は現在と比べてかなり複雑である。尋常・高等小学校（初等学校）、師範学校・中学校・高等女学校（中等学校）、高等学校（高等教育）と三つの段階でそれぞれ免許状制度があった。教員は尋常小学校といった初等学校教員（以下初等教員）と、中学校・高等女学校・師範学校といった中等学

校教員(以下中等教員)に大きく分けられる。初等教員は師範学校で養成し、中等教員は高等師範学校で養成した。

　初等教員を主に養成していたのが師範学校である。師範学校は1907年の「師範学校規定」により高等小学校と予科から入学する本科第一部と、中学校などの卒業者が入学する本科第二部の2系統となった。

　戦時下の1943年に師範学校令が全面改正され、師範学校は中等学校卒業者を入学資格とする専門学校程度となった。設置主体も府県立から官立、つまり国立専門学校へと移行した。こうして本科第二部が本流となり、師範学校は中等教育レベルから高等教育レベルに引き上げられた。それが「戦後教育改革」で国立教員養成系大学・学部の設立へとつながっていく。

　中等教員は1900年公布の「**教員免許令**」で規定された。中等教員の養成のルートは大きく分けて四つであった。①師範学校-高等師範学校という教員の養成を目的とする目的養成学校を経ての中等教員②中学校-高等学校-帝国大学を経ての中等教員③私立大学を経ての中等教員④「文部省師範学校中学校高等女学校教員検定試験」(文検)を経ての中等教員、である。初等教員は師範学校、師範学校教員は高等師範学校で養成する二重構造になっていたのが師範教育の特徴だった。授与権者は文部省であった。

　こうした師範教育での教員養成だけでなく、教員確保のために教員検定が実施された。中等教員の検定は無試験検定(間接検定制度)と試験検定(直接検定制度)があった。無試験検定とは、筆記・口頭・実技といった試験を受けることなく、資格付与の認定を受けた教育機関の課程を修了することで教免を取得できる制度である。この制度は、先の分類にみる②の帝国大学などの指定学校や、③の公私立学校などといった無試験検定を許可した学校(「許可学校」)の卒業生を対象とした。そのため合格率は80～90パーセント前後と高率だった。試験検定は④の文検というルートであり、主に小学校教員などが中等教員を目指して受験したが、合格率は10パーセント前後という難関試験であった。

戦前は教免がなくても教壇に立てた?　代用教員制度

　戦前では、幼稚園から高校に至るまでの教員すべてに教免の所持が求められていたわけではなかった。「小学校令」によって師範学校で初等教員を養成す

ることになっていたが、実際には師範学校卒業者数が十分でなく、有資格者が限られていた。そのため無資格であっても「授業生」「雇教員」などとして中学校・高等小学校卒業者等が教員の代用をすることとなったのが「**代用教員制度**」である。1900年の小学校令改正でこうした無資格教員を小学校准教員として法的根拠が与えられた。こうした代用教員の多くは上級学校に進学するための学資を得るために一時的に代用教員になった。代用教員は苦学の代表例ともいえ、たとえば石川啄木が代用教員の経験がある。

「戦後教育改革」によって代用教員制度は廃止され、すべての教員が教免の所持を求められるようになったのである。しかし戦後すぐは有資格者が不足し、それまでの代用教員には臨時免許状が付与されて助教諭として採用され、無資格教員は一掃された。その結果、代用教員制度そのものはなくなる。そのため、現在では無資格教員がニュースとなってしまうのである。

―― ワーク4-2 ――
ほかに、代用教員の経験がある有名人はどんな人がいるだろうか？　調べてみよう。

3．戦後教育改革での教免授与権者の変更

以上みてきたように、戦前の教員養成は初等教員と中等教員とでは大きく異なっていた。初等教員の養成は師範学校を中心とし、中等教員は高等師範学校を中心としながらも、大学レベルでの教員養成や、文検など検定試験による教員選抜など、さまざまなルートで養成されていたのである。また中等教員は大学ルートでの養成が行われており、それが戦後の「大学における教員養成」原則が中等教員においては適合的であったゆえんである。

しかし、戦前の初等教員と中等教員で共通する点がある。それは、教免の授与権者が国家の行政機構（文部省、府県知事）だったことである。教員と国家

が教免を介して結びつけられており、教員は国家のために奉仕することが求められていたのである。

教育委員会法の成立

「戦後教育改革」によって「大学での教員養成」「開放制」「免許状主義」という三大原則が1949年より実施されることとなった。ではなぜ、文部省や都道府県知事ではなく、教育委員会が教免の授与権者になったのだろうか。

1946年3月に第一次米国教育使節団が連合国最高司令官に提出した「米国教育使節団報告書」のなかではじめて、教育委員会制度が示された。この教育委員会制度の導入について、以下の4点が明記された。①公立の初等中等教育を管理するために都道府県と市町村に設立される地方行政機関である、②政治的に独立している、③一般民衆の投票によって選出された代議的公民で構成されている、④上位の教育関係機関の支配を受けない。こうして一般行政から教育行政を独立させ、教育委員を選挙で選ぶという構想が示された。そのねらいは、視学官制度にみられた戦前の中央集権化された教育制度を改め、民主主義の徹底と地方分権を主眼とした。この報告書は教育刷新委員会（1946年設置、のちに教育刷新審議会と改称）で検討され、1948年7月15日に**教育委員会法**として施行された。教育委員会の目的は第1条に記されている。そこには「教育が不当な支配に服することなく、国民全体に対し直接に責任を負って行われるべきであるという自覚のもとに、公正な民意により、地方の実情に即した教育行政を行うために、教育委員会を設け、教育本来の目的を達成すること」とある。第3条第3項で教育委員会は都道府県と市町村の二つの段階で設置されることが定められた。第4条では従来都道府県と地方公共団体の権限に属していた教育事務を管理執行することが定められた。第7条では委員の1人は地方公共団体の議員、他は住民の選挙によって選出することとなった。第48条で都道府県教育委員会は都道府県が設置する教育機関を、地方委員会は地方公共団体が設置する教育機関を管轄することが定められた。第49条第5項で教育委員会は学校その他の教育機関の職員の任免といった人事に関する事務を行うことが定められた。

要するに、教育委員会が教育行政とは別に設置され、1人を除き委員は選挙

で選出され、学校と教員人事を管理することになった。こうして教育委員会は、教免の授与権者となり、かつ教員採用を行う任命権者となった。

教育委員会が教免の授与権者となる

　こうして各都道府県と地方公共団体に教育委員会が創設されるが、戦前の文部省や府県知事を教免の授与権者とする形式から、戦後の教育委員会を授与権者とする形式に至るには、相当の紆余曲折があった。それは文部省、教育刷新委員会、CIE（Civil Information and Education Section：連合国軍総司令部の部局の一つである民間情報教育局のこと）とのあいだで教師に求められる教養をめぐって論議が難航したためである。教育職員免許法案は1947年1月ごろからアメリカの教員養成制度をもとに教員の資格基準が検討され、同年10月には従来の許可学校による無試験検定ではなく、大学における「所要の課程」を履修して必要な資料を整えれば無試験検定によって教員資格を付与するという方向が決められた。1947年10月にまとめられた「教育免許法基本綱案」では、教免の授与権者は小中学校と幼稚園の免許状は都道府県監督庁、高等学校などの免許状は文部大臣が授与する、とした。

　しかし1948年8月にCIEと文部省との交渉過程で県教育委員会が教免を授与するようCIE側から指摘された。こうして同年末にかけて免許法の原案が練られていった。その結果1949年4月25日に**教育職員免許法**（教免法）が国会に提出され、衆参両院の審議を経て同年5月31日に公布、9月1日に施行された。同法の公布により、すべての教員は相当の免許状を有せねばならないという免許状主義を採ることとなった。さらに免許状の取得は、師範学校のような教員の養成を目的とする学校のみに限定されなくなった。それを「開放制」原則といい、大学など必ずしも教員養成を目的としない学校に一定期間在学し、所定の単位を修得すれば免許状が与えられる制度となった。

　またここで重要なことは、教育において戦前の勅令主義から法律主義に転換したことである。先に述べたように勅令は国会（帝国憲法下では帝国議会）の審議を経ることができなかったが、法律は国会の審議の対象となり、国民の代表者である国会議員が審議することができるようになった。こうして教育の民主化が進められたのである。教育行政において1949年という年は、大きな画期

の一つである。

教員の量と質の問題と授与権者変更の検討
　しかし、教員不足を解消するために教員をいかに確保するのかという量の問題と、教員としての質の担保をいかに確保するのかという質の問題とのあいだの対立は戦後教員養成制度において大きな問題であり続けた。そのため授与権者を国に戻そうとする動きは教育職員免許法施行後も何度も起こった。
　1956年に「地方教育行政の組織及び運営に関する法律」が成立したことで教育委員会法が施行されてからわずか数年足らずで教育の地方分権は後退し、中央集権的な教育行政に戻った。さらに1958年の中央教育審議会「教員養成制度の改善方策について（答申）」では、教員の質の確保のために授与権者を国とすることなどが提案された。
　しかし、結局この提案は実現せず、教育委員会が教免の授与権者かつ任命権者という制度はいまに至るまで続いている。

4．現在の教免取得と更新制の導入

試験で教免が取れる？　教員資格認定試験制度
　「戦後教育改革」によって大学での教員養成が原則となったが、実は大学での教員養成だけでなく、社会人などを対象とした**教員資格認定試験**がある。先にみた戦前の「文検」にも似た試験制度である。文部科学省が実施し、幼稚園・小学校・特別支援の教員資格を取得することができる。この制度はまず1964年に高等学校教員資格認定試験から開始した（2004年に休止）。「社会人の活用」という観点から小学校および特別支援教員認定試験は1973年から、幼稚園は2005年から開始した[2]。授与される教免は、高校は普通第一種、小学校・幼稚園・特別支援学校は普通第二種である。合格証書は文科大臣と試験を受けた大学の学長が授与する。合格証書を得た者が、都道府県教育委員会から教免を授与されるのである。ただし年によって休止される認定試験があるため、受験を検討する際には文部科学省のサイトなどで確認することを勧める。

表4-1 教育職員免許状の種類

種類	区分	基礎資格	効力	有効期間	職階
普通免許状	専修	修士	全国	10年	教諭
	第一種	学士			
	第二種	準学士 短期大学士			
特別免許状	―	―	都道府県	10年	教諭
臨時免許状	―	―	都道府県	3年	助教諭 養護助教諭

出所)「教育職員免許法」より筆者作成。

教免を持っていなくても教壇に立てる？　特別免許状制度

　戦前は代用教員のように無資格教員の規程があったが、「戦後教育改革」によって排除されたことは前述した。しかし実は、無資格であっても免許状を授与する制度がある。それが表4-1に記した**特別免許状制度**である。特別免許状とは、「教員免許状を持っていないが優れた知識経験等を有する社会人等を教員として迎え入れることにより、学校教育の多様化への対応や、その活性化を図るため、都道府県教育委員会が授与する免許状」のことで、1988年の教育職員免許法改正によって創設された。さらに、2001年に学校教育法施行規則の一部改正により校長・教頭資格の基準が緩和され、教免をもたない民間人が校長として登用されることが可能となった。この制度によって東京都杉並区立中学校長となった藤原和博氏が話題となった。

現行制度での教免の種類

　現行の教免は1. 普通免許状、2. 特別免許状、3. 臨時免許状の三種がある。さらに普通免許状には専修、一種、二種の三種に分かれている。普通免許状の三種は取得学位の違いによるもので、大学卒が一種、短大卒が二種、大学院修士課程卒が専修である。一種の取得のためには学士課程124単位による学士の学位取得と、学位取得の必要単位を超えて教免法に定められる教職課程の履修が必要となる。

教員免許状更新制の導入——有効期限の設定と「発展的解消」

　ひとたび教免を取得すれば終身有効であると思ったら、それが間違いの時期があった。なぜなら、2009年度から「**教員免許更新制**」が導入されたためである。この制度は教免の有効期限を限定し、10年ごとに30時間以上の更新講習を大学で受けて試験に合格することが求められた。すなわち、講習を受けなかったり不合格となると教免が失効するという仕組みであった。2016年度より講習に必修領域と選択領域に加えて「選択必修領域」が導入された。しかし、2022年5月に通常国会にて「教育公務員特例法及び教育職員免許法の一部を改正する法律」が成立した。同年7月1日に施行され、教員免許更新制は「発展的に解消」された。そのため施行日時点で有効な教員免許状は手続きなく有効期限のない免許状となる。なお表4-1の普通免許状と特別免許状は、この免許更新制度によって教免法が改定されたため、有効期限が設定された（臨時免許状はそれ以前から期限があった）。免許状更新講習は、大学その他文部科学省令で定める者（大学の教授、准教授または講師の職にある者など）が、文部科学大臣の認定を受けて行っていた。

　こうして、これまで教員の量的確保を目論んで終身制とされてきた教免は、一時期更新手続きが求められた。現在、免許更新講習制は「発展的に解消」し、新たな研修制度を設けることで教員としての専門性を生涯にわたって高め続けることが課されることとなった。

5．教免とは、何なのか

　最後にあらためて、「教免とは何なのか」、考え直してみよう。教員免許更新制の導入により有効期限が設定されることで、毎年多くの教員が更新講習を受

ワーク4-3

教員免許状はなぜ必要なのだろうか？

講し損ね(忘れていることもある)、教免が失効したまま教壇に立ってしまっている。こうした「ニュース」は各新聞でみられるのは最初に書いたとおりである。しかし、「授業の履修が無効となった生徒がかわいそう。許せない!」と怒る前に少し立ち止まることが必要である。そもそも、なぜ教壇に立つためには、「免許」が必要なのだろうか。最後に、教員免許状という免許を取得する意義を、自由に書き込んでほしい(ワーク4-3)。

注
(1) 市川昭午『専門職としての教師』明治図書、1969年、14-15頁。
(2) 北神正行「教員免許はなぜあるのか」日本教師学会編『講座 教師教育学第1巻 教師とは——教師の役割と専門性を深める』学文社、2002年、205-216頁。

【読書案内】
①下司晶・関根宏朗・須川公央編『教員養成を問いなおす——制度・実践・思想』東洋館出版社、2016年。
　本章と関わるのが「第一部　教員養成制度の現状と課題」における須川・走井両氏による論考である。須川氏は戦後教員養成改革について教職の専門性をめぐる議論を〈アカデミシャンズ〉と〈エデュケーショニスト〉の対立軸で整理する。走井氏も戦後教員養成改革期を対象とし、教員養成と教員採用との〈あいだ〉において相互に干渉しないという「不健全な独立主義」が起こった理由を検討している。
②船寄俊雄編『論集　現代日本の教育史2　教員養成・教師論』日本図書センター、2014年。
　「第一部　教員養成　Ⅰ戦後教員養成史研究の基本的枠組——"開放制"対"閉鎖制"」に収められた各論考が本章と関わる。「解説」では船寄氏が教員養成をめぐる対立軸として「アカデミズム」と「プロフェッショナリズム」から整理しており、先の須川論考と重なる視点を提示している。

参考文献
市川昭午『専門職としての教師』明治図書、1969年。
岩田康之「教員養成カリキュラムにおける「大学」性」『日本教師教育学会年報』第9号、2000年、14-20頁。
岡本洋三『開放制教員養成制度論』大空社出版部、1997年。
北神正行「教育職員免許法の成立過程」『「大学における教員養成」の歴史的研究——

戦後「教育学部」史研究』学文社、2001年、99-125頁。
────「教員免許はなぜあるのか」日本教師教育学会編『講座　教師教育学第1巻　教師とは──教師の役割と専門性を深める』学文社、2002年、205-216頁。
下司晶・関根宏朗・須川公央編『教員養成を問いなおす──制度・実践・思想』東洋館出版社、2016年。
笹森健「教育委員会制度の変容」『戦後教育の総合評価』刊行委員会編『戦後教育の総合評価』国書刊行会、1999年、247-256頁。
社団法人国立大学協会『国立大学の教員養成』2010年。
戦後大学史研究会『戦後大学史』第一法規出版、1988年。
辻村貴洋「教育委員会制度の発足と教師の専門性論」『北海道大学大学院教育学研究院紀要』105号、2008年、66-67頁。
船寄俊雄「戦前・戦後の連続と断絶の視点から見た「大学における教員養成」原則」『教育学研究』第80巻第4号、2013年、2-12頁。
────「解説　教員養成・教師論」『論集　現代日本の教育史2　教員養成・教師論』日本図書センター、2014年、561-592頁。
牧昌見『日本教員資格制度史研究』風間書房、1971年。
山本一生「「学校教員」は「子どもが好き」だけではなれない？」井藤元編『ワークで学ぶ教育学』ナカニシヤ出版、2015年、81-93頁。

（山本一生）

第5章
教師になるために大学で学ぶべきことは何だろうか？
教員養成におけるアカデミズムとプロフェッショナリズムをめぐって

1．教職課程はどうあるべきか

　本章では、教職課程はどうあるべきか、もう少し広くいえば、教員養成はどうあるべきか、ということを皆さんと一緒に考えていきたい。そのことはまた、皆さんが将来教員になるためには大学でどんなことを学ぶべきなのかを、皆さん自身が考えることでもある。つまり、単に大学で決められているから履修するというのではなく、いま受けている教職課程の授業をなぜ受講しなければならないのかを皆さん自身に考えてほしいのである。なお、この章で扱う教員養成とは、教師教育とも言い換えられる広義の教員養成ではなく、大学の4年間における狭義の教員養成である。つまり、免許法認定講習、教員免許更新講習、教職大学院などについては扱わないことにする。

2．四つの教師像

　教員養成と聞くと、普通、わたしたちは近代的な学校制度を前提にして考えがちである。しかし、教師は近代的な学校制度が始まる以前から存在していた。そこで、少し遠回りではあるが、近代的な教員養成が始まる以前の教師に目を向けてみたい。教育史学者の三好信浩（1932-）は、日本とアメリカの教員養成の歴史を比較しながら、四つの教師像を取り出している。この四つの教師像を紹介する前に、ここで皆さんにワークに取り組んでもらおう（ワーク5−1）。
　皆さんは、どの先生を選んだであろうか。これら四つの先生は、アメリカと日本の教員養成の歴史を比較したときに筆者が取り出している教師像を少しデフォルメしたものである。①の物知りの先生は**「学芸の教師」**と呼ばれる教師

---- ワーク5-1 ----
次の4人の先生のうち、あなたが一番なりたいのはどの先生だろうか？
①物知りの先生
②教え方の上手な先生
③芸に秀でた先生
④人格的に優れた先生

像である。イギリスでは、中世末期になると、富裕な階級を教育する場として、ラテン語の文法を教える文法学校が成立した。イギリスの植民地であったアメリカにも文法学校が建てられた。文法学校の教師は、ハーバード大学のような総合大学出身者のほかに、アメリカで独自な発展を示すリベラル・アーツ・カレッジ（学芸大学）の出身者であった。この大学では、文法、修辞学、弁証論（論理学）の三つの学と、算術、天文学、幾何学、音楽学の四つの科からなる**リベラル・アーツ（自由七科）**と呼ばれる学芸を修得した。こうした学芸の教師は、大学で学んだ知識を子どもたちに教える教師であり、教育方法については学んでいなかった。つまり、学芸の教師は、教育内容の専門家ではあるが、教育方法の専門家ではなかったのである。

これに対して、②の教え方の上手な先生は「**方法の教師**」と呼ばれる。欧米の先進諸国では、19世紀に欧米で近代的な公教育制度が樹立されるようになった。アメリカでも、公教育の提唱者たちは、民衆の初等学校を普及させるために、教師を計画的に養成するための師範学校を設立しなければならないと考えた。先述したリベラル・アーツ・カレッジは教師を養成することを目的にはしておらず、卒業生がたまたま教師になっただけであった。しかし、師範学校は教師の養成を目的としており、教科の知識とその知識を教授する方法を教えた。後者の方法については、教授法と管理法の講義以外に教育実習を経験させることによって、教えるための実践的能力を育成した。こうして育成された教師は方法の教師であり、教養や学問よりも、子どもたちに教える方法や技術を重視した。

日本には、前記の二つのものとは異なった教師像がみられる。一つは③の**稽古論**にもとづく教師像である。稽古論において、教師は学芸に秀でているため

に尊敬されるが、そうした教師を養成するという発想は薄く、学習者の主体的な習道が重視された。弟子は自ら学ぶために（求道）、尊敬する師匠に仕え（師事）、師匠の学問や技芸を学び取る（習道）。寺子屋の手習いや徒弟奉公の修行も、こうした弟子の主体的な態度を前提にしていた。

　もう一つの教師像は、④の**教化論**にもとづく教師像である。教化というのは他人に影響を与えて善に導くことを意味する。教化の化とは、師匠の徳が弟子に影響を与えて、知らないうちに弟子を変えていくことである。したがって、教化の発想においては、師匠の道徳的な態度が求められる。教化という考えは、もともと聖徳太子や江戸時代の儒学者にみられたが、明治時代になって国民教育制度が成立すると、教師は民衆を教化する役割を担うことになった。戦前の小学校教師が「訓導」と呼ばれたことは、教師が子どもに道徳的な影響を与える教化の発想の現れである。戦前の教師は人格的に優れていることが一番に求められたのである。

3．教員養成におけるアカデミズムとプロフェッショナリズム

　今述べた四つの教師像は、現代の教員養成を考えるときにも興味深い視点を提供してくれる。これからみていくように、戦後の教員養成は、①**大学における教員養成**、②**開放制**、という原則のもとで行われてきた。戦後、大学における教員養成と開放制という原則にもとづいて、教員養成を目的とする**師範学校**を卒業しなければ教師になれなかった、戦前の「**閉鎖制**」の教員養成制度が批判された。その批判の根拠になっていたのは、主に「学芸の教師」であった。戦前の師範学校では、教化論にもとづく教師の倫理性が重視され、しかも、その倫理性は国家から求められたものであった。また、師範学校は中等教育機関であり、学問をする大学ではなかったので、教師は担当する教科を学問的に追究する学芸の教師であることは求められず、あくまで方法の教師であることが求められた。

　それに対して、戦後の教員養成の一つ目の原則は、大学における教員養成、つまり教員養成は大学で行われなければならない、という原則であった。大学における教員養成という原則は、教師自身が真の学問をしていなければならな

いというアカデミズムを根拠にしていた。これは、戦前の教員養成が、初代文相森有礼(ありのり)以来の学問と教育の区別にもとづき、師範教育をあくまで教育に位置づけていたのに対して、学問と教育の一致の思想に基づいていた。

　二つ目の開放制の原則とは、文部科学大臣の認定を受ければどの大学でも教職課程を設置できるということである。つまり、教員養成を目的としていない一般大学・学部の卒業生であっても教員になれるということである。この開放制もアカデミズムの立場を前提にして主張された。というのは、文学部や経済学部のような一般大学・学部で各自の専門的な学問を深く学んできた教師であれば、教授法などについて実践的に学んできていなくても、現職教員になってから十分に身につけることができるという発想があったからである。

　このように、戦後の教員養成は当初アカデミズムの立場に立ち、教育の方法や技術の修得を重視する専門職主義（プロフェッショナリズム）を否定してスタートした。以下では、アカデミズムとプロフェッショナリズムの立場を整理してみよう（表5-1）。

　第一に、アカデミズムは、教師自身が教科の内容を学問的に深く理解していることを重視する。しかし、プロフェッショナリズムは、教師が学問することと教えることは別であると考え、教える内容よりもどうやって教えるかを重視する。

　第二に、アカデミズムは、まず学生自身が自己の学問を深く追究した結果、子どもに教えられるだけの深い学識をもつようになると考える。というのは、子どもに教える必要から学ぶのでは浅い知識しか得られないからである。それに対して、プロフェッショナリズムは、むしろ子どもに教える必要から学ぶべ

表5-1　教員養成におけるアカデミズムとプロフェッショナリズムの違い

	アカデミズム	プロフェッショナリズム
教育内容	何を（教科）	いかに（指導法）
学ぶ動機	自己の教養	教える必要
教員養成の概念	機能概念	領域概念
教員養成制度	開放制	計画養成（目的大学）
教員養成の目標	理論的装備、教養	実践的指導力
政府の統制	大学の自治	統制強化

きだと考える。というのは、自分が学問を深く理解しているからといって、うまく教えられるとは限らないからである。

第三に、アカデミズムは、大学で深く学問を探究した結果、子どもに教えられる能力も身につくと考える。それゆえ、教員養成を目的としていなくても、結果的に教師が養成されるという**機能概念**の立場を取る。たとえば、大学院教育は研究者養成を目的としているが、結果的に大学教員を養成する機能を果たしている。これと同じように、国文学科は国語学の探究を目的とするが、結果的に国語科の教員を養成する機能をもつと考える。それに対して、プロフェッショナリズムは、教員養成は意図的に行わなければならないと考えるので、教員養成という教育の一つの**領域**がなければならないと考える。つまり、一般大学・学部とは別に教員養成のための大学・学部がなければならないと考える。

第四に、いま述べた点と重なるが、アカデミズムは、一般大学・学部で学問を深く探究してきた教師を理想とするので開放制を主張するが、プロフェッショナリズムは、教員養成を目的とする大学（**目的大学**）・学部の必要を主張する。

第五に、アカデミズムは教員養成の目標は「完成教育」ではなく「準備教育」であり、とりわけ理論的装備を与えることだと考える。また、教員養成段階では、教育方法や技術に関する実践的指導力の育成よりも教養を身につけさせることによって、将来の教師としての自己発展を可能にする基礎を培うことに主眼を置く。したがって、「一人前の教師としての力」「すぐに教壇に立って教えることのできる力」を教員養成段階で身につけさせようとするのは誤りだということになる。一方、プロフェッショナリズムは、教員養成の目標は完成教育、つまり現場に出てからはもう学ぶことがなくなるくらいの教師としての完成を目指しているわけではないとはいえ、理論と実践の往還によって実践的指導力の基礎を育成することを目指している。

最後に、アカデミズムは、大学の自治の原則をもとに、既成の学問の枠組を

前提にして学生に真理を教育する自由を主張するため、政府による干渉を批判する。それに対して、プロフェッショナリズムは、国民教育制度を担う教員を養成するという観点から、「**教員養成の質保証**」という名目で統制を強化する傾向にある（政府の統制なしに、各大学で教師の専門性を高めるための改革を行うことも理論上可能であるが、現実には政府主導の改革が進められつつある）。

開放性の問題点

いままでみてきたようなアカデミズムの立場にもとづいて主張された開放制の教員養成制度は、いくつかの問題点を抱えている。ここでは、開放制が抱える問題点が何かを話し合ってみよう（ワーク5-2）。

ワーク5-2

開放制が抱える問題点とは？

....
....
....

開放制が抱える問題点の一つ目は、各教科を学問的に深く探究すべきことを重視するアカデミズムの立場は、**教科担任制**を取る中学校・高等学校の養成課程にはうまく適合できるが、**学級担任制**を取る小学校の養成課程にはうまく適合できない。それゆえ、小学校課程においては教員養成大学・学部をつくらざるをえないという問題である。

二つ目に、開放制のもとでは、将来教員を目指していない学生でも比較的容易に教員免許状を取得できてしまい、教員免許状が濫発されることになる。このことは、モチベーションがないまま教育実習に行って実習校に迷惑をかけるといった問題にもつながっている。

三つ目に、一般大学・学部においては一般教育課程と専門教育課程に加えて教職課程を履修しなければならず、それぞれについて深く学ぶことが難しくなっているという問題がある。

4．教職課程の内容

　教員養成大学・学部に在学する皆さんだけでなく、一般大学・学部に在学する皆さんが教員免許状を取得できるのは、開放制の制度があるからである（教員免許状の歴史については、第4章を参照）。開放制の制度は、教員養成において、教育に関わる特殊な技術よりも、一般的な教養や専門的な学問を深めることを重視するアカデミズムの立場を前提にして始まった。そうはいっても、戦後の教員養成において教職に関する専門教育がまったく無視されてきたわけではない。皆さんが教員免許状を取得するには、一般教養、教科に関する専門科目以外に、教職に関する専門科目を履修しなければならない。教員免許取得にかかる単位数は、小学校、中学校、高等学校の場合、教員免許状の種類ごとの表5-2のとおりである。また、「教職に関する科目」については、教育職員免許法施行規則第6条に具体的に明示されている（表5-3）。

　これに加えて、教育職員免許法施行規則第66条の6に規定されている科目として、日本国憲法、体育、外国語コミュニケーション、情報機器の操作（それぞれ2単位）の修得が求められる。こうした大学での単位以外に、小学校および中学校の普通免許状を取得するためには、特別支援学校または社会福祉施

表5-2　教員免許状取得にかかる単位数

学校種	免許状	基礎資格	教科に関する科目	教職に関する科目	教科又は教職に関する科目
小学校	専修	修士	8	41	34
	一種	学士	8	41	10
	二種	短期大学士	4	31	2
中学校	専修	修士	20	31	32
	一種	学士	20	31	8
	二種	短期大学士	10	21	4
高等学校	専修	修士	20	23	40
	一種	学士	20	23	16

出所）高妻紳二郎・植上一希・佐藤仁他『教職概論——先生になるということとその学び』協同出版、2012年、30頁より。

表5-3 「教職に関する科目」の内容と必要単位数

科目	含めることが必要な事項	小学校 専修	小学校 一種	小学校 二種	中学校 専修	中学校 一種	中学校 二種	高等学校 専修	高等学校 一種
教職の意義等に関する科目	教職の意義及び教員の役割	2	2	2	2	2	2	2	2
	教員の職務内容（研修、服務及び身分保障等を含む）								
	進路選択に資する各種機会の提供等								
教育の基礎理論に関する科目	教育の理念並びに教育に関する歴史及び思想	6	6	4	6	6	4	6	6
	幼児、児童及び生徒の心身の発達及び学習の過程（障害のある幼児、児童及び生徒の心身の発達及び学習の過程を含む）								
	教育に関する社会的、制度的又は経営的事項								
教育課程及び指導法に関する科目	教育課程の意義及び編成の方法	22	22	14	12	12	4	6	6
	各教科の指導法								
	道徳の指導法								
	特別活動の指導法								
	教育の方法及び技術（情報機器及び教材の活用を含む）								
生徒指導、教育相談及び進路指導等に関する科目	生徒指導の理論及び方法	4	4	4	4	4	4	4	4
	教育相談（カウンセリングに関する基礎的な知識を含む）の理論及び方法								
	進路指導の理論及び方法								
教育実習		5	5	5	5	5	5	3	3
教職実践演習		2	2	2	2	2	2	2	2

出所）高妻・植上・佐藤他前掲書、31頁。

設等で、介護等の体験を行うことが義務づけられている（小学校及び中学校の教諭の普通免許状授与に係る教育職員免許の特例等に関する法律）。

教職に関する科目の充実

　以上が現在の法的な規定であるが、教育職員免許法の改正の歴史をふりかえると、専門分野の学問的知識よりも子どもとの関係や教授法などを重視する科目の充実が図られ、アカデミズムからプロフェッショナリズムへの移行がなさ

れてきたことがわかる。

　たとえば、1998年の教育職員免許法の改正では、教科に関する科目がそれまでの40単位から20単位へと半減し、その分、教職に関する科目の単位が増加することになった。すなわち、教職に関する科目等において、教職に対する使命感を育むための「教職の意義等に関する科目」（2単位）の新設、中学校の「教育実習」の3単位から5単位への引き上げ、「生徒指導、教育相談及び進路指導等に関する科目」2単位から4単位への引き上げおよびカウンセリングに関する内容の必修化、などである。これは、いじめ、不登校、学級崩壊など、学校現場で起きている教育問題の深刻化に対処するためである。

　また、中央教育審議会（中教審）答申「今後の教員養成・免許制度の在り方について」（2006年）の提言を受けて新しく導入されたのが「教職実践演習」であった。この科目のねらいは、教員として必要な資質能力の最終的な形成と確認を目指すものであり、全学年を通じた「学びの軌跡の集大成」として位置づけられるものである。学生は、この科目の履修を通じて、教職生活をより円滑にスタートできるようになることが期待されている。内容としては、①使命感や責任感、教育的愛情等に関する事項、②社会性や対人関係能力に関する事項、③幼児児童生徒理解や学級経営等に関する事項、④教科・保育内容等の指導力に関する事項、とされている。

　さらに、中教審答申「これからの学校教育を担う教員の資質能力の向上について——学び合い、高め合う教員育成コミュニティの構築に向けて」（2015年）では、「学校インターンシップの導入」が提言されている。これは、理論と実践の往還による実践的指導力の基礎の育成を目指すとともに、学生が自らの教員としての適格性を把握するための機会として有意義だとされている。学校インターンシップは、大学に対して一律に義務化されるものではないが、各大学の判断により教職課程に位置づけられることとされた。

　このような教職専門科目の充実、および学校インターンシップのような体験的プログラムの充実は、プロフェッショナリズムが優勢になってきたことの証拠だといえる。

教科専門教育の変容

　それとは別に、教科専門教育に対する考え方も、よりプロフェッショナリズムの方向に変わってきている。教育職員養成審議会（教養審）第一次答申「新たな時代に向けた教員養成の改善方策について」（1997年）では、「教員養成教育の中で、教科の専門性（細分化した学問分野の研究成果の教授）が過度に重視され、教科指導をはじめとする教職の専門性がおろそかになっていないか。教員スタッフの専門性に偏した授業が多く、「子どもたちへの教育」につながるという視点が乏しいのではないか」と疑問が呈された。

　また、「国立大学の教員養成系大学学部の在り方について（報告）」（2001年）では、教員養成大学・学部の教科専門教育は「一般学部とは異なる教科専門科目の在り方を求められる」とされている。それまで、多くの教科専門教育では、文学部、経済学部、理学部等での教育を受けた教員が、アカデミズムの立場で自らの専門とする諸科学の学問的成果を教えていた。つまり、教科専門教員の多くは、自分の専門である文学や経済学を学校でどう教えるかということには関心をもたなかった。しかし、「在り方懇」は、教科専門教員に、単に教科に関する学問を専門的に教えるのではなく、教員養成にふさわしい授業をするように求めたのである。したがって、教科専門教員には、既成の学問的な見方にとらわれずに、学問的成果を子どもの認識という視点から再構成することが求められるようになった。こうした教科専門教育のあり方を検討する研究は「**教科内容学**」と呼ばれている。

5．教職課程の各科目間に有機的なつながりをもたせるには

　前節では、教職課程の各科目が実践的指導力を高めることを目的とする内容に徐々に変わってきていることをみてきた。しかし、プロフェッショナリズムからすれば、単に教職課程の個々の科目が実践的な内容に変化するだけでは専門職としての教師を養成することには必ずしもつながらない。横須賀薫（1937-）は、教職課程の各科目をとにかく教えておけば、あとは学生たちが自分の内部において統合し、教師としての力量をもってくれるにちがいないと考える「**予定調和論**」と、「私が教えられるのはこれだけで、他の科目のことは知らな

い」と考えがちな、教職課程を担当する各教員の「**なわばり無責任論**」を問題視し、カリキュラムを内容的に統合する軸を求めたのである。このようにプロフェッショナリズムは、教職課程の単位を積み上げれば自動的に教師としての力量が形成されるという予定調和を疑い、教員養成カリキュラム全体の有機的な結びつきを求める。

　それでは、教職課程の各科目がバラバラにならず、有機的なつながりをもつためには、どんな工夫が必要であろうか。話し合ってみよう（ワーク5-3）。

ワーク5-3
教職課程の各科目が有機的なつながりをもつためには、どんな工夫が必要か？

　実際、文部科学省によって進められている教員養成改革では、教職課程の質を向上させるためのさまざまな提案がなされてきている。たとえば、各大学で教員の専門性基準を明確にし、その基準を教職課程の科目と対応させることである。前節で述べた教職実践演習の新設が提唱された中教審答申「今後の教員養成・免許制度の在り方について」（2006年）では、教員として最小限必要な資質能力が確実に身についているかどうかを確認するために「到達目標及び目標到達の確認指標例」が、教職実践演習で取り上げられるべき先述の四つの事項との関連で示されている。

　また、兵庫教育大学といった教員養成大学を中心に、教員として最小限必要な資質能力を「**教員養成スタンダード**」として明示したうえで、教員養成スタンダードの内容をどの授業科目で身につけるかを示す「**カリキュラム・マップ**」を作成する試みがある。こうした取り組みによって、教職課程の単位を履修したから教師として必要な資質能力が形成されるはずだという予定調和を超えて、学生がどのような資質能力を身につけたかを直接問うことが可能になる。

6. 専門職としての教師を育てるには

　以上、プロフェッショナリズムにもとづいた教職課程の改革動向についてみてきた。第3節で教員養成をめぐるアカデミズムとプロフェッショナリズムの考え方の違いについてみたが、教師が専門職であるとはどのようなことなのかをもう少し考えてみよう（教師の専門職性については第12章も参照）。佐藤学によれば、教師の専門職性は、医師や弁護士と同様、専門的な知識と理論を基盤とする「省察（reflection）」と「判断（judgment）」の能力として成立している。だとすれば、専門家としての教師を育てることの本質は「理論と実践の統合」にあることになる。「理論と実践の統合」ということからすれば、実践とかけ離れた学問の講義に終始することは避けられなければならない。しかし、その一方で、ひたすら実践経験ばかりをさせればよいとする体験主義も批判されなければならない。教育実習を長期化したり、学校インターンシップのような実習の機会を増やしたりすることが、学問や理論の教育をおろそかにすることになってはならないのである。実践経験の機会は、実践のなかで熟考し、実践をふりかえることによって、理論を検証し、改善させることにつながらなければならない。したがって、実践的指導力の育成を重視することが学問や理論の軽視を意味するとすれば、それは誤りだろう。

　本章では、「学芸の教師」に由来するアカデミズムと「方法の教師」に由来するプロフェッショナリズムとの対立という視点から、教職課程の内容とその変化について論じてきた。

　では、皆さん自身が教師になるためには、大学でのどんな学びが必要だろうか。自分で自分のために教職課程のカリキュラムをつくってみてほしい。

ワーク5-4

あなたが教師になるための教職課程をつくってみよう。

第 5 章　教師になるために大学で学ぶべきことは何だろうか？

【読書案内】
①船寄俊雄編『論集　現代日本の教育史 2　教員養成・教師論』日本図書センター、2014 年。
　「開放制」対「閉鎖制」という枠組みを軸に、教員養成をめぐる戦後の主要な議論を網羅したリーディングス。
②臼井嘉一『開放制目的教員養成論の探究』学文社、2010 年。
　筆者は、開放制か目的養成かという二項対立に対して、開放制を前提とした目的養成のあり方として「開放制目的教員養成」を提唱している。

参考文献

赤星晋作「教師の資質能力と教員養成・免許――臨教審答申以降」『広島国際研究』第 16 巻、2010 年、111-124 頁。

新井知生「「教科内容学」研究の成果と課題――教員養成カリキュラムにおける教科専門の授業の在り方を中心に」『島根大学教育学部紀要（教育科学）』第 49 巻、2015 年、27-36 頁。

岡本洋三「教育学部論」船寄俊雄編『論集　現代日本の教育史 2　教員養成・教師論』日本図書センター、2014 年、222-269 頁。

海後宗臣「総括と提言」船寄俊雄編『論集　現代日本の教育史 2　教員養成・教師論』日本図書センター、2014 年、5-23 頁。

佐藤学『専門家として教師を育てる』岩波書店、2015 年。

船寄俊雄「「大学における教員養成」の歴史的研究」船寄俊雄編『論集　現代日本の教育史 2　教員養成・教師論』日本図書センター、2014 年、153-179 頁。

別惣淳二・渡邊隆信編『兵庫教育大学教育実践学叢書 1　教員養成スタンダードに基づく教員の質保証――学生の自己成長を促す全学的学習支援体制の構築』ジアース教育新社、2012 年。

三好信浩「教員養成制度について」船寄俊雄編『論集　現代日本の教育史 2　教員養成・教師論』日本図書センター、2014 年、123-142 頁。

向山浩子・五十嵐顕「戦後教員養成論の再検討（上・下）」船寄俊雄編『論集　現代日本の教育史 2　教員養成・教師論』日本図書センター、2014 年、42-122 頁。

横須賀薫「教員養成教育の教育課程について」船寄俊雄編『論集　現代日本の教育史 2　教員養成・教師論』日本図書センター、2014 年、24-41 頁。

（髙宮正貴）

第6章
「法」のなかで生きる教員とは？
ブレーキ／モーターとしての法

1．やっていいこと、いけないことの境界線

　読者にとって「法」や「ルール」から連想されるイメージはどのようなものだろうか。おそらく、束縛、窮屈、がんじがらめといったキーワードが先行するのではないか。このイメージは、ある行動を制約するという意味で、「ブレーキ」としての法と重なるものである。ところが、法の機能はそれだけにとどまらない。法には、ある行動を促す、あるいは、目的達成のために自由を与えるような「モーター」としての機能もあることを忘れてはならない。

　それでは、教員は、一般市民や他の職種と異なり、いかなる恩恵や制約を法から受けているのだろうか。本章では、教育・学校・教員に対する保護者・地域住民・世論の「まなざし」といった観点も意識しながら、教職にまつわるヒト・モノ・カネ・情報を、「法」という窓から覗いてみよう。

2．「生業」としての教職──身分と待遇

　生活を営むための仕事や職業を「生業」（なりわい・せいぎょう）と呼ぶことがある。では、教職を生業とするためには、何が必要で何が求められるだろうか。実は教育界では教員だけ「特別扱い」されていることが少なくない。以下、教職キャリアを展望するうえで論点となる問いに向き合ってみよう。

①**教員の採用は、どのように行われているのか？**──「選考」による採用

　公立学校教員の身分は「地方公務員」である。ところが、一般行政公務員と教育公務員では、採用方法の「原理」は異なる[1]。

第6章 「法」のなかで生きる教員とは？

ワーク6-1

①以下の項目のうち、一般の人（成人）がやっていいと思うことには○を、やってはいけないと思うことには×をつけてみよう。
②○と×の境界線の根拠は、何だろうか。理由を共有してみよう。
③教員の場合、○と×の数、判断基準は変わるだろうか？

	項目	一般人	教員	理由
1	喫煙			
2	飲酒			
3	立小便			
4	パチンコ・競馬			
5	麻雀			
6	離婚			
7	不倫			
8	援助交際			
9	未成年との交際			
10	同僚や上司との交際			
11	横断歩道での信号無視			
12	飲酒運転			
13	政治活動			
14	選挙運動			
15	ネットオークション			

　第一に、地方公務員の採用や昇任は、行政事務能力の実証のため人事委員会が行う「競争試験」によって原則行われ（地方公務員法17条の2。以下地公法）、不特定多数の者を対象とした選抜が行われる。これに対して、教員の場合は、「教育者たるに必要な人格的要素は、競争試験によっては、とうてい判断しがたい」という理由から、任命権者である教育委員会の教育長による「選考」が行われているとされる（教育公務員特例法11条。以下、教特法）。「選考」とは、「学力・経験・人物・慣行・身体等を一定の基準と手続きによって審査し、職務遂行能力を有するか否かを審査する方法」を指す（人事院規則8-12）。
　第二に、現在の公立学校教員採用選考試験の多くは、二段階選抜方式（第一次試験、第二次試験）を採用しており、筆記試験（教職教養や一般教養からなる

教養試験、各教科の専門試験)、論文試験、面接試験、実技試験、適性試験、模擬授業、体力テスト等を組み合わせた、多様な方法を通じた人物評価重視の選考が行われている。そして、選考試験の結果、合格点以上を得た者の氏名や得点を得点順に記載した「任用候補者名簿」(地公法21条)が作成される。この採用試験から名簿作成に至るまでの一連のプロセスは、教育長が教員としての適格性を総合的に判断する際の一つの手段として位置づけられている。

第三に、総合的判断といっても、一時点だけでは職務遂行能力の判定に限界があることはいうまでもない。そこで公務員にも能力の実証確認を目的とする「条件附採用制度」がある。条件附採用期間は一般の地方公務員が6ヵ月であるのに対して(地公法22条1項)、教員の場合は1年と長く、良好な成績で勤務してはじめて、正式採用となる(教特法12条1項)。

②教員の人事は、どのように行われているのか?——県費負担教職員と人事

教員の人事は、誰がどのような方法で行っているのだろうか(図6-1)。

第一に、教員の任命権に関して。教員採用試験は全国一律に行われていない。また地方公務員試験のように市町村ごとにも行われておらず、教員採用は全国67の都道府県や政令指定都市の教育委員会が実施している[2]。では、教員の任命権をもっているのは誰か。地方教育行政の組織及び運営に関する法律(以下地教行法)によれば、市町村教育委員会は、教育長の推薦にもとづいて教職

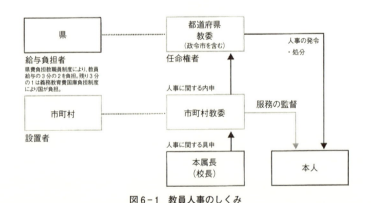

図6-1 教員人事のしくみ

出所)元兼正浩監修『教育法規エッセンス——教職を志す人のために』花書院、2012年、79頁。

員の任命を行うものとされている（34条）。ところが、公立学校教員の給与は、国が3分の1、都道府県が3分の2を負担しており（義務教育費国庫負担法2条）、都道府県教育委員会が任命権を持っていることが法定されている（地教行法37条1項）。つまり、公立学校教職員は、都道府県により任用されその費用で給与が払われる一方で、勤務場所である市町村の教育委員会から服務監督を受けるといった一見不可解なしくみがとられているのである。この市町村職員（地方公務員）として身分を有する市町村立学校（特別区を含む）教職員の給与を、都道府県が負担する仕組みは、財政力格差の是正など、市町村間の教育条件の平準化や教育水準の維持・向上、教員の適正配置、広域的な人事交流の促進等を目的として制度化されたものであり、「県費負担教職員制度」と呼ばれる[3]。

第二に、教員の任用に関して。「任用」とは、特定の職に特定の人を充当することを指すが、その方法は、採用、昇任、降任、転任と四つある（地公法17条1項）。教員人事の運用方法としては、校長の意見具申権、市町村教育委員会の内申権の二つが重要である。まず、校長は、所属職員の人事に関する意見を都道府県教委（県費負担教職員の場合は、市町村教委）に「具申」することができる（地教行法36条、39条）。この人事に関する意見具申は、広範囲（採用、昇任、降任、転任、休職、免職、退職、停職等）に及ぶ。また、都道府県教委が行う県費負担教職員の人事は、市町村教委の「内申」を受けて行うものとされている（地教行法38条1項）。そして内申の際は校長の人事に関する意見を付すことが法的に義務づけられている（同条3項）。

第三に、近年の政策動向として、①市町村費負担教員制度（市町村が給与負担を行うことで、地域の実情に応じた常勤教職員の採用を独自に行うことを認める制度）の全国化、②公募制（校長が謳う教育理念や学校の特色にもとづいて一定数の教員を公募し、学校に必要な人材を個別に配置することを認める制度）の導入、③FA（フリー・エージェント）制（教員自身が専門性、教育経験、意欲、得意分野等を記載した申請書を教委に提出することで転任先を募集し、教員と学校・校長側の合意が成立した場合に転任を可能とする制度）の導入、④希望降任制（心身の故障その他の事由により職務遂行が困難と判断される場合に、教員自身が所属長を通じて任命権者に職を解くことを申し出ることを認める制度）の導入などが挙げられる。以上のことから、教員人事の運用実態は地方ごとに多様なものとなって

いる。

③教員の給与は、高いのか低いのか？──「魅力」と「魔力」

> ──ワーク6-2──
> 　教員の給与は、一般行政公務員と同じではない。では、初任給はどちらが高いだろうか？　また、教員の1ヵ月あたりの残業代、土日の部活動指導の日当はどれくらいだろうか？　一般行政公務員と教育公務員の「働き方」（職務の内容、職務の対象、勤務時間、業務量など）を比較して、共有してみよう。

　教員給与は、当該地方公共団体の条例にもとづいて定められる（給与条例主義）。いまや当然視されているが、「男女同一賃金」であることも教育界の特徴である。教員給与は、「給料」と「手当」から構成される（表6-1）。
　第一に、給料に位置づけられる「本給」と関わって、教員には、都道府県の条例にもとづいて、職務の「級」（職務の複雑性、困難性、責任度合い。級の上昇が昇格）と「号給」（職務経験年報による職務の習熟。号給の上昇が昇給）で構成される「教育職給料表」が適用され、格付けされた級内の給料月額を受けることになる。したがって、そもそも行政職と教育職の「給料表」は、別である。
　第二に、給料に位置づけられる「教職調整額」とは、給料月額4パーセント相当分を一律に支給するもので、1971年に制度化されたものである。教職調整額は、授業内外の業務（生徒指導や部活動指導など）の境界線の判断が困難であるといった、教員の職務と勤務形態の特殊性を考慮して、時間外勤務手当（いわゆる残業代）を支給しないかわりに支給されているものである（公立の義務教育諸学校等の教育職員の給与等に関する特別措置法：給特法[4]）。こうして、一般行政公務員と同じような時間管理が困難な教員には超過勤務手当制度が適用除外とされており、いくら働いても残業代は原則として支給されない。そして勤務時間の内外を問わず包括的に評価することで一律額（月4パーセント）が支給されているわけである。
　第三に、手当には教育界独自の多様な種類があるが、性格としては「生活関連手当」（扶養手当、通勤手当、住居手当、単身赴任手当、へき地手当など）のほか、「職務関連手当」（管理職手当、教員特殊業務手当、教員業務連絡指導手当、多学年

第6章 「法」のなかで生きる教員とは？

表6-1 教員給与の構成

給料	手当
①本給 （人確法により、一般行政公務員より優遇） ②給料の調整額 （特別支援教育に直接従事する教員に対する支給手当）：本給の約3.75%程度の定額支給 ③教職調整額 （本給×4%）	①へき地手当（支給額：へき地級に応じて、（給料＋扶養手当）×25%の範囲内） ②期末手当（支給額：（給料＋扶養手当＋地域手当＋役職加算額）×3（月）） ③勤勉手当（支給額：（給料＋地域手当＋役職加算額）×成績率×1.45（月）） ④義務教育等教員特別手当（支給額：人確法に基づき、給料の平均約1.5%程度の定額支給） ⑤管理職手当 ⑥特殊勤務手当 　A 多学年学級担当手当 　　（複式学級担当教諭への手当。二つの学年は日額290円、三つの学年は日額350円） 　B 教員特殊業務手当 　　a 非常災害時等緊急業務：平日の時間外、土日等の8時間程度の業務で、日額6000円〜6400円 　　b 修学旅行等指導業務：平日の時間外、土日等の8時間程度の業務で、日額3400円 　　c 対外運動競技等引率指導業務：土日等の8時間程度の業務で、日額3400円 　　d 部活動指導業務：土日等の4時間程度の業務で、日額2400円 　　e 入学試験業務：土日等の8時間程度の業務で、日額1800円 　C 教育業務連絡指導手当 　　（主任手当として、日額200円） ⑦管理職員特別勤務手当 ⑧宿日直手当（1回4200円） ⑨定時制通信教育手当（給料×条例で定める割合） ⑩産業教育手当（給料×条例で定める割合） ⑪退職手当（給料×退職理由別・勤続年数別支給率＋調整額）

出所）中村圭介・岡田真理子『教育行政と労使関係』エイデル研究所、2001年、81頁、尾﨑春樹・布村幸彦『教育法講義――教育制度の解説と主要論点の整理』悠光堂、2013年、259-261頁から項目を抜粋して作成。このほか、扶養手当、通勤手当、地域手当、単身赴任手当、住居手当等が、一般行政公務員と同様に支給される。

学級担当手当など）がある。このほか、手当の「義務教育等教員特別手当」は、優秀な人材を確保し義務教育の水準の維持向上を目的として1974年に導入されたものであるが（学校教育の水準の維持向上のための義務教育諸学校の教職員の人材確保に関する特別措置法：人確法）、近年では教員給与の見直し論議が行われている。OECD（経済協力開発機構）実施の「国際教員指導環境調査（TALIS 2013）」の結果によれば、日本の教員の勤務時間は他の参加国平均（38.3時間）に比して最長で週53.9時間、特に課外活動（スポーツ・文化活動）の指導時間

が長く、人材の不足感も大きいことが指摘され、教員の「多忙化」に関する課題認識が教育業界においては共有されつつある（詳しくは第8章参照）。教員給与の構成と働き方の実態は、読者の目にはどう映るだろうか。

3．寝ても覚めても教員？——教育公務員として守るべき服務義務

ワーク6-3

長野市職員の服務の宣誓に関する条例
　私は、ここに主権が国民に存することを認める日本国憲法を尊重し、かつ、擁護することを固く誓います。
　私は、長野市教育職員として地方自治及び教育の本旨を体するとともに、公務を民主的かつ能率的に運営すべき責務を深く自覚し、全体の奉仕者として誠実かつ公正に職務を執行することを固く誓います。
　　　　　　　　　　　　　　　　　　○○年○○月　氏名　　　　　㊞

　この文章は、教育公務員としての生活をスタートさせるときの宣誓文である（長野市の場合）。公務員としての教員は、「全体の奉仕者」として信頼を裏切るような行為は慎まなければならない。では、教員のいかなる行為が、信頼を獲得する／裏切ることにつながるだろうか？　経験談も含めて、具体例を共有してみよう。

　戦前は、公立学校教育は全て「国の事務」と理解され、教員は国家公務の担当者として官吏の身分と待遇を得ていた。これに対して、戦後は、教育事業は地方自治の原則から「地方の事務」と理解され、教員は地方公務員のうち教育公務員という位置づけに変更された。こうして、公立学校教員は、地方事務の担当職員として地方公務員の身分を有すると同時に、教育公務員としての身分も有しているわけである。よって、地方公務員法にもとづく服務義務のみならず、地方公務員法の特別法である教育公務員特例法の適用も受けることになる。この「服務」とは、公務員が職務遂行上守るべき義務・規律を指す。

　憲法15条2項が「すべて公務員は、全体の奉仕者であって、一部の奉仕者ではない」と規定し、地公法30条が「すべて職員は、全体の奉仕者として公

表6-2 教育公務員の服務義務

服務の根本基準（地公法30条）	
職務上の義務 （勤務時間内に遵守を要する義務）	(A) 服務の宣誓（地公法31条） (B) 法令等及び上司の職務上の命令に従う義務 　　（地公法32条、地教行法43条2項） (C) 職務に専念する義務（地公法35条）
身分上の義務 （勤務時間外も遵守を要する義務）	(D) 信用失墜行為の禁止（地公法33条） (E) 秘密を守る義務（地公法34条1項） (F) 政治的行為の制限（国公法102条、地公法36条、教特法18条） (G) 争議行為等の禁止（地公法37条1項、地教行法47条） (H) 営利企業等の従事制限 　　（地公法38条1項、教特法17条、地教行法47条）

出所）筆者作成。

共の利益のために勤務し、且つ、職務の遂行に当つては、全力を挙げてこれに専念しなければならない」と規定するように、公務員には特定集団の利益ではなく公共利益のために奉仕することが求められている。さらに、教育基本法9条1項には「法律に定める学校の教員は、自己の崇高な使命を深く自覚し、絶えず研究と修養に励み、その職責の遂行に努めなければならない」とあり、「全体の奉仕者」としての教員の職責の重さを理解できるだろう。

さて、市町村立学校教職員（県費負担教職員）の服務監督権は、市町村教育委員会が有する（地教行法43条1項）。服務内容は、「職務上の義務」と「身分上の義務」の二つに大別できる（表6-2）。以下、最低限理解しておくべき点を触れておく。

①勤務時間中に遵守しなければならない「職務上の義務」

職務上の義務とは、勤務時間中に遵守しなければならない義務である。まず、(B) 法令等及び上司の職務上の命令に従う義務の「法令等」とは、法令、条例、地方公共団体の規則、地方公共団体の機関が定めた規則・規程（教育委員会規則、人事委員会規則、学校職員服務規程等）を示し、「上司の職務上の命令」とは、指揮監督権限を有する上司（教育委員会、校長、副校長、教頭、主幹教諭等）から発せられた命令、職員の職務範囲に関する命令、法律上・事実上実行可能な命令を指すと解されている。また、(C) 職務に専念する義務（勤務時間及び職

務上の注意力のすべてを職責遂行に用い、職務にのみ従事する義務）は、超過勤務時間や休日勤務の時間も対象となる。他方、年次有給休暇や特別休暇、産前産後休業、団体の専従休職、休職、停職、育児時間、生理休暇のほか、後述するように、任命権者の承認を得た兼業、校長の承認を得た勤務場所を離れて行う研修等は、職務専念義務が免除される。

②勤務時間の内外を問わず遵守しなければならない「身分上の義務」

　身分上の義務は、勤務時間の内外を問わず遵守しなければならない。まず、(D) 信用失墜行為としては、飲酒運転による交通事故、体罰やわいせつ行為などが挙げられるが、信用失墜行為の一般的基準はない。しかし、他の職種と比較して、教員には社会通念上高い倫理性や高度な行動規範が求められることが多く、「教員の不祥事」をめぐる昨今のマスコミ報道の影響を受けて、世間の「まなざし」は一層厳しいものとなっていることはより知られてよい。二つ目に、(E) 守秘義務は一生涯にわたって義務づけられている。したがって退職後であっても、職務上知り得た秘密を漏らしてはならない。2005年4月に個人情報の保護に関する法律が全面施行されたが、「個人情報の宝庫」である教育現場こそ、公的秘密（定期試験問題、実施前の入試問題、未発表の入試成績など）のみならず、私的秘密（児童・生徒の学業成績、調査書、指導要録の記載内容、健康診断記録表等の法定表簿の記載事項、家庭訪問や生徒指導上の必要から入手した家庭環境等の個人的秘密）に対する適切な理解と慎重な取り扱いが求められている。情報管理に関しては、「情報公開制度と個人情報保護制度のガイドブック」（総務省）、「情報管理体制チェックリストの参考例」（文部科学省）などを確認されたい。なお、違反時には、後述する懲戒処分の対象となるだけでなく、刑罰の対象（1年以下の懲役または3万円以下の罰金）ともなる。三つ目に、(G) 争議行為等に関して、公務員には、住民に対して、同盟罷業（ストライキ）、怠業（サボタージュ）、作業所・職場の閉鎖（ピケッティング）等の争議行為など、地方公共団体の機関の活動能率を低下させる怠業的行為を「企て」、「その遂行を共謀し」、「そそのかし」、「あおる」行為が厳に禁止されている。

③教員は「特別扱い」？

　教育公務員に対しては、職務の特殊性の観点から、国家公務員法や地方公務員法の特別法として制定された教育公務員特例法上の特例事由がある。まず、(C) 職務専念義務の特例として、校長の承認を得て勤務場所を離れて行う研修の実施や、長期派遣研修制度や大学院修学休業制度の利用が認められている。二つ目に、公務員は、営利目的の私企業を営むとき、または報酬を得て民間会社の業務に従事するとき、民間会社の業務執行や監督の責任を有する役員（取締役や監査役）を兼ねるときには、任命権者の許可を得なければならない。これに対して、教員の場合は、一般の地方公務員に比べて (H) 営利企業等の従事制限が緩やかであり、任命権者から本務遂行に支障がないと判断されれば、教育に関する他の職の兼務や他の事業・事務への従事が容認されている。これは、長期休業期間中等において本務に支障なく兼務に必要な時間を確保することができるという理由のほか、教育に関する兼職・兼業の経験が、本来の教員としての職務遂行に有意義な経験を蓄積でき、職の熟達（スキルアップ）に寄与すると理解されているためである。すなわち、教員にとっては、兼職・兼業も研修の一種とみなしうるのである。ただし事前の許可が必要なことはいうまでもない。三つ目に、(F) 政治的行為の制限は、義務教育諸学校における教育の政治的中立の確保に関する臨時的措置法や教特法等により、勤務地の自治体以外での政治的行為が認められている地方公務員と比較した場合国家公務員並みに厳しく、一切の政治的行為が禁じられている（表6-3）。政治的行為としては、選挙への立候補、職権濫用、示威行為（デモ）の企画・組織、政治目

表6-3　公務員の政治的行為の制限

	地方公務員	教育公務員	国家公務員
制限の適用	原則当該地方公共団体	全国	全国
刑罰	なし	なし	あり
懲戒処分等	あり	あり	あり
根拠法令	地公法36条	教特法18条	国公法102条
制限の内容	地公法36条、条例	国公法102条、人事院規則14-7	国公法102条、人事院規則14-7

出所）髙橋洋平・栗山和大『現代的学校マネジメントの法的論点　厳選10講』第一法規、2011年、179頁を参照して筆者作成。

的による演劇の演出・主宰、政治上の主義主張等に用いられる旗、腕章、記章、襟章、服飾その他これらに類するものの制作・配布、署名活動、勧誘運動などが挙げられる。

4．何のための処分か？――「分限処分」と「懲戒処分」

ワーク6-4

次の非行（非違行為）のうち、問題性が高いと思われる順に並べてみよう。また、並べた順番の根拠を共有してみよう。

①体罰	⑦欠勤	⑬交通事故	⑲詐欺
②児童・生徒に対するいじめ	⑧秘密の漏洩	⑭飲酒運転	⑳占有離脱物横領
③性的行為・セクハラ	⑨個人情報の不適切な取扱い	⑮窃盗	㉑器物損壊
④公金公物の横領	⑩職場のコンピュータの不正利用	⑯強盗	㉒無許可の兼業・兼職
⑤収賄、供応	⑪傷害・暴行	⑰恐喝	㉓違法な職員団体活動
⑥勤務態度不良	⑫悪質な交通法規違反	⑱横領	㉔盗撮

「懲戒処分」という言葉を耳にしたことがあるだろう。処分には、分限処分と懲戒処分の二つがあるが、両者は大きく異なる（表6-4）。

第一に、分限処分とは、職務の効率性・能率性の維持向上を目的として、職員の意に反して身分上の変動をもたらす不利益処分である。処分は、①勤務実績の不良、②心身の故障、③適格性の欠如、④廃職または過員の場合に行われる。なお、休職は、①心身の故障のため長期休養を要する場合、②刑事事件に関し起訴された場合に行われる。

表6-4 分限処分と懲戒処分の違い

	分限処分	懲戒処分
種類（軽い順）	降給、降任、休職、免職	戒告、減給、停職、免職
職員の道義的責任	問題にしない	問題にする
本人の故意・過失を必要とするか	公務能率の維持向上の見地から行うため、必要としない	職員の義務違反に対する制裁として行うため、必要とする
処分事由の捉え方	一定期間にわたり継続している状態	必ずしも継続した状態ではなく個々の行為または状態
根拠法令	地公法28条	地公法29条

出所）坂田仰他『新訂第2版 図解・表解教育法規』教育開発研究所、2014年、113頁を参照して筆者作成。

　第二に、懲罰的・矯正的意味を有する懲戒処分は、公務員関係の規律・秩序の維持・回復（職場の綱紀粛正）を目的として、職員の義務違反に対する制裁としてのペナルティを指す。処分は、①法令違反行為（地公法、教特法等の法律、地方公共団体の条例・規則・規程）、②職務義務違反や職務怠慢、③全体の奉仕者としてふさわしくない非行（非違行為）の場合に行われる。文科省の「教育職員に係る懲戒処分等の状況について」の調査結果によれば、当事者責任の交通事故・飲酒運転等、体罰、わいせつ行為等、公費の不正執行（公金の着服・横領、諸手当の不正受給）、国旗掲揚・国歌斉唱に係る職務命令違反、個人情報の紛失・漏洩等が挙げられている。

　なお、二つの処分の違いは、分限処分が本人の故意・過失は要件とならず、道義的責任（帰責性）は不問とされ、制裁的実質をともなわないのに対して、懲戒処分は故意・過失による職員の義務違反の道義的責任を追及し、制裁としての性質を有する点にある。このほか、非違行為に対して行われる文書・口頭訓告、論旨免職・退職、厳重注意、始末書提出などの内部処理は、法令上の効果を有さない事実行為であり懲戒処分ではない。したがって、懲戒処分よりも軽い性格のものであることもより知られてよい。

何のための「生業」か

　教員の職務は、自発性・創造性・柔軟性に期待する面が大きい。したがってクリエイティブな教育活動を促す条件整備の一環として、教育公務員には職務の「特殊性」にもとづいた多種多様な身分保障が、これまで制度的に整備され

てきたわけである。と同時に、教育活動の公共性という点に鑑みた場合、教育公務員には一般行政公務員以上に高度な倫理性が要請されていることはいうまでもない。教員のいかなる行為が、信用を獲得しまたは貶めることになるのか、いかなる行為が「一部の奉仕者」でなく「全体の奉仕者」の利益に適うものとなるのか。本章でみたとおり、教員は「法」のなかで生きているが、「法令遵守」だけに熱心で、子ども・保護者・地域住民と真摯に向き合うという教育の本旨を軽視しては、本末転倒である。まずは自分自身の「価値観」と向き合い、アンテナの「感度」を確認したうえで、「生業」としての教職生活を営むことの意義を、あらためて自分なりに考えてみよう。

注
（1） 私学教員の場合は、労働関係法を根拠としながら各学校が定める労働協約・就業規則・労働契約の締結により勤務条件等が決定される点で、民間企業と同様である。したがって、労働基準法、労働組合法、労働関係調整法が適用される他、労働三権（団結権、団体交渉権、争議権）も認められている。
（2） なお、大阪府にある3市2町（豊中市、池田市、箕面市、豊能町、能勢町）から構成される豊能地区では、2012年4月1日に大阪府から教職員の人事権の移譲を受けており、政令指定都市以外では全国で初めて市町による教員採用選考などを行っている。
（3） 本来、市町村は、保護者の就学義務（学校教育法5条）を履行させるべく、学齢児童生徒の就学に必要な小中学校を設置しなければならず（同38条、49条）、かつ、学校を管理し、経費を負担することが求められている（同5条）。この考え方を「設置者負担主義」と呼ぶ。したがって、県費負担教職員制度は、設置者負担主義の「例外」として位置づけられる（市町村立学校職員給与負担法1条）。なお、都道府県立の学校、指定都市が設置する学校の教員の任命権や服務監督権は、ともに当該地方公共団体の教育委員会にある。
（4） なお、「時間外勤務」とは、いわゆる「超勤4項目」（①校外実習その他生徒実習に関する業務、②修学旅行その他学校行事に関する業務、③職員会議に関する業務、④非常災害の場合、児童生徒の指導に関し緊急の措置を必要とする場合等に必要な業務）を指す（公立の義務教育諸学校等の教育職員を正規の勤務時間を超えて勤務させる場合等の基準を定める政令）。

第 6 章　「法」のなかで生きる教員とは？

【読書案内】
　本章では、制度や法の「建前」を簡潔に説明したが、制度の運用実態や動態的メカニズムをより深く知るためには、以下を参照のこと。
①青木栄一『教育行政の政府間関係』多賀出版、2004 年。
　教育行政は全国一律で、画一的で、集権的であるという通説に対して、地方政府の自律的行動を実証的に明らかにしたもの。
②村上祐介『教育行政の政治学――教育委員会制度の改革と実態に関する実証的研究』木鐸社、2011 年。
　教育行政は他の行政領域に比べて縦割り制・集権制の強い行政領域であるという通説に対して、総合行政モデルによる説明を試みたもの。
③川上泰彦『公立学校の教員人事システム』学術出版会、2013 年。
　多様とされる公立学校の教員人事システムの全体像を全国的な学術調査を通じて描いたもの。

（荒井英治郎）

第7章
教師の仕事とはどのようなものだろうか？
教師の仕事の過去・現在・未来

1. 教師の仕事を考えるということ

　皆さんは高校卒業まで、学校の先生と関わってきて、多かれ少なかれその傍で先生の行っていることを見てきたことだろう。授業をする先生、部活動の顧問として指導する先生、はたまた地域の廃品回収で指揮をとる先生。しかし他方で、出張と称して午後から学校を離れたり、外からは見えないさまざまな会議を行っていたりと、学校の先生の仕事すべてを知っているわけではないかもしれない。この章では、したがって、（1）学校の先生である教師の一般的な仕事はどのようなものであるかを考察する。このことをふまえたうえでさらに、（2）現代の日本で求められている教師の仕事の独自な点について、またこれから求められる教師の仕事について、過去との比較と、外国との比較を通して考えてみたい。このようにみていくことが、教師を目指す皆さんの教師という仕事理解の一助になれば幸いである。

2. 教師の一般的な仕事

　教師の仕事は、小学校、中学校、高校とどの学校の教師かによって異なるが、この節では、それぞれの基本的な特徴を押さえつつ、主に中学校と高校の教師の仕事についてみていくことにする。
　学校の教師は共通して、何よりも教科活動に携わっている。小学校であれば専科を除く全教科であり、中・高では、国語や数学、英語、また美術や音楽などといった教科である。このような教科の授業を受け持つことが教師の仕事の柱の一つである。このような教科指導には、単に授業を行うだけでなく、指導

計画の作成と授業を行うための教材研究、研修会や研究会等への参加、また教科の試験問題の作成や採点、学習評価までも含まれている。ここでは自分の専門教科の知識を存分に発揮しながら、単なる専門教科の知識の伝達のみでなく、適切な発達段階の理論と教育方法をふまえて、授業することが求められる。授業するに当たっては、約10年に一度改正される学習指導要領に従い、教科書を用いることが求められている。

表7-1　教師の一般的な仕事

	教師の主な仕事内容
教科活動	・指導計画の作成 ・教科の授業　・教材研究 ・試験問題の作成　・学習評価
教科外活動	・教科外活動（総合的な学習、〔道徳〕、特別活動、外国語活動）の指導 ・学級経営　　・進路指導 ・生徒指導　　・部活動指導 ・校務分掌 ・研修・研究会・学会への参加

次に教科外活動であるが、教師はまた総合的な学習や道徳（2018年度から特別の教科へ格上げ、小・中学校のみ）の指導、外国語活動（小学校のみ）、また学級活動や学校行事、児童会・生徒会活動、クラブ活動（小学校のみ）といった特別活動を担当することが求められる。学級活動を含む特別活動は、学級経営にも結びつくものである。これらの教科外活動も学習指導要領に従って行う必要があるが、教科書はないため、教師がより創意工夫をして行うことのできる活動である。たとえば総合的な学習では、環境問題を扱うのであれば、地域の川を調べ、どのようにすれば川をよりきれいに保つことができるか話し合い、地域の清掃活動などにも関わることができる。

これらと重なることであるが、さらに教師は学校では校務分掌という役割を担っている。校務分掌とは、学校の管理・運営に関わる重要事項を、各部に別れて協議・検討し適切に運営することであり、具体的には、総務部（庶務部）、教務部、生徒指導部、進路指導部、保健部、人権教育部、図書館などの部署が設置され、各教師が分担する。これらは児童・生徒の学校生活をより円滑に送ることができるようにサポートする仕事である。

この校務分掌にもみられる生徒指導は、とりわけ生徒への直接の指導と密接に関わっている。児童・生徒どうしのけんかをはじめ、いじめ問題など、さまざまな問題に個別に対応することが求められるのが生徒指導である。また同様に進路指導は、キャリア教育とも重なるものであるが、児童・生徒の進路につ

いて、教科指導の結果もふまえながら集団的に学級活動で指導したり、個別的に助言をしたりするものである。

中学校・高校では、部活動の指導が要求されることがある。多くは、自分の指導できる部活動のなかから、優先的に割り当てられるのがふつうであるが、この部活動は、学校の教育課程には位置づけられていないものの、生徒の人間形成には重要な意味をもつものである[1]。近年では部活動の指導は負担が重いと訴える教師も増えてきており、今後部活動の指導を学校の教師が担い続けるか、外部の専門的な人材を活用するか、議論が続いている。

これらのほかに教師は、学年主任や教務主任、道徳教育推進教師といった役割を担うことがある。学年主任は、学年の年間指導計画や行事など、学年単位で作り上げることが求められる事項をまとめ、その学年で起きるさまざまな問題の責任をもつ。教務主任は、国語や理科といった教科の担当者をまとめ、道徳教育推進教師とは、道徳の授業の年間指導計画を中心的に策定し、実際に各学級で行う道徳の授業を主導的に準備する。さらに教師の仕事には、保護者への対応や、教科書・ワークなどの選定、研修会や勉強会、研究会や学会大会への参加などが含まれる。

以上のように、教師の仕事は、教科活動を一つの大きな柱としつつも、児童・生徒の成長と発達を直接・間接に、複数の視点から支える仕事であることがわかるだろう。このような学校の教師の仕事は、皆さんにも馴染みのある塾の講師の仕事とどのように異なっているだろうか（ワーク7-1）。

ワーク7-1

塾の講師と学校の教師は、仕事という点においてどのように異なるだろうか？

塾の講師は、教科指導が中心であり、そのほかには教科指導と関連する進路指導が主になされるのに対して、学校の教師は単なる教科に関わる知的教育のみでなく、体験活動なども通して内面の道徳的な人格の完成を目指している点で異なっている。もちろん塾でも、講師は私語を諫（いさ）めることなどによって、単なる教科指導の枠を超えて影響を与えていることも考えられる。また近年では、理科の実験合宿など、体験活動に特化した塾も現れてきており、明確な線引きはできないが、それでも、学校の教師は子どもの全人格的な成長・発達に関わる仕事を行うという点は、際立っているように思われる[2]。このような点からすれば、全人格的な成長・発達には際限がないゆえに、教師の仕事はときに「無境界性」（詳しくは本書第8章を参照）と特徴づけられることもある。

3．日本の教師の仕事

現在求められている教師の仕事——過去の教師と比較して

　日本における過去と現在の教師の仕事は、求められる教育内容や、教師像、そしてその前提となる社会背景によって異なっている。特に現在求められている教師の仕事は、過去の教師の仕事とどのように異なるのだろうか。もちろん過去の教師といっても、時期によってさまざまであるが、ここでは主に終戦前後から約30年前までの教師の声に耳を傾けながら、現在求められている教師の仕事について考えたい。

ワーク7-2

現在の日本において、教師の仕事にはどのような特徴・傾向があるだろうか。

....
....
....

　現在の教師と比べて過去の教師にみられる一般的な特徴として挙げられるのは、過去の教師は時間に余裕があったということである。小学校教諭であった槙野八重子は終戦直前の1943年の教師の生活を以下のように回想している。

当時は余裕があったのですね。お金ではなくて時間です。お金はないけれど、時間の余裕はありました。時間があったから、気持ちにも余裕があったのでしょう。学校の往き帰りに、よくぶらっと子どもの家を訪ねたりもしました。子どもたちと駅までの道をわざわざ遠回りして海岸沿いに歩いたりもしました。……わたしたちは子どもたちをつれてよく海へいきました。授業時間にです。週案といって一週間分をまとめて教案をたて、校長に提出していましたが、格別、それをたてにとってどうこういわれた記憶はありません。たぶん、それは形式的なものだったのでしょう[3]。

　このように時間に余裕があることから児童・生徒ともゆとりをもって接することができ、さらには若手教師は先輩教師からたくさんのことを直接学ぶことができるだけでなく、教師は自分なりに研究会などに参加し、学校外の活動にも積極的に関わることができるようになる。長期休暇に入れば、どのような研究会に参加して自らを鍛え上げるか、また見聞を広め、教養を深めるために、海外も含めどこに旅行に出かけるかを考えることが楽しみであったという[4]。もちろん現代の教師もこのようなことを行っていないわけではないが、日々の仕事に忙殺され、長期休暇でも部活動の指導などで休みをなかなかとれないという声がしばしば聞こえてくることもまた事実である。

　教師が時間的に余裕をもてなくなってきたことの原因としては、グローバル化が急速に進み、あらゆる領野における事象の効率化と加速化がなされていることが挙げられるだろう。社会的にみれば、経済的な自由を最優先する新自由主義の影響を受けて、学校教育も変容を迫られてきていることも、このように時間の余裕の減少が起きている原因であるといえる。またこのような社会状況の変化にともない、業績や結果が厳しく求められ、さらに説明責任まで重視されるようになるにつれて、教師は様々な報告書の作成や、教育委員会や保護者への対応などにも追われ、それだけ時間的に余裕をもてなくなってきている。

　さらに現在の教師は、仕事の量が増えてきたのに応じて、児童・生徒のすべての事柄をサポートすることはできなくなりつつあるため、分業的かつ協働的な働き方をとるようになってきている。たとえば、心理的な問題を抱えているために学校生活をうまく送ることができない児童・生徒には、主に臨床心理士

の資格をもつスクールカウンセラーが、心理テストを実施したり個別に助言をしたりして指導に当たっている。あるいは子どもが、学校で問題を起こすだけでなく、家庭内での問題にも巻き込まれているときには、スクールソーシャルワーカー（社会福祉士や精神保健福祉士など）も応援に駆け付けることもある。学校の教師は、このように心理職や社会福祉職等の専門家と仕事を分担しつつ、それぞれを環境という視点で調整するコーディネーター的な役割を担うこともある。その際学校の教師は、児童・生徒の特定の側面のみに関わるだけでなく、心理的かつ社会福祉的な側面をも考慮に入れて、上でみたようなさまざまな専門家と協働して（「チーム学校」を組んで）、さらに全体的な視点から児童・生徒を導いていくことが求められるようになっているのである。

　もう一つ過去の教師と現在の教師を比較すると、過去の教師には日本教職員組合（日教組）に加入していた教師が多く、政治活動にも直接的ではなくとも、さまざまなかたちで関わっていた点が特徴として挙げられる。過去の教師は、特に戦前・戦中の教育に対する反省から、平和運動に積極的に関わり、また教育においても道徳教育や人権教育などを通して、平和教育を推進していた。しかしながら以前と比べると現在の教師は、年々日本教職員組合に加入しなくなっており、相対的に目に見えるかたちでは、そのような活動に関わることが少なくなってきているように思われる[5]。日本教職員組合に加入しない理由はさまざまであろうが、このような状況から少なくとも教師の価値観も、目に見えて多様化していることが考えられる。

　このような相違点がありつつも、両者には共通点も存在する。教師は、程度の差こそあれ、児童・生徒に限定的ではなく、全人格的に関わろうとしていることである。たとえば過去の教師は、放課後に子どもたちを映画を観に連れて行ったり、土曜日には一緒に釣りに出かけたりもしていたという。現在でも、必ずしもこのようなかたちはとらないにせよ、生徒指導で生徒を自宅に帰す途中にラーメンを一緒にすすりながら、学校生活や進路の悩みに耳を傾ける教師もいる。このように教師の仕事は、児童・生徒という人間の成長に関わる仕事であるがゆえに、時代を超えて、境界がなく（無境界性）、また限りもない（無限定性）という特徴がある（詳しくは本書第8章を参照）。

　以上、過去と現在の教師の仕事を対比することを通して、多忙ななかでも協

働して全人格的な働きかけを担うという、現在の日本の教師にみられる独自な特徴の一端をみてきた。ここまでみてくると、教師の仕事は過去と比べて、大枠では時間にゆとりがなくなってきて仕事量が増え、仕事環境も劣悪になっていると感じるかもしれない。たしかに、以前よりも精神的疾患により休職に追い込まれる教師は増加しており、教師は多くの重荷を負っているととらえることもできる[6]。教職を目指す皆さんにとって、このような状況は、決して喜ばしいことではないだろう。しかしながら、このような状況がはじめからそのようであったわけではないことにも留意してほしい。そもそも学校の教師は、家庭とは異なる学校という限られた場所で児童・生徒と関わる存在でありながら、全人格的な関わりすら求められているがゆえに、単なる知識や教育サービスの提供とは異なる役割を担っている。それゆえ、教師は自らの全人格的な人間性をも磨くことが求められるがゆえに、教養を深め、自ら研鑽を積むだけの余地すら以前は与えられていたのである。現在は、このような時間がなかなか取ることができなくなっているが、目指されているところは、変わっていない。つまり今後は、理念的目的の実現のために、教師が時間的なゆとりをもって、職務に励むことができるようになる可能性もあるのである。現にここ最近、日本の教師の時間的余裕のなさの問題が、国際比較の統計によっても明らかにされており[7]、また部活動の顧問をすることで授業の準備などに割く時間がとれないことを訴える声も挙がっている[8]。さらには上でもみたように、教師も関わるさまざまな仕事の専門分化も進んでいるがゆえに、教師の多忙な状況は今後変わりうる可能性がある。教師を目指す皆さんは、目先の労働環境の過酷さだけでなく、目指されている内容にも目を向け、多面的に教師の仕事について吟味してもらいたい。

イギリス（イングランド）の教師との比較

　イギリス（イングランド）ではまず何よりも、教師は専門性をもっていることが求められている。ヤング（Michael Young）による専門知の重視の主張が大きな影響力をもっており、さらにはOECDによるPISAの実施により、知より知の用い方をはじめとするコンピテンシー重視の風潮にあって、いま一度ヤングの議論に立ち返り、専門知を重視しようとする議論が支持を集めている[9]。

この専門知は、PDK（Powerful Disciplinary Knowledge：力強い学問教科的知）とも呼ばれ、批判的思考力やコンピテンシーよりも、それらを用いる対象である学問的な教科の知識の独自な意味を重視する文脈で再評価されている。教師は何よりも、このような教科に関する知識をもっていなければならず、生徒からの質問に責任をもって答え、かつ生徒の間違いをきっちりと指摘することが求められている[10]。日本では必ずしもこのような専門知重視の傾向はみられない。たとえば社会科の地理でいえば、高校で新しく設置される必修科目「地理総合」では、地理的知識よりも地理的技能を身につけることが求められ、GIS（地理情報システム）の活用とフィールドワークがとりわけ重視されている。また日本では考える力や批判的思考力、生きる力など、単なる知識に還元できない力が重視される傾向にあるが、イギリスではそれらも考慮には入れられているものの、知識重視への回帰がなされており、それにともない、教師もそのような指導力を身につけることが求められているのである。

　そして教師は、そのような専門知を教えるという前提のもとに、児童・生徒の反省的で批判的・創造的な思考を促すように要求されている。このような思考は、個人による能動的な行為でもあるため、ここではとりわけ生徒個々のペースを尊重することが求められる。この個人の尊重はさらに、それらが単なる個人の批判的思考能力だけでなく、個人がそれぞれの事情で抱える問題行動や学習へのやる気のなさを解決することにつながっている。こうして教師は、他者との競争も重要なときはあるが、他者との競争のみならず自分との競争を重んじることで、児童・生徒の個人の能動的・自発的な思考力の形成を目指すのである。たとえば、個人の相談に応じるメンターやチューター制度、また個人の生徒指導（pastoral team, PSHE 人格的・社会的健康教育等）は、これらが形として現れているものであるといえる。さらには授業形態も、教師の専門知の教授は大前提として置かれつつも、さまざまな問題についてのディスカッションの重視は、個人の反省的・批判的思考の形成にとって欠かすことのできないものとして捉えられている[11]。

　またイギリスにはさまざまな文化的・民族的背景を持つ子どもたちが学校に通っている。もちろん学校が存在する地区によっても大きな違いはあるが、たとえば筆者が訪問したロンドン東部の公立小学校であるダウンセル小学校

(Downsell Primary School) で学んでいた 75 パーセント以上が、移民の背景をもつ子どもたちであった[12] (2016 年)。このような状況下で、教師も少なからず異なった文化的・民族的背景をもっているがゆえに、ともすれば特定の子どもたちに親近感を覚えたり、好意を抱いたりすることがある。したがって学校の教師は、公正さ・公平さ (fairness)・一貫性 (consistence) が特に求められている。このような教師の特性が、また貧困問題や階級問題への対応にも生かされることになる[13]。

　さらにイギリスでは、教師の演劇的素養が重視されている。教師は児童・生徒、また保護者等に応じて、さまざまな対応を迫られるだけでなく、一つの授業においても、あるときは母親のように、またあるときは父親のように、さらには怒りおやじのように振る舞うことも求められる。イギリスの教員養成課程では、演劇の授業が設定されていることが多く、教師が「演じる」ことの意味を十分に理解し、さまざまに演じることができなければならないのである。

　このような特徴を一般的に挙げることができるイギリスの教師は、教師自身の幸せ (well-being) の確保を同時に追い求めることがしばしばいわれており、単なる学校の教師に縛られない自らのキャリア・プランを考えることも行われている。つまり、学校の教師が閉じられた終着点であるのではなく、そのような教師の先に多様な進路がまた存在するのである。たとえば教育的なカウンセラーやアドバイザー、博物館や芸術機関での教育的プログラムのクリエーターやコーディネーター、また慈善団体における教育プランナーなどである。このことは、はじめに述べたように、確かな専門知を備えつつ、個々の児童・生徒に応じて演劇的素養をも生かしつつ教えながら、しっかりとした公正さや公平さをも兼ね備える学校の教師は、単なる学校の枠を超えて仕事をするだけの力量をもっていることを意味している。また学校の教師が、仕事をしながらパートタイムの大学院生として大学院で研究しはじめ、博士論文を執筆し、研究者としてさらにキャリアを積むことも常態的に行われている。イギリスの教育研究のメッカであり、筆者も留学したロンドン大学教育研究所（現 UCL 教育研究所）では、大学院の教育哲学の演習の授業（2011 年）では、約 6 割の学生が、現役の教師であった。

　このようなイギリスの学校教師に一般的にみられる特徴と比較するならば、

日本の学校の教師には、専門知の習得をもとに生徒の個々の批判的思考力を形成しようとする視点はそこまで強くないといわざるをえない。たしかに個性尊重や生きる力の育成など、個々の成長に寄りそうことは求められてはいても、専門知の重視と、ディスカッションやディベートなどの形態の重視は切り離される傾向にある。そのような場において、教師も個々の反省的な批判的思考力の形成に苦慮しているのが現状であるように思われる。また、教師の異文化理解にもとづく公正で公平な振る舞いや、演劇的なパフォーマンスをふまえた指導のあり方に関しては、日本の学校教師には不足している点であると考えられる。もちろん、これらをすべて輸入することが善なのではないが、硬直した教師像を打ち破るためにも、これらから学ぶことはあるように思われる。

　日本の学校の教師の独自性という点からいえば、専門知に強く縛られることなく、個を重視しつつも、特別活動や部活動などにおいて集団で活動するなかで児童・生徒の成長を促すことが際立っているということができる。そしてまた、日本の学校教師は、演劇的な姿勢や、他の職業にもつながる具体的ないとなみにはまだ十分には開かれておらず、他の職業とは切り離されながらも、多忙ななか、全人格的な働きかけを行う存在であると特徴づけることができる。

4．21世紀の教師の仕事に向けて

　これまで、教師の一般的な仕事を概観し、さらに過去の教師の仕事と、イギリス（イングランド）の教師の仕事と比較しながら、現在の日本で求められている教師の仕事の特徴をみてきた。最後にこの節では、これからさらに求められる教師の仕事とはどのようなものかを考えてみたい。というのも、これから教師になることを目指す皆さんにとって、現在の教師の仕事のみならず、これからの教師の仕事が、まさに自分が行う仕事として重要な意味を帯びるからである。

あらためて信頼関係を構築する

　イギリスを参照すれば、専門知をしっかりともつことはたしかに大きな意味をもつが、日本の教師の独自な点としては、児童・生徒と全人格的に関わるこ

とであった。もちろん、知識の教授も決して無視できるものではない。むしろそれは、基礎的かつ根本的な教師の仕事であるといえる。しかしながら、IT化が進み、児童・生徒もインターネットを介して、瞬時に大量の情報にふれることができる社会においては、教師の知的な指導自体揺らぎかねない事態になっている。ここで児童・生徒が知識を習得するに際して決して無視できないのは、どのようなところから（どのような人間から）そのような知識を学ぶかということである。というのも、児童・生徒はまだ、ある知識をさまざまな知識に照らし合わせて、その妥当性を吟味したうえで学ぶことが十分にできないからである。むしろ児童・生徒にとって大切なのは、その知識を表す言葉が、信頼する人間からの言葉であるかどうかということである。ここにおいて、児童・生徒との全人格的な関係にもとづく、知的な指導が問われるようになる。

　信頼関係は、知的な指導に関わる教科活動においてのみ問題となるのではない。保護者や地域の人々からの過大な要求など、教師の仕事は現在大きな問題を抱えている。ここでは、知的のみならず技術的また精神的にすら、教師への不信が根底に存在しているように思われる。教師が教科活動以外の仕事に関しても、十分に力を発揮することができるかは、児童・生徒のみならず、同僚や保護者、さらには地域の人々と十分な信頼関係を築くことができるかどうかにかかっているのである。

　時間に余裕がなく大量な仕事をこなす必要がある教師にとって、多様な価値が飛び交い、先行きの不透明な混とんとした状況において、いままで以上に重要となるのは、さまざまな人々と信頼関係を構築することである。近年ようやく学際的な信頼研究が盛んに行われるようになってきているが[14]、社会学や心理学的領域とは異なり、教師に関わる信頼関係は独特な性質をもっているように思われる。教師から子どもとその保護者へと向かう信頼は、無条件の絶対的存在肯定という性格を有しており、逆に子どもや保護者から教師へと向かう信頼は、望ましい人間性の期待に結びついていると考えられる。前者は、条件性を超えた世界と人間への信頼を基盤にしており、さらに後者は少なくとも、「嘘をつかない」（言葉の一貫性・普遍性）ことと、「えこひいきをしない」（人間への不偏性）ことが必要条件として挙げられる。このような非対称的な信頼関係をさらに深めていくことが、これからの教師の仕事を基盤において支えてい

くことになるのである。

異文化を理解する柔軟な姿勢をもつ

　グローバル化が進み、いままで以上に異なる文化的背景をもつ児童・生徒が増えてくることが予想される。さらには社会の少子高齢化への対応策として移民や難民を受け入れるかどうかも大きな課題となり、学校の教師としても対応が求められる。異なる文化的背景をもつ児童・生徒は、肌や髪、また目の色といった外見の違いからも、排除の対象となることがあり、また個別の特殊な事情から、さまざまな見えない悩みや問題を抱えていることも少なくない。このとき、教師がどのように接し、どのような言葉を投げかけるかは、当該児童・生徒のみならず、周りの児童・生徒にも大きな影響を及ぼすことになる。ここでは、子どもが背負っている特定の文化的背景のみならず、その子どもの個別的な事情の両方に注意深く耳を傾けることが求められる。たとえば、シリアの父親と日本の母親をもつ生徒が、自らが担任するクラスにいたとしよう。シリア情勢や、イスラム圏での教師と生徒の関係について理解しておくことは必要であるが、同時に難民が多数発生している「かわいそうな国」という見方は、その生徒のみならず、周りの生徒にも差別的・逆差別的な姿勢を強いることになってしまう。かといってまったく日本人の生徒と同じように接することもまた、その生徒の成長と発達に十分に寄り添っているとはいいがたい。それではこのような事態において、教師はどのように振る舞えばよいのだろうか。

　異なる文化的背景をもつ子どもは、外見からすぐわかる「他者」である。この他者は、他のそれぞれの個別的な特徴をもつ子どもと同じ他者でありながら、そのすべてを同列の他者とは扱えないような複雑な他者である。文化的な背景にかかわらずあらゆる子どもはちがっていて他者であるととりあえずみなすこ

ワーク 7-3

これからの教師は、どのような仕事を行うことが求められると思うか？

とをせず、それでも他の子どもへの理解にもつながる他者という通路を開いたままに、子どもと関わる柔軟さが求められているのではないだろうか。

注
（１）　部活動は教育課程外の活動ではあるが、学習指導要領の総則には以下のように位置づけられている。「生徒の自主的、自発的な参加により行われる部活動については、スポーツや文化及び科学等に親しませ、学習意欲の向上や責任感、連帯感の涵養等に資するものであり、学校教育の一環として、教育課程との関連が図られるよう留意すること」。文部科学省『中学校学習指導要領』東山書房、2008年、19頁。
（２）　教育基本法第1章第1条は、教育の目的について、以下のように規定している。「教育は、人格の完成を目指し、平和で民主的な国家及び社会の形成者として必要な資質を備えた心身ともに健康な国民の育成を期して行われなければならない」（傍点引用者）。
（３）　三上敏夫編『教師の仕事と生活①　教師が教師になるとき』あゆみ出版、1986年、107-108頁。
（４）　江川多喜雄編『教師の仕事と生活⑦　教師生活12か月』あゆみ出版、1986年、103-118頁。
（５）　日本教職員組合への加入率は、1976年以降39年連続して低下している。1976年の加入率は56.3パーセントだったのに対し、2014年の加入率は24.7パーセントに下落している。文部科学省「平成26年度教職員団体への加入状況に関する調査結果について」2015年。
（６）　教師に占める精神疾患による病気休職者の割合は、1999年から10年間で0.2パーセントから0.59パーセントと約3倍になっている。文部科学省「平成22年度教育職員に係る懲戒処分等の状況について」2011年。
（７）　国立教育政策研究所編『教員環境の国際比較——OECD国際教員指導環境調査（TALIS）2013年調査結果報告書』明石書店、2014年。
（８）　30代の公立中学校教師6名が、ウェブサイト「部活問題対策プロジェクト」を立ち上げ、教師に部活の顧問を担当する選択権を求めた署名活動を行い、2016年3月3日に文科省に署名を提出している。http://www.geocities.jp/bukatumondai/（2016年9月3日閲覧）
（９）　M. Young, D. Lambert, C. Roberts, M. Roberts, *Knowledge and the Future School: Curriculum and Social Justice*, London, Bloomsbury Academic, 2014.

（10） A. Davies, M. Norman (eds.), *Getting into Secondary Teaching*, Northwich, Critical Publishing, 2016, pp. 77-85.
（11） cf. A. Davies, M. Norman (eds.), *ibid.*, pp. 89-120., S. Davies, *The Essential Guide to Secondary Teaching*, Harlow, Pearson, 2010, pp. 273-297.
（12） cf. http://www.downsellprimary.org/ （2016年9月3日閲覧）
（13） cf. A. Davies, M. Norman (eds.), *ibid.*, S. Davies, *ibid.*, pp. 53-73.
（14） 若手科学哲学研究者の小山虎を中心に、科学哲学・応用哲学研究者がサントリー文化財団の助成（2015-2016年）を得て、「信頼研究の学際化を目指したプラットフォームの構築」を目指して研究を進めている。

【読書案内】
三上敏夫編『教師の仕事と生活① 教師が教師になるとき』あゆみ出版、1986年。
江川多喜雄編『教師の仕事と生活⑦ 教師生活12か月』あゆみ出版、1986年。
　ともに教師の仕事と生活シリーズであり、教師の生の声が、それぞれの教師の内省とともにいきいきと描かれている。古い書物ではあるが、それゆえに、現在失われているがこれからも重要となる教師の仕事が、具体的な教師生活や子どもとの交わりを通して語られている。『教師生活12か月』では、1年のリズムで、教師にはどのような仕事が求められるかにふれることができ、具体的に教師の仕事を長い目でイメージすることができるようになっている。

参考文献
岩田康之・高野和子編『教職論』学文社、2013年。
宇高申編『教師の仕事と生活② たのしく充実した教師生活』あゆみ出版、1986年。
油布佐和子『現代日本の教師――仕事と役割』NHK出版、2015年。

（広瀬悠三）

第 8 章
教師はスーパーマンにはなれない？
教師の多忙化とバーンアウト

1．教師の仕事はなぜ忙しいのか──『暗殺教室』が示唆すること

　現代における教師のありようを捉えるうえで、漫画『暗殺教室』（松井優征、集英社、2012-16 年）に登場する教師は示唆に富んでいる。物語の舞台は進学校の落ちこぼれクラス（3 年 E 組）。ある日突然、このクラスに謎の超生物が到来し、クラス担任となる。その生物は「来年までに自分を殺せなければ、地球を破壊する」と宣告。暗殺任務が下されたのは、なんと 3 年 E 組の生徒たちだった。『暗殺教室』という物騒なタイトルからは想像もできないのだが、そこに描かれているのは理想的な教師の姿である。落ちこぼれのレッテルを貼られ、劣

図 8-1　超人的存在としての「殺せんせー」
出所）松井優征『暗殺教室』第 2 巻、集英社、2012 年、55 頁、91 頁。

等感にさいなまれていた生徒たちが、その超生物（生徒からは「殺せんせー」と呼ばれる）の指導により、次々と学力を向上させ、能力を開花してゆく。

　高度な知能を有する「殺せんせー」は、マッハ20の速度で動くことができるため、処理能力がきわめて高い。たとえば全生徒の苦手教科・得意教科を見きわめ、テスト問題を作り分けている。また、テスト前の学習指導に際しては、分身して指導を行っており、クラスという集団的関わりのなかで、きめ細かな個別指導を行っている（一斉授業と個別指導をたった1人で実現している）。また、「殺せんせー」の「殺せなさ」にも注目すべきである。生徒たちはあらゆる手段を尽くし、どんなに知恵を絞っても「殺せんせー」の暗殺に失敗し続けるのだが、その「殺せなさ」は「超えられなさ」として解釈できる。「殺せんせー」は、つねに生徒たちを圧倒する超人的な存在（スーパーマン）なのである。

　『暗殺教室』では、逆説的にではあるが、教師という仕事の限界が描き出されている。「殺せんせー」は、生徒たちと友好的な関係を築き上げつつも、なれ合いになることなく彼らを圧倒し、しかも全生徒に対してきめ細かな指導を行っている。そのようにすべての業務を完璧にこなす「殺せんせー」は人間ではなく、超人的な能力をもった「謎の超生物」なのである。つまり、教師に課せられたあらゆる業務を完璧に遂行する存在が、非人間的な存在として描き出されているのである。

　一方、現実の教師は「人間」であり、決してマッハ20のスピードで仕事を処理できる超人ではない。だが、本章でみていくとおり、わが国の教師たちの仕事量はきわめて多く、しかも多岐にわたっている。また、質的にみても繊細な配慮を必要とするものばかりである。有限な処理能力しかもたない教師たちに、無限定・無際限の仕事が課されるとき、教師たちは苦境に立たされることとなる。本章では教師という仕事の困難さについて検討し、それが教師個人の努力によって解消可能なレベルを超え、学校全体が抱える組織的・構造的問題となっていることに目を向ける。

2．教員の仕事量

　まずは教員と一般企業の労働者の「疲労度」を比較したデータをみてみよう

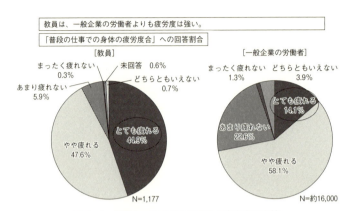

表 8-1 教員と一般企業の労働者の疲労度の比較

出所）文部科学省初等中等教育局初等中等教育企画課「教職員のメンタルヘルス対策について（最終まとめ）参考資料」。

（表8-1）。「普段の仕事での身体の疲労度合」について、教員の場合、「とても疲れる」の割合は半数近く、「とても疲れる」「やや疲れる」を合わせると92.5パーセントにものぼる[1]。特に「とても疲れる」の割合は一般企業の労働者よりも圧倒的に高い。では、なぜ教員の仕事はそれほどまでに忙しく、疲れるのだろうか。その理由を考えていくうえで、具体的に教員の仕事の中身に目を向けることにする。ここで一度立ち止まり、教員の業務内容にはどのようなものがあるか、第7章の復習として以下の空欄に書き出してほしい（ワーク8-1）。

―― ワーク8-1 ――
教師の仕事にはどのようなものがあるか？

　教員の仕事として真っ先に思いつくのは「授業」であろう。上の空欄に「授業」を書かなかった人はいないのではないか。では、授業時間が長く、授業の負担が大きいから教師の仕事は忙しいのだろうか。34の国と地域が参加したOECD国際教員指導環境調査（TALIS 2013）の結果によれば、わが国の中学校

第 8 章 教師はスーパーマンにはなれない？

教員の1週間あたりの授業時間数は平均を下回っている[2]（表8-2）。相対的にみて、日本の中学校教員の授業時間数が多いわけではないのだ。しかしながら、このデータをみてみると勤務時間が参加国中最長となっている。つまり、このことは、日本の教員の授業時間以外の業務が他国の教員と比べて圧倒的に多いということを意味している。この点に教師の多忙感・慢性的な疲れの原因を読み解く手がかりがありそうである。ある調査によれば、教職員のメンタルヘルス不調の背景として挙げられているのは、保護者との関わりや提出しなければならない報告書の増加など授業以外の用務である[3]。

さて、読者の皆さんはワーク8-1で「授業」のほかにどのような業務を書き出しただろうか。第7章で詳しく示されているとおり、授業以外の仕事内容は、生徒指導、会議、成績つけ、保護者対応、報告書作成、部活動指導などさまざまである。全国の公立の小学校・中学校・高校の教員を対象として行われたある調査によれば（表8-3）、教員の平日の仕事時間は、小学校で11時間8分、中

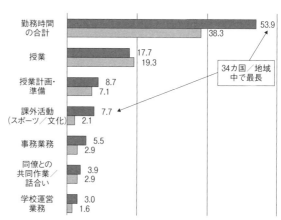

表8-2 1週間あたりの勤務時間

出所）文部科学省「我が国の教員（前期中等教育段階）の現状と課題——国際教員指導環境調査（TALIS）の結果概要」2014年。

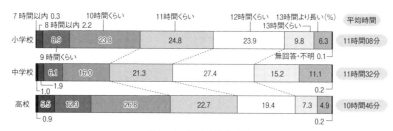

表8-3 平日の仕事時間

出所）HATOプロジェクト愛知教育大学特別プロジェクト教員の魅力プロジェクト「教員の仕事と意識に関する調査」2016年。

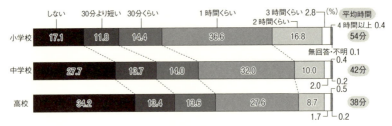

表 8-4　持ち帰り仕事の時間

出所）HATO プロジェクト「教員の仕事と意識に関する調査」。

学校で 11 時間 32 分、高校で 10 時間 46 分にのぼるようだ[4]。また中学校の場合、1 日 13 時間以上働いている教員が 26.3 パーセントも存在しているという。

　これにくわえて、時期によっても異なるが、勤務日において 1 日あたり平均して小学校では 54 分程度、中学校では 42 分程度、高校では 38 分程度持ち帰り仕事があるようだ[5]（表 8-4）。ただ、最近では個人情報保護のためデータを持ち帰って家で仕事をすることができない場合もあり、仕事を持ち帰ることもできず、深夜まで残業したり、休日に出勤せねばならない状況も日常化しているという[6]。

　教頭や副校長の置かれた状況も深刻である[7]。教頭・副校長の平均残業時間は月におよそ 63 時間で、教諭よりも 21 時間も多く、副校長・教頭の 4 割近くが午前 7 時までに出勤、午後 9 時以降に退勤しており、長時間勤務が常態化しているのだという。こうした現状により、近年は降格を望む副校長や教頭も増えている（2013 年度は全国で 107 人）。

　問題なのは勤務時間や仕事量といった量的問題だけではない。現代においては教師の仕事が質的に大きな困難を抱えているのである。たとえば、多様な困難を抱えた児童・生徒への対応の難しさが挙げられる。発達障害のある子ども（本書第 16 章で詳述）、不登校の子ども、経済的に困窮している子どもなどへの支援に際して、教師は細心の注意を払う必要がある。また、「モンスターペアレント」といった言葉とともに話題にのぼる保護者対応なども教師の仕事を困難なものとする大きな要因となっている（本書第 13 章で詳述）。

3．教師の仕事の「再帰性」「不確実性」「無境界性」

　次に教師の仕事の困難さが何に由来するのかを見定めるため、教師という仕事の特徴を整理してみよう。佐藤学によれば、教師の仕事は「再帰性（reflexivity）」「不確実性（uncertainty）」「無境界性（borderlessness）」を特徴としている[8]。

　第一に教師の仕事の「再帰性」について。「再帰性」とはブーメランにたとえられる事態である。授業がうまくいかない場合、保護者からクレームが浴びせられる場合など、つねにその責任は教師自身へと返ってくる。つまり、教師が自らの教育実践の不調の原因を外部に求めたとしても（「家庭のしつけが悪い」「教育行政が悪い！」など）、結局は、教師自らの責任問題となって戻ってきてしまうのである。教育問題は原因を一つに特定できない複雑さをはらんでいるはずだが、教師の仕事の再帰性により、その原因が「教師の責任」というたった一つの要素に縮減されてしまうのである。

　第二に教師の仕事の「不確実性」について。たとえば、あるクラスでうまくいった授業内容が別のクラスでもうまくいくという保証はどこにもない。あるいはある生徒に対して効果的だった働きかけが、別の生徒にとっても有効であるという保証もどこにもない。くわえて教師の仕事の評価も「不確実性」に満ちている。「何が良い教育か」「何が良い授業か」をめぐっての見解は人それぞれさまざまであり、ある評価者から高い評価を受けた授業が、別の評価者からみれば評価に値しないなどという事態も十分に起こりうる。

　第三に教師の仕事の「無境界性」について。教師の仕事はこれさえやっておけば仕事は終わりといえる限定的なものではない。たとえば、「指導」という言葉ひとつとってみてもその中身は多様である。試みに教師が行うべき「指導」について、思いつくまま書いてみよう。「○○指導」の「○

○」にあてはまる言葉を下の空欄に列挙してほしい（ワーク8-2）。

ワーク8-2

「○○指導」の「○○」にあてはまる語を書き出してみよう。

_____
_____
_____

　いくつ思いついただろうか。解答例については注(9)を参照していただきたいのだが、そこに挙げた項目を見渡してみても、教師が行うべき「指導」が多岐にわたっていることがうかがえるだろう。「○○指導」の氾濫状況が示しているとおり、教師は学校教育のほとんどの場面で指導を行わねばならず、「指導」の名のもとで学校におけるあらゆる活動が無限定的に教師の仕事のテリトリーに入ってきているのである。その無際限の活動に対して、教師はその都度すべてに対応が迫られているのだ。

　こうした諸々の指導のうち、最近では、部活動の指導をめぐり、そのあり方が問題となっている。教師を目指す読者のなかには、部活動の顧問という仕事にやりがいをみとめている人が多いかもしれない。だが、現状において、部活動顧問の過度なまでの負担が問題となっている。神奈川県の教師へのアンケート調査によれば「顧問教員の負担が大きすぎる」という項目について、「そう思う」「ややそう思う」と答えた教員の割合は84.8パーセントにのぼった(10)。

　部活動顧問は指導のために土日も出勤せねばならないことが多いが、土日の出勤に対する手当はごくわずかである。にもかかわらず事故が起きた場合は真っ先に責任が問われる。指導に際しては教員のボランティア精神に依存している点が大きいのだ。また、部活動の指導にあたっては、必ずしも教員自身が自らの人生において経験したことのある部活動の指導を行えるというわけではない。ある調査によれば、中高ともに自身がなんらかのかたちで経験したことのある部活動の指導に携わっている教員はおよそ半数である（中学校47.9パーセント、高校55.0パーセント(11)）。剣道未経験者が剣道部の顧問を担当することや楽器に触ったことのない人が軽音部の顧問になることも十分にありうるので

ある。

　こうした現状を受け、教師の仕事は「シャドウ・ワーク」に傾斜していると指摘されることも多い。シャドウ・ワークとは、「賃金が支払われない労働」を指し、賃労働に対してのシャドウ（影）とみなされるものであり、家事・育児などの労働はその最たる例である。教師の仕事が無限定的に広がってゆくことにより、教師は家に持ち帰って行う授業準備や保護者からの理不尽なクレーム対応など無報酬の仕事に際限なく追い立てられることとなる。

　教師の仕事をめぐる以上のような三つの特徴は、それ自体、教職の困難さを生み出す源泉となりうるのである。

4．教師のバーンアウト

　そうした状況のなか、近年、教師のバーンアウト（燃え尽き現象）が深刻な問題となっている。バーンアウトとは「感情枯渇や無力感、教職を続ける意欲の減退など重い症状[12]」を呈する状態を意味する。表8-5をみてほしい[13]。ここ数年、「精神疾患による病気休職者の数」が年間5000人前後（2014年度は5045人。全教員の0.55パーセント）で高止まりしており、一向に状況は改善していない。また、精神疾患による休職教員の約半数（48パーセント）が、所属校への勤務後2年未満で休職している[14]。「教職員のメンタルヘルス対策について（最終まとめ）」（2013年）によればメンタルヘルス不調の初期症状の例としては、身体面では頭痛、腹痛、めまい、吐き気、不眠など。行動面では、遅刻、欠勤、早退等にくわえて「口数が少なくなる」「職員室にあまり戻らなくなる」「仕事の能率が落ちる」などといった状態が挙げられ、また、精神面では、「情緒不安定になる」「意欲の低下」「自己評価を下げる発言の増加」などといった状態が見て取れるという。

　本章でみてきた教師をめぐる仕事

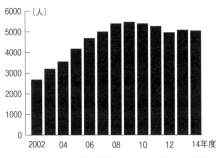

表8-5　精神疾患で休職した公立学校の教員数
出所）『毎日新聞』2015年12月26日朝刊。

の状況に鑑みるならば、バーンアウトの問題は、教師個人の資質に帰結しうるものではないし、「最近の教師は打たれ弱い」などといった言葉で片づけうる類の問題でもない。つまり、バーンアウトは学校という組織自体が生み出す構造的な問題となっている点に目を向ける必要があるのだ。

ところで、先に挙げた教師の仕事の三つの特徴(「再帰性」「不確実性」「無境界性」)は教師にとって必ずしもネガティブな帰結をもたらすわけではない。むしろ教師の「やりがい」に結びつくポジティブな特徴ととらえることもできる。「再帰性」についていえば、教師は絶えず自らの実践を省みることにより、自己の成長へと導かれることとなる。また、教育実践が不確実であるということは教育実践そのものが創造的・探究的性格を有していることも意味している。先が見通せないことこそが、教育の面白さにつながるということである。また、「無境界」であるからこそ、児童・生徒とさまざまな場面で深くかかわりあうことができるとも考えられる(この点については「塾の先生」と「学校の先生」を比較するとわかりやすいだろう)。

表8-6のデータをみてほしい。この調査結果からは、教員の場合、一般企業の会社員に比べて、「やりがい」を感じている人の割合が高いことが見て取れる。また「やりがい」のみならず、仕事を通じて自身の成長を実感し、誇りを感じる人の割合も一般企業の会社員に比べて教員のほうが高い[15]。

表8-7のデータも興味深い。「やりがいや満足感」が得られている場合、仕事に負担を感じないと回答している教員が半数以上いるというデータであ

表8-6 「やりがい」をめぐる調査

【項目1〜10】 1 あてはまらない 2 どちらかといえばあてはまらない 3 どちらともいえない 4 どちらかといえばあてはまる 5 あてはまる 【項目1〜10】 5.00は青 4.00以上5.00未満は水色 3.00以上4.00未満は薄い黄 2.00以上3.00未満はピンク 1.00以上2.00未満は赤の網掛けを設定しています	教員全体	一般企業
	8059名	31538名
1 今の仕事にやりがいを感じている	4.23	3.44
2 今の仕事を通じて成長できていると思う	4.24	3.83
3 今の仕事に誇りをもっている	4.27	3.71

出所)株式会社リクルートマネジメントソリューションズ「平成18年度文部科学省委嘱調査」「教員意識調査」「保護者意識調査 報告書」2007年、10頁。

第 8 章　教師はスーパーマンにはなれない？

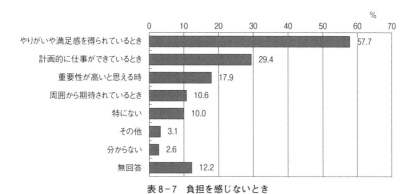

表 8-7　負担を感じないとき

出所）横浜市教育委員会事務局「横浜市立学校教職員の業務実態に関する調査報告書［分析・改善編］」2013 年、15 頁。

る(16)。たとえ、教員の仕事が激務であったとしても、仕事に「やりがい」が感じられれば、仕事への負担感は軽減されるのであろう。

　つまり、教師の仕事の三つの特徴は諸刃の剣ともいうべきものである。それらの特徴をポジティブにとらえ、そこに教育の面白さを見出すことができれば、教師という仕事の特質そのものが当人に「やりがい」をもたらす契機となりうる。だが、それらの特徴がネガティブに作用するとき（「学級崩壊」などはその最たる例であろう）、多忙感・バーンアウトの要因にもなりうるのである。

5．困難な状況を打開するために

　いずれにしても、現代の教員をめぐる状況は深刻である。ここで立ち止まり、教員をめぐるこのような困難な状況を打開するためにはどのような方策がありうるのか、読者の考えを聞いてみたい（ワーク 8-3）。

ワーク 8-3
教職をめぐる困難な状況を打開するにはどのような方策がありうるか？

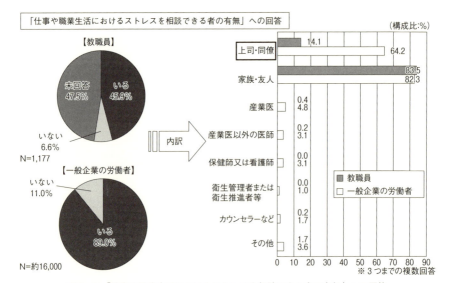

表8-8 「仕事や職業生活におけるストレスを相談できる者の有無」への回答

出所）文部科学省初等中等教育局初等中等教育企画課「教育のメンタルヘルスの現状」2012年、17頁。

　どのようなアイディアが浮かんだであろうか。この問題は容易に答えの出る問題ではないが、ここでは以下、状況打開のためのいくつかの方向性を示すことにしたい[17]。

　まずは教員に対する評価の圧力を減らす方向性の議論である。学校をめぐっては、1990年代からの新自由主義的潮流のなかで、成果に対する評価という考え方が広く浸透している。これが教員へのプレッシャーを強めているという認識である。この方向性の議論においては、教員への圧力を減らすための具体的な方策を考えることが課題となってくる。

　次に学校の役割を、学習指導中心に限定していくという議論である。例として、同じく「先生」と呼ばれる職種である「塾講師」との比較で考えてみよう。塾講師は受験指導、学習指導に特化した職業であり、その仕事は限定的である。対して、先にみたとおり、教員の仕事はあまりにも無限定的である。「あれもこれも教員の仕事」となることで、教員が苦境に追い込まれるのではないか。教員の仕事を限定することで負担を減らしていこうとする議論である。

　また、教員を対象にしたカウンセリングの機会を拡充することも求められて

いる。「仕事や職業生活におけるストレスを相談できる者の有無」（表8-8）に関する調査によれば、一般企業の労働者に比べて、教員の場合、上司や同僚に仕事上の悩みを相談するという人の割合が圧倒的に低い[18]。こうした現状に鑑み、教員の心のケアの充実を図ることが喫緊の課題となっている。

6．同僚性について

　また、教師のバーンアウトを回避するものとして、近年注目を浴びているのが「同僚性（collegiality）」という概念である。「同僚性」とは「相互に実践を高め合い専門家としての成長を達成する目的で連帯する同志的関係[19]」を意味する。この同僚性は、愚痴や趣味にまつわる話を社交的に語り合う「おしゃべり仲間（peers）」とは区別される。ある調査によれば、バーンアウトの程度が低い学校は組織が柔軟で教員同士の信頼感・一体感が強いのだという。一方、バーンアウトの程度が高い学校は組織が階層的で硬直的で、学力の数値目標達成を組織目標にしていて教員が活動しにくいという特徴をもっているようだ[20]。

　そうした同僚性には以下の三つの機能が期待される[21]。第一は教育活動の効果的な遂行を支える機能。チームとしての教育的関わりが教師の負担軽減に寄与するということである。第二は力量形成の機能。これには同僚との関わりのなかで教員が力量を高めるという側面と、良好な同僚性に支えられて教員が積極的に力量形成に取り組むという二つの側面がある。第三は癒しの機能。自らの仕事の意義を評価し、認めてくれる存在がいること、あるいは自分の気持ちを敏感に察してくれる人がいることがバーンアウトの抑制につながるといわれている[22]。だが、同僚性の重要性が指摘されるものの、現状において学校において同僚性が十分に確保できているわけではなさそうである。次のデータをみてほしい[23]。この調査によれば、「同僚と学校を離れてもインフォーマルに付き合うか」、「同僚と教育観や教育方針について語り合うか」という質問に対して、わが国においては他の国（英国や中国）に比べて「あてはまる」と答えた教員の割合が低いというのである（表8-9）。

　以上、本章では教師という仕事の困難さに目を向け、その現状について検討

表8-9 同僚性をめぐるある調査

同僚と学校を離れてもインフォーマルに付き合う

	英国 教員全体	中国 教員全体	日本 教員全体
あてはまる	42.5	44.9	13.2
ややあてはまる	38.3	44.6	47.5
あまりあてはまらない	14.8	7.2	31.8
あてはまらない	4.3	1.7	5.1
N.A.	0.2	1.7	2.3

同僚と教育観や教育方針について語り合う

	英国 教員全体	中国 教員全体	日本 教員全体
あてはまる	55.5	47.2	15.8
ややあてはまる	38.7	45.3	61.5
あまりあてはまらない	4.3	4.4	17.9
あてはまらない	1.1	1.1	2.8
N.A.	0.4	1.9	2.0

出所）紅林伸幸「協働の同僚性としての《チーム》—学校臨床社会学から」広田照幸監修・油布佐和子編『リーディングス日本の教育と社会第15巻 教師という仕事』日本図書センター、2009年、200頁。

した。わたしたちは超人ではなく、生身の人間である。無限定的な業務をすべて1人で抱え込み、先天的に「不確実」な教育という営みを「確実」かつ完璧に処理しようとすることは困難であるどころか、不可能とさえいえる。教育の問題が複雑化・多様化している現代において求められているのは、あらゆる問題を個の力で解決するスーパーマンではない。同僚と共に協働して問題を解決していく柔軟な姿勢としなやかな強さ（レジリエンス）が必要とされているのである。

注

（1） 文部科学省初等中等教育企画課「教職員のメンタルヘルス対策について（最終まとめ）参考資料」、2013年、48頁。
（2） 文部科学省「我が国の教員（前期中等教育段階）の現状と課題——国際教員指導環境調査（TALIS）の結果概要」2014年。
（3） 文部科学省初等中等教育企画課、2013年。
（4） HATOプロジェクト 愛知教育大学特別プロジェクト 教員の魅力プロジェクト「教員の仕事と意識に関する調査」2016年、6頁。
（5） 同上。
（6） 教育科学研究会編『講座 教育実践と教育学の再生 第2巻 教育実践と教師——その困難と希望』かもがわ出版、2013年、12頁。
（7） 『朝日新聞』、2015年5月24日朝刊。
（8） 佐藤学『教師というアポリア——反省的実践へ』世織書房、1997年、94-100頁。

（9）　教科指導、学習指導、個別指導、生徒指導、給食指導、清掃指導、保健指導、安全に関する指導、服装指導、受験指導、進路指導、部活動の指導、登校指導、下校指導など。
（10）　神奈川県教育委員会『中学校・高等学校生徒のスポーツ活動に関する調査報告書』2014年、87頁。
（11）　公益財団法人日本体育協会指導者育成専門委員会『学校運動部活動指導者の実態に関する調査報告書』、2014年。
（12）　今津孝次郎『教師が育つ条件』岩波新書、岩波書店、2012年、10頁。
（13）　『毎日新聞』、2015年12月26日朝刊。
（14）　文部科学省「平成26年度公立学校教職員の人事行政状況調査について」2015年。
（15）　株式会社リクルートマネジメントソリューションズ「平成18年度文部科学省委嘱調査「教員意識調査」「保護者意識調査　報告書」2007年、10頁。
（16）　横浜市教育委員会事務局「横浜市立学校　教職員の業務実態に関する調査　報告書【分析・改善編】」2013年、15頁。
（17）　酒井朗『教育臨床社会学の可能性』勁草書房、2014年、152-154頁。
（18）　文部科学省初等中等教育局初等中等教育企画課「教育のメンタルヘルスの現状」2012年、17頁。
（19）　佐藤前掲書、405頁。
（20）　今津前掲書、11頁。
（21）　紅林伸幸「協働の同僚性としての《チーム》――学校臨床社会学から」広田照幸監修・油布佐和子編『リーディングス日本の教育と社会第15巻　教師という仕事』日本図書センター、2009年、200頁。
（22）　同上、201頁。
（23）　同上、198頁。

【読書案内】
広田照幸監修・油布佐和子編『リーディングス　日本の教育と社会15　教師という仕事』日本図書センター、2009年。
　本書には「教師という仕事」をめぐって、近年学会誌等で発表された重要論文が20編収められている。本書を通読することで、わが国における教師研究の成果を多角的に把握することができる。

参考文献
新井肇『「教師」崩壊——バーンアウト症候群克服のために』すずさわ書店、1999年。

(井藤元)

第9章
「授業」とはいったい何が行われている場なのか？
「スピーチ」と比較してみる「授業」の条件

1．誰かに何かを伝える難しさ

「3分間スピーチ」を考えてみよう

　あなたには、誰かに自慢したいことや思いを込めて伝えたいことはあるだろうか。自分がいまはまっていること、最近読んだ本や漫画、観た映画、サークル・ボランティア活動、専攻している分野など、話題はどのようなものでもかまわない。同じ講義室や演習室で学んでいる人たちに対して自分がぜひ伝えたいと思うことを3分間スピーチというかたちで考えてみよう（ワーク9-1）。

ワーク9-1

次の条件で、3分間のスピーチを考えてみよう。
（条件1）話題は自由。自分がぜひ伝えたいと思う内容を考える。
（条件2）スピーチにタイトルをつける。
（条件3）スピーチは必ず3分間で話がまとまるように考える。
（条件4）聞き手にとって理解しやすい話の展開の仕方を考える。

　あなたはどのようなタイトルで、どのような話題を伝えたいと思っただろうか。以前、学生たちに実際にワークに取り組んでもらったところ、こちらの想像を超えて実にさまざまな話題が出てきた。たとえば、自分が生まれ育った街の魅力や有名ファミリーレストランでのおすすめメニュー、自分が感銘を受けた本の紹介、サークル活動の魅力、おすすめのデートプラン、季節ごとにかかりやすい病気の説明などといった具合である。人それぞれ日頃の生活のなかでさまざまな経験をしており、それを誰かと共有したいという思いがあることがわかり、とても興味深いワークとなった。

しかし、直感でわかることだが、スピーチの「プラン」を考えることと、スピーチを「実践」することとは、実のところ求められる力が異なる。そう考えると、このワークは実際に「実践」までしてみなければ、十分な意味がない。そこで、実際に考えた内容にもとづいて、同じ講義室や演習室で学んでいる人たちの前でスピーチをしてみることにしよう（ワーク9-2）。

ワーク9-2

3分間スピーチを実践してみよう。
次の条件で、3分間のスピーチを実践してみよう。
（条件1）タイムキーパー役を決め、3分間を計りながら実践する。
（条件2）聞き役はメモ用紙を準備し、そのスピーチで①わかった点と②わからなかった点または改善してほしい点をメモしながら聞く。スピーチ後、話をした人にそのメモを渡す。
（条件3）スピーチした人もメモ用紙を準備しておき、スピーチ後に、自分のスピーチで①うまく伝わったと感じる点や良かった点と②改善したい点を箇条書きする。

3分間スピーチを振り返る

実際にスピーチをしてみてどうだっただろうか。聞き役の人に伝えたい内容がうまく伝わった手ごたえを感じた人もいるだろうが、その反対に、立てたプランが生かされず、十分な達成感を得られなかった人もいるかもしれない。しかし、ここで落ち着いて考えてみてほしい。実際のところ、聞き役の人たちは自分のスピーチをどのように受け止めたのだろうか（ワーク9-3）。

ワーク9-3

3分間スピーチを振り返ってみよう。
　先のワーク9-2で、聞き役から出された意見（条件2の作業）と、（条件3）で自分が挙げた内容を比較し、共通点と相違点を考察しよう。

....
....
....

このワークで着目してほしいのは、相違点の方である。この相違点とは、簡潔にいえば、スピーチをした自分と聞き役の他者とのあいだに生まれた、スピーチの方法や内容をめぐる理解の仕方の違いである。

　先ほど挙げた事例をふりかえってみたい。たとえば、「季節ごとにかかりやすい病気」を話題にとりあげた学生は、月ごとの有名な病気について、1月であればウイルス性胃腸炎、2月であればインフルエンザといったかたちでわかりやすく伝えてくれた。しかしその学生は、おそらくただ普通に病気についてスピーチをしても相手には面白く伝わらないと考え、あくまでも「余談」のかたちで、笑いのネタに一年中かかる恐れのある「病気」として「中二病[1]」を取り入れた。聞き手が若い学生たちだったこともあり、結果としてスピーチでは笑いが起こり、この「余談」は成功したかにみえた。しかし、その後、聞き役の学生たちが書いたメモをみると、肝心の「かかりやすい病気」についてよりも、「余談」の「中二病」の方が強く印象に残ってしまったようで、本題がぼやけてしまったことがわかったのである。

　また、「有名ファミリーレストランでのおすすめメニュー」についてスピーチした学生は、そのファミレスでアルバイトをしていたようである。おそらくこの学生は、日頃から来店するお客さんにメニューの説明をしているので自信があったのだろう。しかし、スピーチ当日は残念ながらうまくいかなかった。なぜなら、日頃は説明時に写真付きのメニュー表を用いながら話をしているが、スピーチ当日は「言葉」という記号だけで情報を伝えなければならず、凝ったメニューであればあるほど、聞き役の学生たちにその詳細をイメージさせることが困難だったからである。

　このように、わずか3分間というスピーチであっても、最初に考えていたプラン通りにうまくいくとは限らないことがわかるだろう。そしてまた、これがもし10分間だったら、30分間だったらと考えると、その分だけ話題を豊富にしたり、話の展開を考えたりしなければならず、「誰かに何かを伝える」という行為は、口で言うほど簡単なものではないことが見えてくる。しかし、一見するとこうした行為に近いいとなみを日頃から行っている場があることに気づかないだろうか。そう、この章の主題である**「授業」**である。

2．「授業」と「スピーチ」の共通点

　たしかに、「授業」は「スピーチ」のように「誰かに何かを伝える」という行為であるといえるだろう。教育学の教科書を開いてみると、「授業」は、教える者が学ぶ者に知識を伝えるいとなみとして説明されていることがある。自分がこれまで受けてきた授業を思い出してほしい。「教える者」である教師は、授業という場で、「学ぶ者」であるあなたに日々新しい「知識」を伝えてくれていたのではないだろうか。「スピーチ」も話し手が聞き手に情報を伝えるいとなみとして理解できる以上、この意味では、似た関係を思い起こさせる。実際のところ、先ほどスピーチをしてみて、自分の関心のあることについてまるで授業をしているかのような錯覚を覚えた人もいるのではないだろうか。少し考えてみたい。「授業」と「スピーチ」はどの点で共通しているのだろうか（ワーク9-4）。

ワーク9-4

「授業」と「スピーチ」の共通点を考えてみよう。

･･･
･･･
･･･

---

①相手を未知の事柄に誘わなければならない点

　「授業」と「スピーチ」の共通点の一つ目は、話題の受け手を「未知の事柄」へと誘わなければならない点にある。この「誘う」という働きは、ただ未知の情報を伝えるという意味ではない。むしろ、そこで取り扱われる話題に対して、はじめて接する受け手の関心を育むということを意味している。そのため、「授業」においても「スピーチ」においても、その冒頭部分はきわめて重要な役割を帯びている。

　たとえば、「スピーチ」の場合、冒頭部分は**序論**（exordium）と呼ばれ、受け手の信頼を得て、注意を惹きつけ、最後までその注意をつかむための重要な位置が与えられている[2]。この点を説明するうえでよく引き合いに出される

のが、アップル社のかつての CEO であった故スティーヴ・ジョブズのスピーチである。ジョブズが 2005 年に行ったスタンフォード大学卒業式でのスピーチは、この序論の部分が、「自分は大学を卒業していない」というエピソードと、そのジョブズが「たった三つの話」をするというメッセージによって構成された簡潔なものであった[3]。しかし、この「簡潔さ」が、大学を卒業していないジョブズがスタンフォード大学の卒業式でいったい何を語るのかという強い関心を聞き手の側に生み出したという。

　これに対して、「授業」の場合、その冒頭部分は一般的に「**導入**」と呼ばれ、授業の受け手である学習者の注意を惹きつけ、最後まで学びに関心をもてるような働きかけが行われている。特に、抽象度の高い学習内容を扱う時間であれば、できるだけ具体的な話題を通して、学習者に学ぶ内容のイメージを膨らませる働きかけをする。筆者が知っている事例を挙げれば、高等学校の数学教師は、はじめて「微分積分」を教えるときに、高速道路のインターチェンジを設計する際にその考え方が応用されている事例を紹介し、抽象度の高い数学の世界が実は日常生活を支えているという導入を行っていた。

　このように、「スピーチ」においても「授業」においても、相手を未知の事柄へと誘うための関心を育むしかけが重要視されている。あなたは先ほどの「スピーチ」でこの点をどこまで考えただろうか（ワーク 9-5）。

ワーク 9-5

3 分間スピーチを見直そう。
　3 分間スピーチの冒頭で自分なりに工夫したと思う点があればその良かった点と改善点を挙げ、工夫が足りなかった場合はどのような工夫をすべきだったか考えてみよう。

....
....
....

---

②ねらいや構成が明確でなければならない点

　二つ目の共通点は、「スピーチ」や「授業」を行ううえで、ねらいや構成が明確でなければならない点である。たとえば、ある「スピーチ」を行うときに、

いったい何のために行われているのかというねらいがわからなかったり、話の内容にまとまりがなく、何を言いたいのかがわからなかったりすれば、聞き手にとってはメッセージを受け取ることが困難である。だからこそ、話す側は事前に話のねらいとなるポイントを整理し、また、話の内容もそのねらいに従って一番メッセージ性の強い聞き手に伝えたい点が中心になるようにスピーチの構成を考える。この意味で、「スピーチ」とは用意周到に計画された、意図的に「組み立てられた話[4]」である。

　この章の最初に取り組んだワーク9-1を思い出してほしい。そのなかの（条件4）として「聞き手にとって理解しやすい話の展開の仕方を考える」という条件を設けていた。おそらくワークに取り組んだあなたは、自然に、どのような展開にすれば自分の伝えたいことが相手に伝わるかを考えていたはずである。実際にスピーチをしてみて、その展開の仕方はうまくいっただろうか。

　これは「授業」も同様である。その時間、何が学びのねらいになるのか、どのような構成で話が進められていくのかが明確でなければ、学習者により良く学んでもらうことは困難である。話の脱線がやたらと多い授業だったり、話の内容がたびたび前後する授業だったりすると、学ぶ側は混乱する。授業のなかで扱われる話題について、まずは教師の側がしっかりとねらいを定め、構成を考えなければ、授業として成立しない。その意味で、「授業」も用意周到に計画された意図的な行為である。実際、授業を行うために、教師は「学習指導案」とよばれる授業計画を立案し、ねらいと、学びの「導入」・「展開」・「まとめ」からなる構成を計画して実践に臨んでいる。

③ 「言語」の力によって相手に変容を求める点

　三つ目の共通点は、「言語」の力によって相手に何らかの変容を求める点である。「スピーチ」の場合を考えてみよう。「スピーチ」とは、簡潔にいえば、言葉によって考えを表明することである。しかしそれは、単に言語という手段によって考えという「情報」を相手に伝えることを目的として行われているわけではないだろう。たとえば、先ほどの3分間スピーチを思い出してもらいたい。あなたはそのスピーチを通して、たとえば自分の興味のあることやものに関する情報を伝えることで、相手にも共感してほしい、好きになってほしいと

思ったのではないだろうか。

実のところ、「スピーチ」には、「言語」によって聞き手の考えに変容を求めたり態度の変容を求めたりするという訴えかけの機能がある。こうした「言語」の機能は**レトリック**とも呼ばれ、「一人の人間が別の人間に言葉で影響を与えようとするときの方法(5)」として説明される。たとえば、有名なスピーチの一つである、キング牧師

の「私には夢がある」（原題：*I Have a Dream*）を考えてみたい。大変有名なスピーチなので見聞きした人もいるだろうが、このスピーチでは"I have a dream."というフレーズが何度も繰り返し用いられている(6)。これは別に「私には夢がある」と事実を述べるために用いられているわけではない。むしろ、この言葉は、人種に関わりなく自由を享受できる社会を得ようという強いメッセージを聴衆に訴えかけ、聴衆にそのための行動を強く促すという機能を帯びている。「スピーチ」ではこうした「言語」のレトリカルな機能が活用され、言語の力で相手の変容を求めるという行為がなされている。

さて、こうした「言語」の力によって相手の考えや行動に変容を求めるという点は、「授業」にも同様の事実を指摘することができる。たとえば、島小学校の実践で有名な斎藤喜博は、合唱の指導で子どもたちに呼吸法を教える場面で、「財布のなかにお金をいっぱい入れておくのです。けれども一度に使ってしまっては駄目です。少しずつ大事に使い、しかも使っている間にも新しいお金を入れているのです(7)」という表現を用いている。これは、事実として「財布にお金を入れておけ」ということを述べているのではなく、身体（肺）を財布に、息（呼吸）をお金にたとえ、曲調に合った望ましい呼吸法の身体的なイメージを子どもたちに喚起させることをねらって用いられている。斎藤はこの「比喩」という言語のレトリカルな機能を活用し、子どもたちの行動の変容を求めている。「教室での教授行為は、もっぱら教師の話し言葉によってなされている(8)」ともいわれるように、教師の話す「言語」は、学ぶ者の考えや行動の変容を促すうえで、きわめて重要な方法となるのである。

だからこそ、この点に自覚的な教師は、自らの「**話し言葉**」の訓練に力を注いできた。その代表ともいえるのが、国語教師**大村はま**である。大村は、「授業に魅力をもたせるために教師の話は、もっともっと魅力あるようにすることが、まず大事ではないか[9]」と述べ、教師には「何分間かでわかりやすく明快に楽しく、しかしきちっと聞ける話をすることに対する勉強が要る[10]」とし、自らの話し言葉を研究する必要性を説く。実際、大村は「授業」における自分の話を録音してあとから聞き返したり、新劇の観劇を行って他分野で「言語」はどのように用いられているのかを観察したりして、絶えず「話し言葉」の研究を行っていた。それは、教師の「言語」によって学ぶ者に変容を促すことが、「授業」という場で絶えず求められることを自覚していたからである。

　このように、「スピーチ」にしても「授業」にしても、ただ言語を通して情報を伝えるということを超えて、言語による伝達によって相手に何らかの変容を迫るという行為を行っているのである。

3．「スピーチ」との比較でみる「授業」の条件

　このようにみてくると、「スピーチ」と「授業」はとても似た構造をもつもののように思われる。しかし、もしこのように考えるのならば、学校教師は、「スピーチ」の練習を重ねればより良い「授業」を行うことができるということになるはずだが、はたして本当にそうなのだろうか。直感的に考えて、どうもそう簡単にはいかないような気がするはずである。少し考えてみたい。「授業」と「スピーチ」はいったいどういう点で異なるのだろうか（ワーク9-6）。

ワーク9-6

「授業」と「スピーチ」の相違点を考えてみよう。
① 「授業」と「スピーチ」の相違点を挙げてみよう。
② 可能であれば、4～5人程度のグループで相違点を共有しておこう。

....
....
....

---

①「教える」ことによって「学ぶ」という条件がある点

　「授業」と「スピーチ」との間にある決定的な違いは、行うものが**「教師」**であり、対象となる相手が**「学習者」**であるという点である。

　「スピーチ」の場合、話し手である「話者」と聞き手である不特定多数の「聴衆」という関係のなかで行われる。しかし、「授業」の場合、そこに参加しているのは、授業を通して何物かを教える教えの主体（教師）と、それを学ぶことが求められている1人ひとりの学びの主体（学習者）である。つまり、「授業」を行う教師は、授業という「教える」行為を通して、個別具体的な学習者の「学び」を喚起する意図的な働きかけを必ず行わなければならない。

　不特定多数の聴衆を相手に行われる「スピーチ」には、1人ひとりの「学び」という条件は必須ではない。たしかに、環境問題や人種差別の撤廃についてスピーチする人は、聴衆にその問題を理解してほしいと願い、そのうえで具体的に行動してほしいと願うだろう。そうした願いにもとづく行動を「教える」と呼び、相手の「学び」への意図性にもとづく行動として理解することは可能かもしれない。しかし、「スピーチ」が行われるのはそうした場だけではない。たとえば、結婚式のスピーチを考えてみればわかりやすいだろう。結婚式の場でスピーチを行う者は、あくまで結婚する人たちの幸福を祝っているのであって、聴衆である結婚式の参加者に結婚する人たちについて学ばせることを意図して、すなわち、教えようとしているわけではない。

　このように、「授業」の必須条件は、教師の「教える」という行為と学習者の「学び」という行為であることがわかるだろう。授業を行う教師は、つねに1人ひとりの学習者の「学び」を意図して行為しなければならないのである。

②学習者への「問い」とその「応答」によって「創られる」という点

　そして、そうであるからこそ、「授業」で扱われる事柄は、学習者からの意見や疑問、反応に対してリアルタイムで開かれていなければならない。「授業」における教師の言語をよく観察してみればわかるが、授業をしているからといって、教師はつねに一方的な**「説明」**や**「指示」**だけを行っているわけではない。むしろ、学習者に対して問いを投げかける働きをもつ**「発問」**も頻繁に行っている[11]。教師は学習者に「発問」することによって、思考すること

を促したり、ともに新たな問いを発見したり、教師とは異なる意見を求めたり、教師も予想しなかった答えをクラス全体で探究したりすることを求めていく。その結果として、「授業」は、リアルタイムで学習者の意見や疑問、反応に応じることが求められる動的ないとなみとなり、教師は常に授業のなかで学習者とともに授業を創り出していくという経験をすることになる。

　たしかに、「スピーチ」においても、「○○ではないか？」や「○○についてあなたはどう思うか？」といった疑問文形式の発話が途中でなされることはある。しかしこれは、相手に考えさせ、その場で答えを求める「問い」ではなく、「スピーチ」の内容に関心をもたせる呼びかけであったり、逆説的に自分の意見に反論できないだろうということを示す畳み掛けであったりする。いわば、「スピーチ」の説得力を増すためのレトリックとして用いられている。

　「授業」における「発問」は、こうしたスピーチにおける説得力を増すための疑問文形式の発話ではない。ましてや、学習者に「これを覚えているか？」という暗記したかどうかを確認するためのテストのような問いでもない。むしろ、教師の説得力や正しさを一度留保し、「授業」という場であらためて学習者とともに学ぶ内容の価値や意義を探究するための共同的な「問いかけ」の行為である。そして、そうであるからこそ、教師は自身の「問い」に対する学習者からの「応答」について、さらなる「再応答」が求められる。学習者の応答は、そもそもの教師の問いの性質に応じて、実はかなり多様性を帯びている。これまでの経験から簡単に「応答」できるものもあれば、じっくり考えて「応答」しなければならないものもある。その多様な学習者の「応答」に、教師自身も多様に適切に「再応答」できるか否かが、授業を学ぶ内容の価値や意義を探究するいとなみにできるかどうかを分けることになる。

③**教師の「言語」を超えた多様な方法が用いられる点**

　さて、「スピーチ」と「授業」を比べたときに、「授業」は教師が発話する「言語」を超えたさまざまな方法が用いられるという特徴がある。たとえば、一番イメージしやすいのは、教師が配布するプリントやワークシートだろう。多くの学校で教師が配布するプリント資料を用いた授業が行われている。また、ビデオやDVDなどの映像資料も比較的多く目にしてきただろう。筆者の経験

だが、中学時代に家庭科の授業で育児を学んだとき、人の子どもがどのようにして生まれ家庭生活のなかで乳児期を過ごすのかを、映像資料で観る機会があった。こうした機会は、教師の「言語」を超えて、映像というより直接的なイメージを喚起するため、学習者の印象に残りやすい。学習者にとって未経験である出来事を教えるうえでは、きわめて効果的な方法である。

　ほかにも、図（絵）や写真、統計データなどの考察、実験、討論、調べ学習などと、「授業」では実にさまざまな方法が用いられている。思い出してみよう。あなたが出会った教師は、「授業」でどのような方法を用いていただろうか（ワーク9-7）。

ワーク9-7
思い出してみよう。あなたが出会った教師は、「授業」でどのような方法を用いていただろうか？

　こうしたさまざまな方法を活用するという点は、「スピーチ」では見る機会があまりない。一部、世界的に有名になった「TEDカンファレンス[12]」と呼ばれるスピーチのように、非常に大規模なスピーチでスライドが用いられることもあるが、それさえも、あくまで主要な方法は「言語」である。

　教師として「授業」を行うときは、自身の「言語」とともに、それを超えてさまざまな方法を考案する必要があるのである。

④目的と継続的な時間が必要である点

　もう一つ相違点を挙げておきたい。それは、「授業」には、「目的と継続的な時間が必要である」という点である。

　「スピーチ」の場合、その多くは一度限りの単発的なものである。なかには「連続十何回講演」のようなある程度のまとまりをもったスピーチもあるが、それはごく限られた場合である。多くの場合は、限られた時間と回数であるからこそ、その場で聞き手により強くねらいとなるメッセージが伝わるようにさ

まざまな工夫を凝らすのである。

その反対に「授業」は、多くの場合、一定のまとまりをもった期間において実施される。かつて、「授業（lessons）」という概念を分析した**イズラエル・シェフラー**は、人が何かを理解したり、できるようになったりするという重要な出来事は瞬間的に訪れるものかもしれないが、それにもかかわらず「授業はすべて瞬間ではなく期間なのである[13]」と述べている。その理由は、「授業」における教えるといういとなみの目的は、学習者の個々の活動やその活動全体を超えたところに存在するからである。たとえば、この点を考えるうえで、国語の時間で敬語を教える場面を考えてみるとよいだろう。教師は個々の授業時間で敬語を適切に用いることができるようになることを目的として詳しく教えるはずである。丁寧語、謙譲語、尊敬語と、それぞれの機能について学習者が学べるように一回一回の授業を構成する。しかし、この教師の目的は個々の授業時間では果たされないことがわかるだろう。たしかに、一度の授業時間のなかで、教師の説明を聞き、学習者が丁寧語について理解したという瞬間が訪れるかもしれない。しかし、敬語の場合、発話される場面や相手によって使い方を微妙に調整しなければならないものである。この教師の目的のように、敬語を適切に用いることができるようになるためには、ある授業時間を受けて、学習者が実際に敬語を用いる場面で試行錯誤をし、学んだ内容をふりかえるという経験を積むことを待たなければならない。だからこそ、教師は複数回にわたる授業の期間を設けて、そうした場をつくり、さらにはその授業時間を超えたところでも、学習者が敬語についてどれくらい経験を積み、理解を深めているかを見定めるはずである。つまり、「授業」には、小さなねらいをもつ個々の授業時間を超えたところにより高次の教育の目的があるという「ねらい」と「目的」の二重構造が存在し、目的を達成するためには継続的な時間が必要なのである。

4．学校教師を目指すために——スピーチを超えて「授業」を理解する

本章では、「スピーチ」と「授業」を比較し、その共通点と相違点を考えてきた。おそらくとりあげた共通点や相違点以外にも、もっと多くの論点がある

はずである。学校教師を目指すあなたには、ぜひそうしたとりあげなかった論点についても、研究を深めてほしいと思う。

よく学校教師の条件として、人前で話すことが得意なことが挙げられるが、この章を通して学んだとおり、それは必要な条件ではあるが、それだけで学校教師が務まるわけではないことがみえてきただろう。学校教師にとって必要なのは、授業において「話す（speech）」ということが、有効かつ必要な方法であると同時に、あくまで一つの手段であることも自覚している点である。そしてまた、「授業」には授業を成り立たせる条件があり、そうした点に習熟していることが必要である。学校教師は、学習者に訴えかける「スピーチ」の専門家を目指しているわけではない。むしろ、「スピーチ」との共通点を超えて、「授業」という独特の教育の場を理解することが求められるのである。

最後にワークを設けておこう。「授業」へのさらなる探究を楽しんでほしい（ワーク9-8）。

ワーク9-8

比較してみよう。「授業」と「プレゼンテーション」はどのような共通点があり、相違点があるだろうか？

注

（1）　小学館の『デジタル大辞泉』によれば、中二病とは、「中学校2年生ぐらいの子供にありがちな言動や態度を表す俗語。自分をよくみせるための背伸びや、自己顕示欲と劣等感を交錯させたひねくれた物言いなどが典型で、思春期特有の不安定な精神状態による言動と考えられる。医学的な治療を必要とするような病気や精神障害ではない」ものとして説明されている。（引用元：http://japanknowledge.com/psnl/display/?kw=%E4%B8%AD%E4%BA%8C%E7%97%85&lid=1001150310109）

（2）　サム・リース（松下祥子訳）『レトリックの話　話のレトリック』論創社、2014年、111-112頁。

（3）　サム・リース前掲書、114頁、佐々木繁範『思いが伝わる、心が動くスピーチ

の教科書』ダイヤモンド社、2012年、20-22頁。
（4） 佐々木前掲書、38頁。
（5） サム・リース前掲書、10頁。
（6） 荒このみ編訳『アメリカ黒人演説集』岩波文庫、岩波書店、2008年、275-284頁。
（7） 斎藤喜博『斎藤喜博全集』第1期第六巻、国土社、1970年、479頁。
（8） 山元悦子「教育話法に関する力量形成過程の研究」『論叢国語教育学』1996年、19-31頁。
（9） 大村はま『大村はまの国語教室③――学ぶということ』小学館、1984年、143頁。
（10） 大村はま『新編　教室をいきいきと』1　ちくま学芸文庫、筑摩書房、1994年、101頁。
（11） 豊田ひさき「発問づくり」日本教育方法学会編『現代教育方法事典』図書文化社、2004年、310頁。
（12） 「TEDカンファレンス」とは、Technology Entertainment Designという非営利団体が毎年開催する大規模な講演会のことである。学術関係者、エンターテイナー・デザイナーなど、さまざまな分野の人物が招かれ、スピーチを行う。近年では、NHKでも時折放送されている。なお、公式HP（http://www.ted.com/）ではスピーチを閲覧することが可能なので、ぜひ見てみてほしい。
（13） イズラエル・シェフラー（村井実監訳）『教育のことば』東洋館出版社、1981年、127頁。

【読書案内】
①**サム・リース（松下祥子訳）『レトリックの話　話のレトリック』**論創社、2014年。
　本章で述べたとおり、「授業」を行う者は話される言語の機能に自覚的でなければならない。この本は、過去のスピーチをもとに、どのようなレトリックが駆使されてきたのかを詳細に教えてくれる良書である。
②**大村はま『大村はま国語教室』**全15巻・別冊1、筑摩書房、1982-85年。
　国語教師大村はまの実践記録である。本書は、国語の授業を超えて、「授業」を創るということがきわめて創造的ないとなみであることを教えてくれる。「授業」の専門家である学校教師を目指す人には、ぜひ一度読むことを勧めたい。

参考文献
岩下修『AさせたいならBと言え――心を動かす言葉の原則』明治図書、1989年。

大村はま『大村はまの国語教室③――学ぶということ』小学館、1984年。
斎藤喜博『斎藤喜博全集』第1期第六巻、国土社、1970年。
佐々木繁範『思いが伝わる、心が動く スピーチの教科書』ダイヤモンド社、2012年。
菅野盾樹編『レトリック論を学ぶ人のために』世界思想社、2007年。

（畠山　大）

第10章
コンピュータに教師のかわりはできる？
教育の情報化

1．コンピュータは教師になれるか？

　コンピュータが家庭教師のように一対一で子どもの学習を手助けするCAI（Computer Assisted Instruction）と呼ばれる教育システムの研究開発は古く、パソコンが登場する以前の1960年代から始まった。筆者も、1970年代後半に登場したパソコンでCAIシステムの開発を試みた1人であるが、この開発を通して、教師のように教えることの難しさを実感した。

　このことに関連する最近のニュース[1]で、ある民間の調査研究機関が、10～20年後（2030年ごろ）の将来、日本で働いている人の49パーセントの職業が、機械や人工知能によって置き換わる可能があるという分析結果を出したと報じていた。ただ、その職業のなかに「教師」は入っていなかった。

　筆者がCAI開発を試みた時代と比べ、現在のコンピュータは飛躍的に高性能になり、利用範囲も拡大している。しかし、なぜ教師という職業をコンピュータによって置き換えることが難しいのだろうか。その理由と考えられる事柄を、以下の空欄に思いつくまま記載してほしい（ワーク10-1）。

ワーク10-1
コンピュータはなぜ教師になれないのか？

　上記のニュースになった研究所の報告では、「他者との協調や、他者の理解、説得、ネゴシエーション（交渉）、サービス志向性が求められる職業は、人工

第10章　コンピュータに教師のかわりはできる？

知能等での代替は難しい」と書かれていた。換言すれば、教師は、他者との協調や、他者の理解、説得などの能力が重要な職業であるということだ。たしかに、授業や学級運営をより有意義なものとするためには、児童生徒と教師の協調と理解が欠かせない。事実、熟達教師は、初任教師と比べ、教室の雰囲気や子どもたちの身体からより多くのメッセージを見て取ることができる[2]といわれている。

「目は口ほどにものを言う」という諺のように、教師は児童生徒の眼差しや表情などの身体メッセージ、その場の雰囲気から、児童生徒の感情や意図を言葉以外の情報からも読み取っていくという高度なコミュニケーション能力が求められる。このことから、教師の職業はコンピュータ化が難しいと報告されたのであろう。逆説的に言えば、単純な会話だけで進められるような授業であれば、コンピュータ化が可能な日もくるであろう。

漫画『バガボンド』の一コマに、剣で対峙する相手を見るときの極意として、「見るともなく全体を見る」という見方が書かれている。これの意味するところは、「視る（looking）」ではなく「観る（seeing）」ということであろうか。すなわち、この漫画が示している見方は、授業運営において教師が、つねづね、その場の状況を観て反応するという、状況的思考に通ずる見方のことをいっているようにも思える。

ところで、教育に関する考え方に「工学的アプローチ」と呼ばれるものがある。これは、教育目標を明確に規定し、それに従って教材や授業を合理的に組織化するというものであり、教育の質（目標とする水準への到達）を保証するためには重要な考え方である。そして、このように明確化した教育目標を実現

図10-1　『バガボンド』の一場面
出所）井上雄彦・吉川英治『バガボンド』4巻、講談社、#35「とらわれ」。

するためのしくみを具体化するということは、コンピュータが得意とするシステム化につながる。

しかし、このアプローチに対する問題点をアトキン（Atkin, J. M.）が指摘し、「羅生門的アプローチ[3]」という提案が生まれた。アトキンが指摘した点とは、工学的アプローチを過度に推し進めていくと、授業が想定する教育目標だけに縛られてしまうといった点である。すなわち、教育目標への到達だけに縛られてしまうと、児童生徒の能動的な学習活動を阻害してしまうという指摘である。児童生徒の能動的な学習活動は、時として、目標とは異なる創造的な成果を生み出すことがある。このとき、教師が目標への到達だけを優先してしまうと、創造的な児童生徒の学習のいとなみを排除してしまうことになりかねないということである。

したがって、「羅生門的アプローチ」では、児童生徒の能動的な学習活動のなかから生まれてくる創造的な活動を重視するために、その学習成果が、目的とは異なるものであっても、教師は臨機応変に授業運営ができるように対応することが必要となる。そして、このような状況的思考をもった教師が行う、児童生徒にとって有意義な学習になるように、その時々で授業を柔軟に組み立て直すというアプローチは、現在のコンピュータにとって至難のワザといえる。なお、この教師に必要な即興的な能力については、次章に委ねる。

2．教師になれないコンピュータは教育で不要か？

ここまで、教室の状況を観ながら、児童生徒の能動的で創造的な学習を引き出すような授業を、コンピュータで実現することの難しさを示してきた。それでは、授業においてコンピュータは、無用のものなのであろうか。現在のMacやWindowsなどのパソコンのあり方を示したアラン・ケイ（Alan,C.Kay 1940-）は、その著書のなかで「デジタル・コンピュータは本来、算術計算を目的として設計されたが、記述可能なモデルなら、どんなものでも精密にシミュレートする能力をもっているので、メッセージの見方と収め方さえ満足なものなら、メディアとしてのコンピュータは、他のいかなるメディアにもなりうる。しかも、この新たな"メタメディア"は能動的なので、メッセージは学

習者を双方向な会話に引き込む。過去においては、これは教師というメディア以外では不可能であった[4]」といっている。

アラン・ケイがいうように、コンピュータは、これまであったメディアをすべて包含するメタメディアであり、さらには、これまでのメディアにはない、双方向のやりとりが可能である。このような能力をもつコンピュータではあるが、教育での利用価値はどの程度なのであろうか。それでは、コンピュータを授業で積極的に利用する価値があるのかないのか、また、ある、または、ないと考えた理由について、以下の空欄に思いつくまま記載してほしい（ワーク10-2）。

ワーク10-2
教育でコンピュータを利用する必要はあるか？
・ある ／ ない
・その理由：

授業において、PowerPointなどのプレゼンテーションソフトを使って、視覚に訴えた説明をすることが一般的になっており、コンピュータが教育にとって不要ということにはならないであろう。しかし、それ以外で積極的に利用する必要性はと問われると、返答に窮するかもしれない。

これに関連する話題として、平成20（2008）年1月に中央教育審議会が、文部科学省に対して出した答申『幼稚園、小学校、中学校、高等学校及び特別支援学校の学習指導要領等の改善について』がある。その答申のなかに、社会の変化に対応して教科を横断的に改善すべき事項として、「効果的・効率的な教育を行うことにより確かな学力を確立するとともに、情報活用能力など社会の変化に対応するための子どもの力をはぐくむため、教育の情報化が重要である」というものがあった。

その具体的な内容の一つは、先のプレゼンテーションソフトの利用のように、教師がこれらの情報手段や視聴覚教材、教育機器などの教材・教具を適切に活用することが重要であるということである。そして、もう一つは、基礎的・基

本的な知識・技能を習得させるとともに、それらを活用して課題を解決するために必要な思考力・判断力・表現力等を育成し、主体的に学習に取り組む態度を養うためには、児童生徒がコンピュータや情報通信ネットワークなどの情報手段を適切に活用できるようにすることが重要であるということである。

　後者の提言は、課題解決という、児童生徒の能動的で創造的な活動場面で、コンピュータや情報通信ネットワークであるICT（Information and Communication Technology）を活用せよということである。筆者は、この創造的な活動とICTの関係を図10-2のようにとらえている。ICTが現代人にとって不可欠な存在であることは、言をまたないであろう。ただ、それは、ワープロソフトやプレゼンテーションソフト、Webブラウザなどのソフトを上手に操作できるということではない。直面する問題の解決や目的を達成するための道具として、ICTを有効に利用することができる能力が不可欠であるということである。すなわち、問題解決や目的達成のためのプロセスにおいて、有効な情報を収集し、収集した情報を分析・整理し、それらの情報をもとに、意図に合ったかたちにとらえ直したり、新たな視点を加えたりして、解決策や目的達成方法を導き出して表現する。そして、それらの案や方法を、メンバーやステークホルダーに

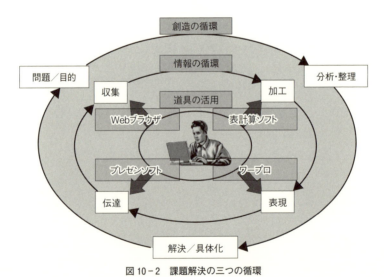

図10-2　課題解決の三つの循環

出所）浅井宗海『新コンピュータ概論』実教出版、1999年、22頁。

第10章　コンピュータに教師のかわりはできる？

伝えるという能力が、現代にとって不可欠なものであるということである。

この問題解決や目的達成という創造的な循環において、情報収集、分析・整理、表現、伝達という情報を活用する循環があり、そして、これらの各局面においてICTを効果的に利用する能力が求められるということである。したがって、情報社会で生きていく児童生徒においても、これらの能力が不可欠であるため、先の答申では、学習指導要領の各科目において横断的に、これらの能力を育成することの必要性が盛り込まれた。よって、すべての科目の指導において、特に授業での子どもたちの能動的で創造的な活動において、教師は、ICTを利用することが求められる。

3．コンピュータは教師のモビルスーツ

日本の教師が、授業での児童生徒の主体的な学びを引き出す自信と、児童生徒の課題解決などの活動においてICTを利用しているかという指導実践について調査が行われた。その結果が、図10-3のグラフであり、OECDの加盟国の平均に比べて非常に低い結果となっている。

残念ながら、この結果は、主体的に学習に取り組む態度を養うためにICTを活用するという、中央教育審議会が示した方向とまったく逆の結果になって

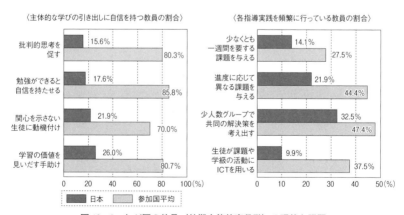

図10-3　わが国の教員（前期中等教育段階）の現状と課題

出所）インターネット白書2015　http://iwparchives.jp/iwp2015
　　　OECD国際教員指導環境調査（TALIS）、国立教育政策研究所、2013年。

しまった。そこで、ここでは、あらためてパソコンやインターネットなどのICTがもつ能力について、次のような三つの観点から、授業で活用することの有効性について考えてみよう。たとえば、パソコンが記憶することのできる情報の量を書籍等と比較してみる。パソコンがもつ情報の表現力を本やテレビなどのメディアと比較してみる。条件によって情報を柔軟に変化させることのできるパソコンの活用法をテレビゲームから連想してみる。それでは、思い浮かぶことを空欄に記載してほしい（ワーク10-3）。

ワーク10-3

ICTを教育に使った場合の実力を、次のような観点から考えてみよう。
・情報を記憶する／情報を表現する／情報を変化させる

情報を記憶する

　パソコンやスマートフォン、CD、USBメモリなどのディジタル媒体に情報を記憶するときの量を、情報量と呼ぶ。たとえば、スマートフォンを買うとき、店員はこちらの商品は16GB（ギガバイト）で、あちらの商品は32GBですと説明することがある。この16GB、32GBという値が、コンピュータに記憶できる情報量を表す単位である。

　ここで、1ページに1000字が書かれた200ページの和書があるとする。この本には、20万字が書かれていることになり、これをコンピュータの記憶の単位に直すと、約400kB（キロバイト）となる。そして、同じ情報量の本を32GB（ギガバイト）のスマートフォンに記憶させるとすると、8万冊ほどが入る計算[5]になる。したがって、児童生徒が1年間に使うすべての教科書をスマートフォンに入れて持ち歩くことなどは、十分可能である。

　さらに、今日ではパソコンやスマートフォンを、単独で利用するということは、まずないであろう。インターネットとつないで利用することが当たり前になっている。そして、このインターネット上で利用できる情報量は、アメリカの調査会社IDC[6]によれば、毎年飛躍的に増大しており、2020年には約40ZB

（ゼタバイト）になるとのことである。これは、先の32GBの1兆倍を超える量であり、この膨大な情報を私達は、ICTによって容易に利用することができるのである。

　事実、何かの情報を調べるとき、インターネット上に公開されている情報の膨大さを実感することができる。特に、情報を検索するときに必ずといっていいほど登場するのが、フリーの百科事典であるWikipedia（ウィキペディア）である。そして、このインターネット上の事典が本の事典と違っている点は、情報量の多さに加えて、情報が日々誰かによって更新されている点と、説明のなかに登場するキーワードをクリックすると、さらにそのキーワードについての説明をみることができるというハイパーリンクというしくみがあることである。

　このインターネット上で情報を公開するWeb（正確には、World Wide Web）や、情報をハイパーリンクによって連動させる仕組みを提唱したのが、テッド・ネルソン（Theodor Holm Nelson 1937–）である[7]。彼は、これらのしくみをハイパーテキストと呼び、「今までの著作物は、無数にある可能性のなかからひとつの説明の筋道を選ぶという形式をとるが、ハイパーテキストは、読者にたくさんの筋道、可能な限りの筋道を提供してくれる」と述べている。

　実は、テッド・ネルソンがハイパーテキストを考えた根底には、学校教育に対する不満があったようだ。彼は、学校教育を「アイデアの世界を順序だった官僚的な表現システムのなかに閉じ込め、その結果、素晴らしいアイデアの世界を台無しにするようなものだ」と、そして、カリキュラムに対しては「それぞれのテーマの間に存在する多くのつながりを切り落としてしまい、そのテーマの内容の豊かさや未来の魅力をそぎ落とした順序正しい骨組みだけが残る」ともいっている。なかなか耳の痛い話であるが、ただ、この指摘は、先の「羅生門的アプローチ」の考えにもつながる。すなわち、子どもたちが能動的に学習活動をするためには、自由な道筋から情報を選択し、自分たちが納得する答えを導き出せる環境が必要であるということだ。そして、それに適した環境を提供するのは、教科書ではなく、おそらくハイパーテキストの特性をもつWebのほうであろう。

情報を表現する

　先のアラン・ケイの言葉を借りれば、メディアとしてのコンピュータは、ほかのいかなるメディアにもなりうるものである。このことは、これまでの紙やCD、ビデオといったメディアと比べ、コンピュータは、それらすべてがもつ表現を可能とし、それらを統合的に利用できるということである。事実、eラーニングと呼ばれるICTを使った教育システムでは、そこに掲載された教材は、写真や文字情報だけではなく、動画や音声などの素材も組み合わせられた複合的なメディア（マルチメディア）教材になっている。さらに、選択式の演習問題もあり、その解答は自動で採点してくれるしくみであったりする。そして、eラーニングの教材はタブレットでも利用できるようになってきた。

　実は、アラン・ケイは、1972年の著作のなかで、図10-4のように、メタメディアであるコンピュータがA4サイズ程度の片手で持てるような小型のものになり、この小型のコンピュータを児童生徒が紙のノートのように使う教育を予想し、それを目指した。彼は、これをダイナブック（Dynabook）と呼び、このコンピュータは紙のように途轍もなく自由自在なメディアであるとも述べている。この自由自在とは、単なる画面表示の自在さだけのことではなく、利用者が自由に発想した表現を描くことができるという、能動的な活用の可能性を彼は強調しているのである。

　また、多様な表現による情報の提示方法（modality）と教育効果については、末武国弘らが図10-5のグラフに示す実験結果を報告している。この実験は、同じ内容を話しただけ、見せただけ、見せながら話した場合という、三つの方法で説明したとき、その内容がどれほど記憶に残るかというものである。この結果、

図10-4　アラン・ケイが描いたダイナブックの絵
出所）A Personal Computer for Children of All Ages.

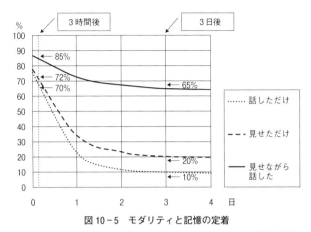

図10-5 モダリティと記憶の定着

出所) 末武国弘・岸本唯博編『OHPの活用とTP制作の実際』実技講座教育工学の実践第2集、学習研究社、1973年をもとに筆者が作成。

説明の3時間後では、その記憶が残っている割合については大きく異ならないが、3日後では、見せながら話した場合が、他と比べて圧倒的に記憶に残っていることがわかる。この結果を称して多感覚論ということもあるようだが、ある内容を伝える場合、より多様な感覚器に訴求する表現で提示したほうが記憶に保持されるという結果である。これらのことからも、いかなるメディアにもなりうるコンピュータを、教育の表現に使わない手はないであろう。

情報を変化させる

　コンピュータは、情報を蓄えたり、表示したりするだけではなく、情報自体を加工し、条件に合わせて変化させることができる。このことは、コンピュータの最大の特徴の一つである。ここでも、アラン・ケイの先の言葉を借りれば、コンピュータに情報を変化させる機能があることで、記述可能なモデルなら、どんなものでも精密にシミュレートすることができ、また、学習者との双方向の対話が可能になるということである。この学習者と対話的にシミュレーションすることのできる能力は、教育において非常に有効である。筆者も図10-6に示すような、コンピュータを学習するためのシミュレーションソフト（シミュレータ）をいくつかつくってみて、その有効性を痛感している。図のソフ

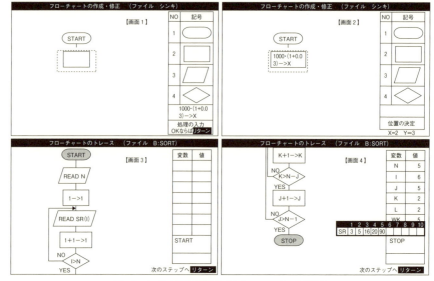

図10-6 流れ図を学習するシミュレータの画面例
出所）浅井宗海『入門アルゴリズム』共立出版、1993年、80頁。

トは、流れ図と呼ばれる図を使って、コンピュータのプログラミングの基礎を学ぶために開発したものである。

　図中の四つの画面は、複数の数値を昇順に並べ替えるという処理をコンピュータで行う場合、どのような順番で処理をすればよいかを流れ図で考えるという学習の様子を示している。画面1と画面2は、ソフトを操作しながら、考えた処理の順番を示す流れ図を書いている様子である。ここで、従来の流れ図の授業でも、問題を出して学習者に流れ図をノートなどに書かせるので、ここまでは、書くのにソフトを使うのか紙を使うのかの違いだけである。ただ、このあと、従来の授業では、一般的に教師が正解を解説し、各自に自分が書いた流れ図が正しいか間違っているかを判断させるといった進め方をする。

　そして、ここで大きな問題が生じる。それは、流れ図の正解は一つではないので、教師が示した正解と異なる流れ図の場合、自分の解答が正しいのかどうかを確かめることが難しい。また、間違っていた場合、流れ図の書き方も間違っている箇所も学習者によって千差万別であるので、まず、間違いの箇所を見つけ出すことが難しく、さらに、見つけ出したとしても、それを正解となる

ように修正することが困難である。そこで、このソフトには画面3と画面4に示すシミュレーション機能がある。すなわち、流れ図を画面上で書き上げると、次に流れ図の一つずつの処理を順番に実行し、その一つずつの処理での変化を示しながら、最後まで行ってくれるのである。これにより、学習者は、最終結果(並べ替えができたか)を見ることで正解かを判断することができる。また、途中で、想定した処理の変化と違う箇所があれば間違いに気づくことができ、その箇所を修正して実行することを繰り返していくことで、正解にたどり着くことができるのである。筆者自身、従来の授業をこのソフトを導入した授業に変えたことで、その学習効果を身をもって体験してきた。

　ところで、認知心理学者の佐伯胖(1939-)は、わかるとは、新しい知識が内的世界(意味のネットワーク)のなかで組織化され、体系化され、一貫性を獲得することだと述べている。また、その一貫性は、児童生徒の試行錯誤のなかで獲得されるとも述べている。シミュレーションは、この試行錯誤のなかから一貫性を見出すのに最適な学習環境を提供してくれるものなのである。

4．ICTは時間と空間を超えて授業を拡張する

　大量の情報を蓄積・検索し、表現し、処理することができるコンピュータが、インターネットとつながることで、FacebookやTwitterなどのSNS(Social Networking Service)と呼ばれるサービスが登場し、いまでは盛んに利用されている。そして、このSNSを媒体として、わたしたちは社会と相互に情報交流ができるのでソーシャルメディアともいわれる。

　Facebookは、自分が思ったことや、あるときに行った活動を、時々に書き留め、さらに写真などの画像を添付することもできる。この記録を使えば、過去に自分がどんなことを考え、どんなことを行ったかを思い出すことができる。換言すれば、自分の状態の変化を経年的に確認し、ふりかえることのできるメディアであるといえる。また、FacebookやTwitterでは、その書き込みに対して、他の人が賛否などを書き込むことができる。この書き込みが、その人の考えや活動に対する意見であれば、それは他者評価である。

　ここで、このソーシャルメディアの特性を、学習利用の観点でとらえ直すと、

このメディアは、児童生徒の学びの過程（時々で、考えたこと、つくった物）を蓄積し、それらを経年的にふりかえり、自己評価や他者評価を行うことのできるしくみとして利用できる。実は、このしくみはeポートフォリオと呼ばれており、eポートフォリオは、思考力・判断力・表現力という高次な学力を、児童生徒の学びの活動のなかで育成、評価していくために大変に有効な手段であるといわれている。

　ここまでの話から、ICTは「工学的アプローチ」にも、「羅生門的アプローチ」にも、有効に活用できるメディアであることをわかっていただけたのではないだろうか。コンピュータが教師のかわりをすることはできないかもしれないが、教師がモビルスーツのようにICTを自在に活用することができれば、その利用方法のアイデア次第で授業を大きく変えられる。そんな授業を筆者は期待したい。

注
（1）　ニュースおよびそのもとになった調査としては、2015年12月8日のNHKニュース「就業者の49％「将来、機械や人工知能で代替可能」」(http://www3.nhk.or.jp/news/html/20151202/k10010326871000.html) と、野村総合研究所『日本の労働人口の49％が人工知能やロボット等で代替可能に』(https://www.nri.com/jp/news/2015/151202_1.aspx) を2016年2月7日に参照。
（2）　稲垣忠彦・佐藤学『授業研究入門』岩波書店、1996年、105-107頁。
（3）　羅生門的アプローチは、一つの事件に対する証言がそれぞれの人の視点によって異なるという映画『羅生門』（監督 黒澤明）で描かれた題材になぞらえている。
（4）　アラン・C・ケイ（鶴岡雄二訳）、浜野保樹監修『アラン・ケイ』㈱アスキー、1992年、36頁。
（5）　1GBは、1,000,000kBである。よって、400kB × 80,000（冊）= 32,000,000kB = 32GBとなる。

（6） IDC の調査結果の数値は、総務省「平成 26 年度版 情報通信白書のポイント」（http://www.soumu.go.jp/johotsusintokei/whitepaper/ja/h26/html/nc131110.html）を参照。
（7） テッド・ネルソン（竹内郁雄・斉藤康己監訳）『リテラリーマシン――ハイパーテキスト原論』アスキー、1994 年、80 頁、84 頁。

【読書案内】
①赤堀侃司『教育工学への招待 新版』ジャムハウス、2013 年。
　教育工学の背景となる教育心理学、情報工学、システム工学との関係や、教育工学が扱う範疇を、事例を交えながら、初学者にわかりやすく解説している。
②浅井宗海『プレゼンテーションと効果的な表現』SCC、2005 年。
　コンピュータを視聴覚メディアとして利用する場合の、巻き込む、わかりやすく伝える、印象づけるといった話の目的に適した表現方法や、使い方について、具体例を通して解説している。

参考文献
NHK ニュース「就業者の 49％「将来、機械や人工知能で代替可能」」2015 年 12 月 8 日、http://www3.nhk.or.jp/news/html/20151202/k10010326871000.html
佐伯胖『「学び」の構造』東洋館出版社 1975 年。
総務省「平成 26 年度版 情報通信白書のポイント」http://www.soumu.go.jp/johotsusintokei/whitepaper/ja/h26/html/nc131110.html
田中耕治『教育評価』岩波書店、2008 年。
中央教育審議会『幼稚園、小学校、中学校、高等学校及び特別支援学校の学習指導要領等の改善について』http://www.mext.go.jp/b_menu/shingi/chousa/shotou/056/gijigaiyou/attach/1259394.htm

野村総合研究所『日本の労働人口の 49％が人工知能やロボット等で代替可能に』https://www.nri.com/jp/news/2015/151202_1.aspx

（浅井宗海）

第11章
想定外の出来事にも準備はできる？
教師の即興の技量としてのタクト

1．教師に求められる即興の技量

　教育実践はいつも想定外の出来事に満ちている。たとえば、各教科の授業が始めから終わりまで教師の計画通りに進むことなど、ほとんどありえないといってよいだろう。むしろ、児童生徒からの予想外の問いかけにどう答えるのか、不意に起こった出来事にどう対処するのか、これらをどう新たな学びに活かしていくのかという点に、教育実践の難しさと面白みがあるのだといえるかもしれない。たとえ授業が指導案のとおり進められていたとしても、一つひとつの振る舞い、言葉や表情、説明や板書のリズム、児童生徒への働きかけなどを決定してゆくうえで、教師は常に状況にあわせた判断と行動を求められている。機知や機転とも呼ばれる即興の技量あるいは臨機の才覚は、教師にとって不可欠の重要な能力であるといえる。

　とはいえ、勝手な思い込みや都合のよい偏見にとらわれることなく、目の前にいる1人ひとりの児童生徒に向きあいながら、即座の判断にもとづいて行動することのできる教師の即興性は、どのような学びを通して育まれるのだろうか。予想外の問いかけや不意の出来事に関わる咄嗟の機知や機転を、あらかじめ準備しておくことなどできるのか。以下本章においては、即座の判断や行動に関する教育学の理論を読み解くことにより、教師に求められる即興の技量の特徴を明らかにしたうえで、この技量を育成するための方法を探求してゆくことにしよう。

2．児童生徒からの疑問・不満――教師の即興性が求められる場面

　教師の状況にあわせた判断と行動が求められる場面の一つに、児童生徒から不意に投げかけられた疑問・不満への対処がある。たとえば、音読の宿題をしてこなかった児童に理由を聞いたところ、逆に「なんで音読なんかやらなきゃいけないの？」と尋ねられたとしたら、あなたはどのように答えるだろうか？ または、中学校のクラスで文化祭の準備を進めているときに、1人の生徒が「文化祭とかダルいんだけど帰ってもいいですか？」と不満を漏らしてきたら、あなたはどのような言葉を返すだろうか？　あるいは、環境問題をテーマとする授業のおりに、生徒が「地球を守るなんていってもどうせ人間のエゴじゃないですか」と異論を唱えたとしたら、あなたはこれをどのように受け止めるだろうか？

　ここではまず、以下の探求のための事例として、次のワークに取り組んでみよう（ワーク11-1）。

ワーク11-1

児童生徒からの疑問・不満に向きあう

　あなたは中学校3年生の担任教員だと仮定しよう。9月下旬、中学最後の文化祭の準備にクラス全体で取り組むなか、独りグループの輪から離れて意欲なさげに落書きなどしている生徒がいる。どうしたのかと思って声をかけてみると、「文化祭とかダルいんだけど帰ってもいいですか？」と不満を漏らしてきた。

　生徒から投げかけられたこのような不満に、あなたならどのように向きあうだろうか？　あなたが望ましいと思う答え方や、生徒との関わり方を書き留めてみよう。さらに、なぜそのような向きあい方が望ましいといえるのか、根拠もあわせて記しておこう。

◇あなたが望ましいと思う向きあい方

◇この向きあい方が望ましいといえる根拠

最初に思い浮かんだ回答は何だろうか。学校行事としての文化祭の意義を説明すること、意欲のない生徒を叱咤激励すること、彼／彼女にも取り組めそうな仕事を与えることなど、さまざまな向きあい方がありうるだろう。いま重要なのはいずれが最も有効な働きかけなのかを決定することではない。上記の情報だけから唯一絶対の正解を導くことなどできない。いずれも時と場合によっては有効な向きあい方となりうるからである。
　この「時と場合によって」がこの章の探求課題にほかならない。想定外の出来事に的確に対処するためには、教師はこの「時」と「場合」を精確に見極めたうえで、これにそくして行動することができなければならない。とはいえこれは言葉でいうほど簡単なことではないだろう。次の節からは、「文化祭とかダルイ」という生徒の不満を例としながら、教師の即興の技量に関する理論を読み解いていくことにしよう。

3．教師の即興の技量としてのタクト

　想定外の出来事をも子どもの学びの機会として活かすことのできる教師の即興の技量のことを、カナダの教育学者ヴァン＝マーネン（M. van Manen）は「タクト（tact）」と呼んでいる（読書案内①）。
　日本人の多くは「タクト」と聞けば音楽の指揮や指揮棒を最初に思い浮かべるのではないだろうか。ラテン語の「tactus」(タクトウス)（接触・影響）を起源とするドイツ語の「Takt」も、元来は「拍子」や「指揮」を表す音楽用語だった。これがやがて人間関係の機微(きび)に関わる領域にも転用されるようになり、繊細な心遣い、他者への思いやり、礼儀作法の感覚などの意味をもつようになった。直訳すれば「タクトに満ちている」という意味の「taktvoll」(タクトフォル)には、「礼節を心得ている」や「思いやりがある」などのほか「機知に富む」や「機転が利く」といった含意がある。また「タクトが欠けている」という意味の「taktlos」(タクトロス)は、「思いやりに欠ける」や「無神経な・無作法な」「非常識な」といった意味で用いられている。
　この人間関係の機微に関わる「タクト」の概念を教育の世界に持ち込んだのは、近代教育学の開祖ともいわれるドイツの哲学者・教育学者ヘルバルト（J.

タクト概念の転用の歴史

F. Herbart）である。このタクト概念はヘルバルトの弟子たちによって受け継がれたのち、ディルタイ（W. Dilthey）の弟子ノール（H. Nohl）や、ボルノー（O. F. Bollnow）門下のムート（J. Muth）によって、さらに発展させられた。オランダ出身のヴァン＝マーネンによるタクト論も、このような伝統のなかに位置づけることができる。

4．理論と実践の媒介──タクトの特徴

　まずはヘルバルト、ノール、ムートによって明らかにされたタクトの特徴を、徳永正直の整理に学びながらみてゆくことにしよう（読書案内②）。
　『最初の教育学講義』のなかで若きヘルバルトは、教師のタクトの役割を「理論と実践の媒介項」として定めた。教育理論には「いつでもどこでも」妥当だといえる普遍性・一般性が求められる。だが、実際の教育実践は一回ごとに異なる特殊性・個別性を備えたいとなみである。教育理論は一般論として教育の理念や方法を提示することはできるが、個々の状況や子どもの事情にあわせた対処の仕方まで決定することはできない。この理論と実践のあいだを仲介することが、教師による「素早い判断と決定」としての、タクトの働きであるとヘルバルトは説いたのだった[1]。
　教育の理念や方法をめぐる洞察を深めれば深めるほど、わたしたちは、教育の本質に関わる課題の両極性を明確に自覚させられることになる。個人の幸福と社会の発展、現在の享受と未来への志向、従順への要求と自由への教育、過去の継承と新たな世界の建設、世俗と超越──教師はこれら両極のあいだに

あって、いずれか片方の課題を偏重(へんちょう)することなく、場面ごとに的確な行路を決定していかなければならない。ノールは『教師の陶冶(とうや)』において、この的確な決定の導きとなる「賢明な感覚」のことをタクトと呼び、教師の陶冶はこのタクトの獲得において完成されるのだと説いている(2)。

> たとえば、文化祭の準備をサボっている生徒を叱って作業をさせるのか、あくまで彼／彼女の自主性にまかせるのかの判断は、教師が生徒の従順と自由のいずれに価値を置くかで変わってくる。また、生徒個人の想いを尊重するべきなのかクラス全体の和を大事にするべきなのか、彼／彼女の「いまここ」が重要なのか「将来のため」が重要なのか、文化祭の伝統を継承するべきなのか変革するべきなのか、などの問題もあるだろう。いずれもどちらか片方がいつも「正解」とはかぎらない、教育の本質に関わる課題の両極性から生まれてくる葛藤であり、両極のあいだのどこかに的確な行路を定めることが求められる問題である。

このタクトの特徴を、複数の観点から詳細に明らかにしたのが、ムートの著作『教育的タクト』である。特に教師の即興の技量としてのタクトの特徴としては、予測不能な状況へと開かれた姿勢、遊びに近い要素、行動の軽妙さ、巧みな着想への信頼などが挙げられている。タクト豊かな教師の授業は即興演劇に近い性格をもつともいわれる。ムートによれば、教師の仕事の最も幸福な瞬間は、事前に準備することができるものではなく、「即興される」ほかはないものである。もちろんこれは授業のための準備が不要であることを意味するのではない。優れた教師の即興は、理論を学ぶことで獲得された教育学や教授学の理解を基盤としており、深く考え抜かれた準備の確かさがあってこそ成り立つものだからである(3)。

くわえてヴァン＝マーネンは、『教えることのタクト』などの著作のなかで、教師のタクトの働きを、教育活動や子どもの体験をめぐる「ありうること(possibility)」の観取と活用とに見て取っている。児童生徒からの予想外の疑問によって開かれる「ありうる」学びの機会や、不意の出来事にはらまれている子どもたちの「ありうる」成長の機会などを、敏感にとらえて生かすことができるという点に、教師の即興の技量としてのタクトの特徴があるというわけである。このタクトの素地には、個々の体験や出来事の意味の深さへの洞察や、

人間の生の複雑性への注意深さ、諸々の「ありうること」への感度を含めた、教師の思慮深さがあるといわれる[4]。

ここでふたたび「文化祭とかダルイ」という生徒の不満に目を向け、このような不満が出てきた「ありうる」背景を推測してみよう（ワーク11-2）。

ワーク11-2

「文化祭とかダルイ」の「ありうる」背景

生徒が「文化祭とかダルイ」と不満を漏らしてきた背景には、さまざまな理由や事情を推測することができる。不満の背景にどのような理由や事情があるのか、あなたが考える「ありうる」背景を書きとめてみよう。また、この問題についてほかの受講生と意見交換をすることで、さまざまな観点から「ありうる」背景をめぐる想像を広げてみよう。

◇あなたが考える「ありうる」背景
① _____
② _____
③ _____

たとえば、以下のような理由や事情を推測することができるだろう。

☆**「文化祭とかダルイ」という不満の背景**☆

①文化祭に何の意義があるのかわからないので意欲が湧かない。
②希望していたものと異なる企画が選ばれたので関心がもてない。
③級友との関係がうまくいっておらず協働作業が苦痛である。
④卒業後の進路や受験勉強のことが心配で準備が手につかない。
⑤この文化祭が終われば卒業だと思うと寂しくてやりきれない。
⑥家庭問題など教師にいえない心配事があって早く帰りたい。

実際にはここに挙げたような理由やほかの事情が重なりあい、複雑な背景を形成していることも多くあるだろう。いずれにしても、教師の勝手な思い込みで「怠けている」とか「協調性がない」などと決めつけるのではなく、まずは生徒の不満の「ありうる」背景に思いをめぐらせてみることが肝心である。もちろん青年期の生徒が簡単に本音を話してくれるとはかぎらない。とはいえ、教師には話したくない理由や事情があるということも含めて、一つの行事を通

して生徒の抱えている課題や問題が浮かびあがってきたという点に、かけがえのない意味があるとみることもできるだろう。

この節の結びにかえて、あなたがこれまでに出会ってきた教師のことを、ちょっとだけ思い起こしてみよう（ワーク11-3）。

ワーク11-3

タクトを備えた教師の特徴

　あなたがこれまでに出会ってきた教師のなかで、上記のようなタクトを備えた教師はいただろうか？　いたとすればどのような教師だったか、特徴を思い出して書き留めておこう。

校種・学年　　　　　　年　（担当教科など　　　　　　　　　）

◇タクトを備えた教師の特徴

5．理論と実践の往復――タクトの育成

次に、教師の即興の技量としてのタクトの育成方法について、従来の教育学によって提唱されてきた課題をみていくことにしよう。

ヘルバルト以来、教師のタクトを育成するために最も重んじられてきたのは、教育をめぐる理論を学び思想に深く精通することに加えて、実際に教育の実践に携わり経験を積み重ねることである。ヘルバルトによれば、人が技術を学びタクトを養うことができるのは実践の経験のなかだけであるが、この経験から教訓を得ることができるためには学問による準備が欠かせないという。これまでに蓄積されてきた理論や思想に親しむことで、すぐに素晴らしい授業を実施できるようになったり、即座の判断が養われたりするわけではない。また、ひたすら教室における実践経験を重ねていれば、児童生徒の心情を汲むことができるようになったり、機転が利くようになったりするわけでもない。教育をめぐる理論や思想を学び問うことによって深められた洞察を導きとして、日常の教育実践に携わりながら、成功も失敗も含めた自己の経験からたえまなく学び

続けることこそが、教師の即興の技量としてのタクトを養うための、最も重要な課題なのである⁽⁵⁾。

理論と実践の往復が重要！

　ノールのいう両極の課題——個人の幸福と社会の発展、現在の享受と未来への志向、従順への要求と自由への教育、過去の継承と新たな世界の建設、世俗と超越——これらの課題のあいだで的確な行路を選ぶためには、まずはこれらの課題それぞれの本質や価値に関する理論や思想を学び、洞察を深めなければならないだろう。たとえば、教育は児童生徒に知識や技術を教え込むことだという思想と、教育は児童生徒が生まれつきもつ資質の開花を助けることだという思想、両方を熟知していることによってはじめて、これら両極の課題のあいだで状況にあった判断や行動を行うことができる。あるいは、これらの思想において見落とされている、一種の飛躍を含んだ非連続の変容に関する理論を学び知ることで、危機や出会いといった偶然の出来事をも人間形成の機会としてとらえ、こうした出来事に関わる教師の役割を意識することもできるようになるだろう。

　教育にまつわる伝統的な二つのイメージを整理したうえで、非連続の変容に新たな光を当てたのは、ノールの弟子でありムートの師匠にあたるボルノーだった（読書案内③）。知識や技術の教え込みとしての教育は、教師の計画に基づいて外から人間を形成するという点で、彫刻などの工芸に喩えられる。生来の資質の開花の援助としての教育は、児童生徒の内にある資質と成長への欲求を導きとするという点で、植物の栽培に喩えることができる。前者を工芸モデル、後者を有機モデルと呼ぶとして、あなたの抱く教育のイメージはどちらのモデルに近いだろうか⁽⁶⁾？（ワーク11-4）

ワーク11-4
教育の二つのモデル

工芸モデル

有機モデル

◇あなたが抱く教育のイメージに近いのはどちらのモデルだろうか？
◇両方のモデルの特徴を比較しながら長所・短所を挙げてみよう。

工芸モデルの長所・短所

有機モデルの長所・短所

ワーク11-5
文化祭の意義・役割に関する理論や思想

　「文化祭とかダルイ」という生徒の不満に向きあおうとするのであれば、本人に直接伝えるのかどうかは別にして、文化祭という学校行事の意義・役割を教師が熟知していなければならない。中学生の学びと成長に関わる文化祭の意義を知り、学校行事としての位置づけをたえず吟味することによって、はじめて個々の生徒に向きあうための最低限の素地が整えられる。中学校の行事としての文化祭の意義・役割とは何かを調べたうえで、これに関するあなた自身の見解も書き加えておこう。

◇文化祭の意義・役割

◇文化祭の意義・役割に関するあなたの見解

くわえてここでは、「文化祭とかダルイ」という不満を例として、教師が学び知っておくべき理論や思想を確認しておこう（ワーク11−5）。
　もちろん、教育のモデルや文化祭の意義・役割にまつわる理論や思想は、個別の授業改善や教師−生徒関係に直接役に立つ指示を与えてくれる、便利な処方箋のようなものではない。特定の理論書に書かれていたことを鵜呑みにしたり、1人の思想家が述べていることを絶対視したりしてしまうと、視野が狭くなりモノの見方が固定されてしまい、かえって自由なタクトのはたらきを邪魔してしまうことになる。教師のタクトの育成にあたっては、特定の理論や思想を学ぶことで満足したりこれを偏重したりするのではなく、古今東西の理論や思想を広く学び問うことで、常に未知のものや新たなものへと開かれた姿勢を保つことが求められるのである。教師として児童生徒の教育に携わるかぎりつねに要求される、このような課題のことを、ムートは教師の「若返り」あるいは「再生」にも喩えている[7]。
　このように、理論と実践を往復することで経験を通して学びを深めようとする探求のことを、ヴァン＝マーネンは省察（reflection：ふりかえり）と呼んでいる。ある経験が当事者にとってどのような経験だったのか、個々の経験の意味を明らかにすることが省察の中心課題である。実践の渦中にいるときには見えていなかった、児童の謎めいた行動の背景や、生徒からの唐突な問いかけの価値、咄嗟の状況に隠れた好機などが、いったん距離をおいてふりかえってみることで浮かびあがってくる。これにより、想定外の出来事の「ありうる」意味を見抜くことのできる思慮深さと、この思慮深さを素地とする即興の技量としてのタクトが養われてゆく[8]。実際ヴァン＝マーネンの著作には、生徒の問題行動をとがめる校長や、息子にヴァイオリンの練習をさせたい母親、息子と演奏を楽しむ父親、あるいは孫の問いかけが耳に入らない祖父母、園児の疑問に向きあう教師、なわとびをする児童を眺める教師など、教育者と子どもの関係をめぐる多くの事例が掲載されており、読者の省察に貴重なヒントを与えてくれる。
　ここでは文化祭への不満をもつ生徒役と担任教師役にわかれて、会話形式のロールプレイを行ってみることにしよう（ワーク11−6）。
　このようにあなた自身の経験をふりかえってみたり、これをパートナーとお

---- ワーク11-6 ----

「文化祭とかダルイ」をめぐるロールプレイ

　ペアになり生徒役と教師役にわかれて、生徒役が「文化祭とかダルイんだけど帰ってもいいですか？」と問うところから、5分ほど言葉を交わしてみよう。なぜ「文化祭とかダルイ」という不満が生まれてきたのか、背景は生徒役が自由に決めてかまわない。ロールプレイを終えたら、お互いに生徒や教師として何を感じたり、考えたり、望んだりしていたのか、この経験についてパートナーと意見を交換してみよう。あとで役割を交代してもう一度取り組んでみるのもよいだろう。

◇この場面にタイトルを付けるなら？　「　　　　　　　　　　　」
◇この場面に修飾語（形容詞・形容動詞・擬態語）を付けるなら？
　　　①　　　　　　　②　　　　　　③
◇教師役は何を感じたり、考えたり、望んだりしていただろうか？

◇生徒役は何を感じたり、考えたり、望んだりしていただろうか？

◇ロールプレイをとおして浮かんできた感想や考察

互いに聞きあったりすることにより、児童生徒が不満を漏らすときの心情や背景、教師に求められる的確なはたらきかけなどを、より広い視野と深い実感をもって洞察することができるようになるだろう。また、実際に教師として教育に携わるようになってからは、毎日の教室で起こる出来事や児童生徒との対話などをふりかえることで、ささいなことのように思われた出来事に隠れていた学びの機会や、ありきたりな言葉の裏に秘められた子どもたちなりの想いや願いが、あらためて感得されることもあるはずだ。もちろん、このように自己の経験を省察する際にも、教育の哲学や歴史、方法や教材、子どもの心理や発達、

家庭や社会の諸問題などに関する学問の素養が、重要な基盤と指針を与えてくれることは間違いない。

6．即興のための準備

　想定外の出来事にも準備はできるのか？――この問いに答えるべく本章は、教師の即興の技量としてのタクトの特徴と育成方法を探求してきた。これにより、教育をめぐる理論を学び思想に深く精通すること、教師として日々の教育実践の経験を積み重ねること、理論と思想を導きとしてこの経験の意味を探求することが、教師のタクトを養うための方法として明らかにされた。また、この探求はどこかで終着点を迎えて満足することができるようなものではなく、教師が教師として児童生徒に向きあって生きようとするかぎり、いつも初心に立ち戻って遂行されるべき生涯の課題であることも示された。想定外の出来事にも対処することのできる当意即妙な教師の判断や行動は、実はこのように理論や思想と自己の実践経験の往復を通して学び続ける、日々の非常に地道な「準備」によって支えられ導かれているという点に、タクトの育成をめぐる理論に共通の洞察がある。

注
（１）　cf. Herbart, J. F.: "Zwei Vorlesungen über Pädagogik" in: *Joh. Fr. Herbart's sämtliche Werke: in chronologischer Reihenfolge*, Bd. 1, Langensalza, Hermann Beyer & Söhne, 1887.
（２）　cf. Nohl, H.: "Die Bildung des Erziehers" in: *Ausgewählte pädagogische Abhandlungen*, Paderborn, Schöningh, 1967.
（３）　cf. Muth, J.: *Pädagogischer Takt: Monographie einer aktuellen Form erzieherischen und didaktischen Handelns*, Heidelberg, Quelle & Meyer, 1962.
（４）　cf. Van Manen, M.: *The Tact of Teaching: The Meaning of Pedagogical Thoughtfulness*, Albany/N.Y., State University of New York Press, 1991.
（５）　cf. Herbart, J. F.: "Zwei Vorlesungen über Pädagogik" in: *Joh. Fr. Herbart's sämtliche Werke: in chronologischer Reihenfolge*, Bd. 1, Langensalza, Hermann Beyer & Söhne, 1887.

（6） 教育の工芸モデルと有機モデルに関しては、井藤元編『ワークで学ぶ教育学』ナカニシヤ出版、2015年、第5章を参照。
（7） cf. Muth, J.: *Pädagogischer Takt: Monographie einer aktuellen Form erzieherischen und didaktischen Handelns*, Heidelberg, Quelle & Meyer, 1962.
（8） cf. Van Manen, M.: *Researching Lived Experience: Human Science for an Action Sensitive Pedagogy*, Albany/N.Y., State University of New York Press, 1990.

【読書案内】
①ヴァン＝マーネン（岡崎美智子ほか訳）**『教育のトーン』**ゆみる出版、2003年。
　教育者と子どもの関係をめぐる事例にもとづいて、教師に求められるタクトの特徴を浮かびあがらせた一冊。息子にヴァイオリンの練習をさせたい母親、息子と演奏を楽しむ父親、孫の問いかけが耳に入らない祖父母、園児の疑問に向きあう教師など、さまざまな事例が掲載されている。
②**徳永正直『教育的タクト論』**ナカニシヤ出版、2004年。
　教師のタクトに関する理論の来歴を丁寧に辿り直した好著。ヘルバルトや、ノール、ムート、イプフリングらによるタクト論のほか、シェーラー、ゲーレン、ポルトマン、フリットナーの人間学、ボルノーの稽古論、ロッホの教師論などの特徴を精査。教育関係論の入門書としても最適の一冊。
③**広岡義之『ボルノー教育学入門』**風間書房、2012年。
　人間の生と教育に関わる諸現象をめぐるボルノーの理論を、平易な文体でわかりやすく説いた格好の入門書。教育の目的をはじめ、信頼、ユーモア、教育愛、自立、感謝、言語、危機、出会い、老いと死、練習など、たいへん広いテーマを扱っており、経験の省察のためのヒントも豊富。

（井谷信彦）

第 12 章
教師として学び続けることとは？
教師の研修に求められる省察と協働性

1．はじめに

　教師の仕事は、20歳代前半から60歳ごろまで約40年にわたる。教職課程を履修中の大学生の多くは、20歳前後だろう。皆さんは、いまから約40年後の社会や教育を想像できるだろうか。たとえば、2017年現在、1980年代に入職した教師が退職を迎えている。この40年のあいだに、「冷戦」が終わり、グローバル化が進み、情報化社会となりインターネットが整備され、子どもの生活世界は大きく変わり、日本の学校制度史上はじめて「総合的な学習の時間」が導入され、子どもに育てたい学力もPISAリテラシーに象徴されるように国際水準で検討されるようになった。教師は、変化する社会のなかで学び続けながら、自分の受けた教育経験（被教育経験）や、教師として行ってきた教育経験を超えた課題に応えていくことが求められる。

　では、40年後は難しくとも、あなたが教職に就く初任者のころ（いまから約3年後）と、中堅期にさしかかるとされる、教職に就いて10年目頃（いまから約13年後）の学校を想像できるだろうか（ワーク12-1）。

ワーク12-1

教職に就くころと、教職に就いて10年目ごろの日本の社会と学校教育を予想してみよう。

....
....
....

---

2. 専門家として成長する

専門職としての教師の仕事

　40年にわたる教師の専門家としての成長は、今日の教育改革のキーワードだ。この課題は新しいようで古い。1966年にユネスコ・ILOの「教員の地位に関する勧告[1]」で、「教育の仕事は**専門職**とみなされるべきである。この職業は**厳しい、継続的な研究**を経て獲得され、維持される**専門的知識および特別な技術**」（強調引用者）が要求されるからだと、教職の専門性と、専門性の形成のための生涯学習の重要性が示されていた。それを受けて日本でも、1971年の中央教育審議会答申[2]、1987年の教育職員養成審議会答申[3]で専門職としての教員という表現が用いられて以来、教師の専門的能力の形成が求められてきた。

　その後、グローバル化が進み、知識の高度化および流動化、リスク社会、多文化共生社会へと、社会は大きく変動した。その状況における教師のあり方について、2012年の中央教育審議会答申[4]では、「学び続ける教員」という言葉で、教師の学習が生涯学習であることが示された。生涯学習については、1949年に公布・施行された教育公務員特例法で「その職務を遂行するために、絶えず研究と修養に努めなければならない[5]」とされており、2012年の答申で、専門家として成長するための生涯学習の重要性が明記されたといえる。

教職の専門職性

　では、ILOの勧告で教員の専門的能力としている「専門的知識および特別な技術」とはどのようなものか。教師の専門職性を牽引してきたドナルド・ショーン（D. A. Schön 1930–1997）の省察的実践から考えてみよう。ショーンは、科学的な理論とテクニックを実践へと適用することを専門家の活動とみなす考え方を批判した。教え込みや反復練習などによって、外から与えられた知識やテクニックに従うことが専門家の実践ではないというのだ。それに対して、複雑で困難な

ドナルド・ショーン

状況に遭遇したとき、驚きや困難、混乱を経験しながらも、不確実性のなかで（第8章で詳述）、その状況を省察し、新たな理解を生み、自律的に判断して、適切な行為を臨機応変に導く「洗練された技法（artistry または art）」を専門家の知識と技術ととらえた[6][7]。

　授業で考えてみよう。授業は決められた手続きの遂行や、ルーティンワークではないということだ。日本でも、1996年に発足した教育職員養成審議会で、教員の職務は、「一般に定型的処理になじまず、その都度状況を分析し判断し答を出していかなければならないものが数多く含まれる[8]」と、教師の専門職性が教育実践場面における自律的で即興的な選択・判断にあるとしている（即興性については第11章で詳述）。教職は教師の持ち味や創造性が生かされる仕事である。

熟達化

　熟慮にもとづきながらも即興的に判断し実践を生む「洗練された技法」は、わたしたちの目には「達人の域」として映る。知識やテクニックの適用を前提とするのではなく、現場で有用な知にたどり着く創造的な問題解決のできる実践者を創造的熟達者と呼ぶ。熟達化の過程についてはさまざまなとらえ方があるが、実践者は、初心者から定型的熟達（初心者が経験を積み、指導者なしで自律的に日々の仕事が実行できる段階。学習指導案の計画どおりの遂行はできるものの、想定外の児童・生徒の反応など、計画とのズレが生じた場合や、新奇な状況での対処はうまくいかないことがある。）、適応的熟達（授業の経験を重ね、さまざまなスキルを習得し、状況に応じて、過去の経験や獲得したスキルを適用できる段階）、創造的熟達（授業のなかで省察しながら、当初の見方や計画を変化させ、児童・生徒の学習に応じて文脈を再構成して、新たな方法やわざを見出し、一回性の授業を創造してゆく段階）へと成長していくという[9]。教師は、創造的熟達化に向けて

── ワーク12-2 ──

仕事のうえで、一人前さらに熟達者になるためには、およそ10年以上にわたる練習や経験が必要であるといわれる[10]。教師の熟達化のための学習方法には、どのような方法があると考えられるだろうか。

....
....

学び続けることができるし、創造的熟達の域に終わりはない。まさに生涯学習なのである。

では、いまの研修は、どのような教師を育てる制度になっているのだろうか。

3．研修のかたち——制度としての研修と自主的な研修

教師の研修制度

教師の研修は、さまざまな場と機会を通して進められる。大きくは、制度としての研修と、学校や教師による自主的な研修に分けることができる。戦後、日本の教師の研修は、文部（科学）省、地方教育委員会の推進する、研修システムの制度化を基盤として展開した。制度としての研修をみていこう。

制度としての研修は、大きく三つある。

一つ目は、学習指導要領改訂のたびに行われる研修である。1958年の改訂により、それまでの「試案」としての性格から法的基準性をもつものへと解釈が改められて以来、約10年おきに、文部（科学）省から都道府県の教育委員会、市町村の教育委員会につながる行政のネットワークにより、学校にトップダウンのかたちで改訂の内容が伝達され、教科書もそれに合わせて変えられてきた。

二つ目は、1986年の臨時教育審議会答申で教員の研修が強調されて以後、

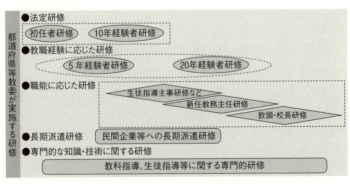

図12-1　各ステージの教員研修

出所）『魅力ある教員を求めて』文部科学省。

制度化されてきた、初任者研修、5年経験者研修、10年経験者研修、生徒指導主事研修、新任教務主任研修、教頭・校長研修といった、各ステージの研修である（図12-1参照）。2009年には教員免許更新制も導入された。

　三つ目は大学院での研修である。「学び続ける教員像」を提唱した2012年の答申では、教員養成制度を大学院修士課程で完結する「修士レベル化」が提言された。修士レベルの主たる教員養成機関として、従来の大学院に加えて、教職大学院の創設が進められてきた。大学院には本人の希望により休職して入学することも可能だが、校長等の推薦を経て教育委員会からの派遣が主となっている。

　この半世紀のあいだ、国、文部（科学）省が積極的に研修の制度をつくり、教育委員会もそれを受けて制度化を進めてきた。

授業研究を中心とした校内外での自主的な研修

　日本における授業研究を中心とした自主的な研修の起源は、日本に学校が成立した明治時代にさかのぼる。戦前の歴史には、授業定型を普及させる授業研究と、大正期の新教育運動に代表されるような、授業を創造的ないとなみへと開く授業研究とがみられた。いずれにおいても、校内での授業を中心とする研究会であったことが特徴である。その伝統は、戦後も受け継がれた。

　それがいま、衰退しつつあり、学校や教師の自主的な研修の活性化が課題となっている。学校をベースに、隣のクラスの教師から学ぶ、先輩から学ぶ、同僚から学びあう、それを自主的にやろうとすることは教師の研修において重要なことである。また、日本の教師は、職能開発への動機づけが高く、自主的な研修への意欲も高い。OECD（経済協力開発機構）が2013年に実施した「OECD国際教員指導環境調査」の結果をみてみよう。表12-1は、「以下の

―― ワーク12-3 ――
研修の制度化を進めてきたのに対して、今日、学校・教師の自主的な研修の活性化が課題とされているのはなぜか、考えてみよう。
....
....

表12-1　各国の教師が感じている専門性開発のニーズ

国　名[*1]	担当教科の分野に関する知識と理解	担当教科等の分野の指導法に関する能力	各教科で共通に必要な能力に関する指導（問題解決能力、学び方の学習など）	生徒の評価や評価方法	個に応じた学習手法	特別な支援を要する生徒への指導[*2]	生徒の行動と学級経営	生徒への進路指導やカウンセリング
	% (S.E.)	% (S.E.)	% (S.E.)	% (S.E.)	% (S.E.)	% (S.E.)	% (S.E.)	% (S.E.)
オーストラリア	2.4 (0.5)	2.8 (0.5)	3.1 (0.4)	3.3 (0.4)	6.2 (0.8)	8.2 (0.8)	3.8 (0.6)	5.9 (1.0)
ブラジル	6.7 (0.4)	6.9 (0.4)	19.0 (0.6)	10.2 (0.4)	12.0 (0.4)	60.1 (0.9)	19.6 (0.8)	36.0 (0.8)
フィンランド	3.8 (0.4)	3.4 (0.4)	4.3 (0.5)	3.9 (0.4)	8.3 (0.6)	12.6 (0.8)	7.8 (0.6)	1.5 (0.3)
フランス	5.4 (0.4)	9.2 (0.6)	11.2 (0.7)	13.6 (0.7)	19.1 (0.9)	27.4 (0.9)	9.3 (0.7)	20.5 (0.9)
イタリア	16.6 (0.7)	23.5 (1.0)	22.3 (0.7)	22.9 (1.0)	22.1 (0.8)	32.3 (1.0)	28.6 (1.0)	18.7 (0.8)
日本	51.9 (0.9)	56.9 (0.9)	34.5 (1.0)	39.6 (0.9)	40.2 (0.9)	40.6 (1.1)	43.0 (0.9)	42.9 (0.9)
韓国	25.2 (0.9)	31.3 (1.0)	27.5 (1.0)	25.3 (1.1)	25.1 (0.9)	36.0 (1.0)	30.4 (1.1)	42.6 (1.1)
オランダ	6.9 (0.7)	5.6 (0.6)	6.8 (0.7)	6.6 (0.8)	14.0 (1.0)	10.7 (0.9)	9.0 (1.0)	6.4 (0.7)
イングランド（イギリス）	1.8 (0.3)	1.6 (0.3)	3.6 (0.5)	2.4 (0.4)	3.4 (0.4)	6.4 (0.6)	2.9 (0.5)	5.7 (0.4)
アメリカ	1.6 (0.3)	2.2 (0.4)	4.7 (0.8)	4.2 (0.7)	5.1 (0.7)	8.2 (1.0)	5.1 (0.6)	4.3 (0.7)
参加国平均（34カ国・地域）	8.7 (0.1)	9.7 (0.1)	11.0 (0.1)	11.6 (0.1)	12.5 (0.1)	22.3 (0.2)	13.1 (0.1)	12.4 (0.1)

*1：34カ国中、先進国、北欧、南米、アジアから、日本を含めた10カ国を選出した。
*2：「特別な支援を要する生徒への指導」とは、精神的、身体的又は情緒的に困難な条件にあることによって、特別な学習を行う必要性が公式に認定されている生徒への指導をいう。

出所）国立教育政策研究所、2014年、130-131頁。

各領域について、それぞれどの程度、職能開発の必要性を感じていますか」という質問に対して、「高い」と回答した教師の割合である。日本の教師は、掲載したすべての領域で参加国平均を上回る高いニーズがあることがわかる。

では、何が校内研修や教師の自主的な研修の活性化を阻んでいるのか。

4．校内研修や自主的な研修の活性化を阻むもの

研修の制度化

まず挙げられるのは、研修の制度化にともなう、教師の課題である。

教育行政の集権的体制のもとで学習指導要領が約10年おきに変わること、その内容は上から下へ伝達されていくことにより、教育内容を所与のものとして受け止めるメンタリティ、研究というのは文部（科学）省が決めた方針を研修でマスターすることだと思ってしまう研究というものに対する考え方、研究

観が教師にできてしまったことが深刻な問題である。

　トップダウンによる内容の改訂とその伝達、普及によって、教師にとって研修は"与えられるもの"となり、教師の仕事は、理論やテクニック、スキルの適用にもとづくものとなる。そうなると、自主的な研修は生まれにくくなる。だが、それでは教育内容と方法の選択における教師の自律性は退化し、教師の成長は定型的熟達ないしは適応的熟達にとどまるのではないだろうか。

教師の多忙化

　二番目は、教師の多忙化である（第8章で詳述）。多忙になり授業準備に時間をかけることができなくなると、教師は、一つの課題にゆったりと取り組むことができず、児童・生徒に教育内容を効率よく伝えるということが先になってしまう。教材研究は、じっくり考えたり探求したりすることがあってはじめて面白くなるものだが、限られた時間で浅薄な内容を伝えようとすれば、授業の面白さそのものが失われることになるし、さらに、さまざまな雑事や問題対応に追われて、授業の本質ではない部分で忙しくなってくれば、教師の仕事は空回りしたり、形式化する危険性がある。

マニュアル依存

　三番目に、受け身になり、忙しくなり、空回りしていくと、日々の授業をとにかくこなさざるをえなくなる。こなすためにはマニュアルに頼りがちになる。1958年に学習指導要領が法的基準性をもつものとなって以来、教科書も、学習指導要領にもとづく検定制度のもとで作成され、教師の指導書への依存も進行した。現代は、インターネットを介して、苦労しないでさまざまな情報を得られる。このようにして、教材や方法に関する情報に安易に依存することによって、教師の創造性が弱められていく。創造的な授業づくりをしたいと思っていても、あまりに多忙なため、つい指導書やマニュアルに頼ってしまうという状況もある。

実践と研究方法の継承の難しさ

　校内研修や自主的な研修の機能が弱体化している理由として、四番目に、教

師の年齢構成の変化も挙げられる。教師集団の人口変動の進行をみると、2005年あたりから、1970年代に大量入職した世代の教師が定年退職していくと同時に、大量の新しい若い世代が入職している。初任教師や若手教師は熟達教師の実践や研究方法を継承する機会を得にくくなっている。そのうえ、2007年の学校教育法の改正で、職位として「副校長」「主幹教諭」「指導教諭」が登場し、教師集団が多層化されたライン構造の集団へと変貌し、教職に就いて10年程度で、実践力が熟達しないまま学級担任や授業を離れる教師が増えていることも、教師同士の研修を弱体化させる要因になっている。

　行政研修の体系化にともなう教師の研修に対する受け身のメンタリティの形成や、教師の多忙化が進行するなかで、学校・教師の自主的な研修の活性化という課題は、授業研究の本来の目的のもとで、授業を創造することの豊かさ、楽しさをとりかえすことを意味する。今日、教師1人ひとりが研修のあり方についてとらえ直し、教師という仕事の本質をとらえることが重要になる。そのためには、教師と学校の時間的・精神的なゆとりが切実に求められる。校長・教頭は、雑用や形式的な会議を整理し、教師が本質的な仕事を中心にして働ける条件や体制を学校のなかに作り出すことが大切である。

5．実践（授業）の創造に向かう研修

　自主的な研修の活性化に向けて、研修の質を吟味することも重要である。次に、専門家としての自律的な研修に大切なことを考えていこう。

省察（リフレクション）
　「学び続ける教員」という教師像は、教師が個人の次元で社会状況の急変に対応して自己のあり方を変化させることを現代の社会が教師に要請していること意味している。しかし、研修の制度化でみたように、その内実は、社会の急速な進展のなかでの課題や問題に応えるために、絶えず知識を更新し続け、新しいスキルやテクニックを速やかに習得し、目に見える成果を生み出し続けるというフレキシブルな対応に止まりがちである。

　それに対して、省察に軸足を移すことが重要である。ショーンの反省的実践

家（リフレクティブ・プラクティショナー）という言葉に示されるように[11]、実践者は、専門性の中核である自律的で即興的な選択・判断を省察しながら「洗練された技法」を磨き、熟達化していく（反省的実践家としての教師については第17章で詳述）。

省察の出発点は、児童・生徒の課題を教師自身の課題としてとらえることにある。『陽のあたる教室』という映画がある。主人公のグレン・ホランドは、作曲家になる夢を諦めきれず、作曲の時間をつくることと生活のために高校の音楽教師になる。着任当初は、クラシック音楽が中心の学校

出所）DVD『陽のあたる教室』20世紀フォックス・ホーム・エンターテイメント・ジャパン、2009年。

のカリキュラムに興味を示さず、楽器演奏も未熟な生徒たちを前に、ホランドは嘆く。しかし、「人を惹きつけることができなければ音楽ではない」と、生徒の課題を音楽家としての自身への課題として引き受け、ビートルズなどのロック音楽を取り入れた授業を行い、生徒が音楽を楽しむように誘っていく。ショーンが、反省的実践家としての教師は、「子どもが学習でつまずくとき、それを子どもの欠点としてではなく、「自分自身の教え方」に問題があるととらえる[12]」と述べていることに通じる。それが省察的になることの出発点である。

省察の重要性——経験することの両義性

省察的実践は、省察しつつ実践すること、すなわち、実践のふりかえりを通して発見した課題や理解を次の実践行為へとつなげていくことである。

授業でいうと、図12-2のように、実践の省察による自分自身の変化を媒介とした二重のサイクルのなかで教師は成長すると考えられている[13]。

一つ目のサイクルは、〈実践のなかの省察（reflection in action）〉である。題材の理解と学習の目的・目標の理解、児童・生徒理解のもとに授業案を構想し、個別的・複合的な状況のなかで授業を行い、評価するという一連の実践のなかで、省察がなされる。このモデルは、教育実践には「洗練された技法」という

163

「技術知」が求められるのだが、それには省察をともなうということを示している。

実践のなかの省察を通して「洗練された技法」や知識を磨くというと、授業をどのようにすればうまくいくかとか、どういうふうにすれば授業を通して児童・生徒の学習を保障できるのか、といったレベルの問いにみえる。それは、教員養成、採用から現職者研修まですべての段階で、教職の中核部分とされる、教科指導、生徒指導・学級経営、進路指導等の実践的指導力を育成することにみえる。

そういうレベルの問いもあるが、実践のなかの省察は、なぜ、この授業なのか、この授業は何を帰結するのかといったことを、省察的にとらえて吟味することもつねに含んでいる。そういう問いを不断に発しながら、実践の方法とどう統一していくのか、そういう視点から実践の経験を省察的に見ていく次元が、二つ目のサイクル、実践行為を基礎づけている自分自身の経験の枠組みを問い直す〈実践についての省察(reflection on action)〉である。

経験は重要だといわれる。わたしたちは、自分の経験にもとづくとき、実感をもって熱く語ることができる。教師は教師になる以前に、1万1700時間以上[14]の授業を経験しており、学生でも自分なりの授業観が形成されている。わたしたちは、その経験を、しばしばほかの人にも当てはまるものと考えて一般化してしまうことがある。また、自ら目指したい授業を言葉で語り、実践しているつもりでも、授業を丁寧に省察すると、暗黙のうちに自分のこれまでの教育経験の枠組みで実践をしていて、目指したい授業とは異なる実践になっていることがある。自分の経験の過度な「一般化」に陥ってしまっていないか、自分の経験が無意識のうちに実践を規定していないか、素朴な授業観を振り返り吟味することも、教師が学んでいくうえで重要となる。

ワーク 12-4

自分が目指したい具体的な授業イメージを交流し、児童・生徒にとって「良い授業」とは何かを考え、自分の授業観を見つめてみよう。

....
....

第12章　教師として学び続けることとは？

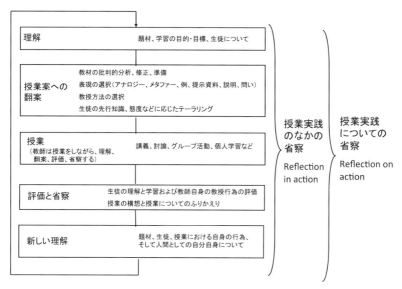

図12-2　授業の省察的実践のモデル

出所）Shulman 1987をもとに筆者作成。

模倣

　実践において、省察は実践行為につながっている。しかし、省察を通して得た理解と実践行為が相即しているとは限らない。また、まだ気づいていない自らの経験の枠組みは、自分の理解とは別に、教室での実践行為を規定しているかもしれない。では、省察と実践行為をどのように相即していくのか。

　学校コミュニティ内の先輩教師がメンターとなって自らモデルを示し、初任者や若手教師がそのモデルを模倣することによって、実践のスタイルと「洗練された技法」を継承するメンタリングという方法がある。メンタリングは初任者研修の方法として制度化されている。メンタリングにおいて、図12-2の一連の過程で、後述するケース・メソッドを協働で行うことが初任者にとって有効だとされている。それにくわえて、メンタリングによる変化や成長を初任者や若手教師が語るとき、特徴的なことは、メンターへの尊敬を抱いていることである[15]。これは、師匠あるいは参加する状況への価値的な主体的コミットメントを前提とする「威光模倣」による学びの重要性を示している。威光模倣とは、学習者自身が師匠および師匠の実践を「善いもの」として認識しつつ模

倣に専心することを通した学びである(16)。メンタリングと威光模倣は、模倣による学習という点で共通しているが、模倣対象の選択という点で異なる。威光模倣は、学習者自らが選択した師匠に主体的にコミットメントするが、初任者研修のメンターはそれを前提としない。初任教師はメンターを選ぶことはできず、自分が尊敬するメンターに出会えるかどうかは偶然性に委ねられるのである。それは、教員養成におけるインターンシップや教育実習の際の指導教諭との関係でも同様である。創造的熟達者を目指すとき、メンターとなる先輩教師との出会いは、教師の成長において重要な要素になるだろう。では、どのようにして、威光模倣の対象にしたい師となるメンターと出会えるだろうか。

ケース・メソッド（事例研究）

　省察と模倣をコアとした教師の研修の方法として、授業のケース・メソッドに注目したい。ケース・メソッドは、日本の教育実践の歴史において、自主的な授業研究の場で受け継がれてきた方法であるし、海外では教員養成へのケース・メソッドの導入も提唱されている(17)。

　授業のケース・メソッドでは、観察や映像を通しての授業の事実にもとづき、参加者が、具体的に自由に1人ひとりの判断にもとづく把握を表現し、交流しあい、それぞれの理解を深め、自分の考えを発展させていく。それは、教師1人ひとりが主体となり、何のために教えるのか、なぜこの教材で教えるのか、なぜこの方法で教えるのかを問い、さらにその授業が児童・生徒にとってどのような意味をもっているかを問い、授業を検討する研究である。学生も教師の立場に身を置き、題材、学習の目的および児童・生徒についての理解のもとに授業案を構想し、授業を行うように事例を見て、授業を省察できる。そこで実践の多様性、豊かさを味わい、また批評を通して新しい実践が生み出されていく。まさに、サイクルになるのである。

授業のケース・メソッドは、図12-2のサイクルを参考に1人でもできるが、協働で行うことも重要である。事例の授業者とともに行えば授業者の行為や判断の意図も交流できるし、他の参加者と協働で行えばさまざまな授業の見方を交流できる。そのなかで他者の判断や行為を模倣することもできる。また、実践者と研究者が実践の状況に身を置きながら対話し、実践の場における自分の思考様式を明らかにしていくことによって、それぞれの授業認識、実践認識を発展させ、実践の認識論として再構築していく省察的研究にもなる。

　ただし、ケース・メソッドをつねに固定したメンバーで行っていると、固有の授業認識の仕方を共有するものに向かいがちになることもあるだろう。実践は、個人の恣意にまかされるものではないため、多元性を弱体化させないためにも、さまざまなコミュニティで行うことも重要である。多様な授業を見ることで、自分が威光模倣の対象としたい教師との出会いにもつながるだろう。

　文科省の答申のとおり、「教員は、日々の教育実践や授業研究等の校内研修、近隣の学校との合同研修会、民間教育研究団体への研究会への参加、自発的な研修によって、学び合い、高め合いながら実践力を身に付けていく[18]」のだ。

―― ワーク12-5 ――
仲間や先輩、大学教師たちと授業映像を用いたケース・メソッドを行ってみよう。授業映像は、模擬授業を撮影したもの、市販のもの（例：NHK「わくわく授業――わたしの教え方」）、貸し出されているもの（例：日本児童教育振興財団のビデオライブラリー）を活用してみよう。

6．教師としての学びへの移行

　最初の問いに戻ろう。いま（2017年）、20歳前後の読者が2020年に教師になる頃には、次の学習指導要領が施行されている。2020年実施（2018年告示）の改訂では、道徳が特別な教科となる。また、子どもに育てたい学力は、リテラシー・ベースからコンピテンシー・ベース[19]へと移り、「主体的・対話的で深い学び」（アクティブ・ラーニング）の導入が検討されている。皆さんは、コンピテンシー・ベースの教育、児童・生徒の主体性や協働性を育てる教育をど

のようにとらえ、実践を構想するだろうか（ワーク12-6）。

ワーク12-6

1）自分が小・中・高校時代の学習指導要領を調べ、改訂の要点をまとめ、自分が受けてきた学校教育の特徴を検討してみよう。

2）最新の学習指導要領で示される方向（たとえば、コンピテンシー・ベースの教育や「主体的・対話的で深い学び」（アクティブ・ラーニング））の教育事例を探し、自分が受けてきた授業の事例と比較してみよう。

注

（1） UNESCO・ILO *Recommendation concerning the Status of Teachers*, 1966.

（2） 文部科学省HP　審議会情報　中央教育審議会「今後における学校教育の総合的な拡充整備のための基本的施策について（答申）（第22回答申（昭和46年6月11日））」。http://www.mext.go.jp/b_menu/shingi/chuou/toushin/710601.htm（閲覧日：2015年7月26日）

（3） 文部科学省HP　審議会情報　教育職員養成審議会「教員の資質能力の向上方策等について（答申）」。http://www.mext.go.jp/b_menu/shingi/old_chukyo/old_shokuin_index/toushin/1315356.htm（閲覧日：2015年7月26日）

（4） 文部科学省HP　審議会情報　中央教育審議会「教職生活の全体を通じた教員の資質能力の総合的な向上方策について（答申）」。http://www.mext.go.jp/b_menu/shingi/chukyo/chukyo0/toushin/1325092.htm（閲覧日：2015年7月26日）

（5） 文部科学省　教育公務員特例法等の一部を改正する法律案（新旧対照表）。www.mext.go.jp/b_menu/houan/an/detail/_icsFiles/afieldfile/2016/10/19/1377981_04_1.pdf（閲覧日：2016年12月8日）

（6） ドナルド・ショーン（柳沢昌一・三輪建二監訳）『省察的実践とは何か──プロフェッショナルの行為と思考』鳳書房、2007年、51頁。

（7） 佐藤学・佐伯胖・汐見稔幸・上野一彦・宮腰誠・近藤邦夫「〔討論〕教師が専門的に成長すること」佐伯胖・汐見稔幸・佐藤学編『学校の再生をめざして』東京大学出版会、1992年、135-161頁。

（8） 文部科学省HP　審議会情報　教育職員養成審議会「新たな時代に向けた教員養成の改善方策について（教育職員養成審議会・第1次答申）」http://www.mext.

go.jp/b_menu/shingi/old_chukyo/old_shokuin_index/toushin/1315369.htm（閲覧日：2016 年 5 月 6 日）

（9） 楠見孝「実践知の獲得――熟達化のメカニズム」金井壽宏・楠見孝編『実践知――エキスパートの知性』有斐閣、2012 年、33–57 頁。

（10） Ericsson, K.A.（ed.）*The Road to Excellence*, Lawrence Erlbaum Associates, 1996.

（11） リフレクション（reflection）という用語は「省察」のほかに「反省」とも訳される。

（12） ショーン前掲書、68 頁。

（13） 羽野ゆつ子・堀江伸「実践のサイクルをコアとした教員養成――芸術系私立大学における教育実習の事例を中心に」『日本教師教育学会年報』第 16 号、2007 年、142–152 頁。

（14） 平成 20 年小学校学習指導要領総則、中学校学習指導要領総則、平成 21 年高等学校学習指導要領総則の授業時数を合計した。小学校は 5645 時間（1 単位時間は 45 分）、中学校は 3045 時間（1 単位時間は 50 分）、高等学校は 3045 時間（1 単位時間は 50 分）である。

（15） 坂本篤史・秋田喜代美「教師」金井・楠見編『実践知』174–193 頁。

（16） 生田久美子・北村勝朗編『わざ言語――感覚の共有を通しての「学び」へ』慶応義塾大学出版会、2011 年。

（17） Shulman, J.H.（ed.）*Case Methods in Teacher Education*, New York & London, Teachers College Press, 1992.

（18） 文部科学省 HP 審議会情報　中央教育審議会「教職生活の全体を通じた教員の資質能力の総合的な向上方策について（答申）」。http://www.mext.go.jp/b_menu/shingi/chukyo/chukyo0/toushin/1325092.htm（閲覧日：2015 年 7 月 26 日）

（19） コンピテンシーとは、唯一の正解は存在しないという前提のもと、その状況における「最適解」をその都度自力で、あるいは多様な他者と協働して生み出すべく、知識を豊かに創造し活用する資質・能力のこと。

【読書案内】
①ドナルド・ショーン（柳沢昌一・三輪建二監訳）『省察的実践とは何か――プロフェッショナルの行為と思考』鳳書房、2007 年。
　「省察的実践」の出発点となる本。教師をはじめ、さまざまな専門職の事例をもとに、専門家が省察によって育てる「洗練された技法」を描き出している。
②稲垣忠彦・佐藤学『授業研究入門』岩波書店、1996 年。

授業という実践の構造、日本における授業研究の歴史、ケース・メソッドの意義と事例が紹介されている。授業のケース・メソッドを行う際に必読の書。

③**金井壽宏・楠見孝編『実践知——エキスパートの知性』有斐閣、2012年。**

営業、教師、看護師、アートなど多様な仕事の世界における実践知、それぞれの道で達人になるための熟達化について解明を試みている書。

参考文献

稲垣忠彦『教師教育の創造』評論社、2006年。

国立教育政策研究所『教員環境の国際比較 OECD 国際教員指導環境調査（TAILS）2013年調査結果報告書』明石書店、2014年。

広田照幸『教育は何をなすべきか——能力・職業・市民』岩波書店、2015年。

文部科学省　魅力ある教員を求めて。www.mext.go.jp/a_menu/shotou/miryoku/03072301/001.pdf（閲覧日：2016年7月26日）

Shulman, L. S. "Knowledge and teaching : Foundations of the new reform," *Harvard Educational Review*, 57, 1987, pp.1-22.

（羽野ゆつ子）

第13章
保護者とつながるには？
「モンスターペアレント」を考え直す

1．「教師にはなりたいけど保護者と関わるのが怖い」
　　——「モンスターペアレント」への不安

　学校教育に関わる人について考えるとき、真っ先に思い浮かぶのは、「児童・生徒」と「教師」であるだろう。しかし、「保護者」もまた、その協力者として重要な役割を担う存在であることは言をまたない。このことは、教育基本法第13条では、「学校、家庭及び地域住民その他の関係者は、教育におけるそれぞれの役割と責任を自覚するとともに、相互の連携及び協力に努めるものとする」という言葉で示されているし、学習指導要領の総則でも、各学校が、「家庭との連携を図りながら」、児童や生徒の学習習慣が確立するよう配慮しなければならない、という仕方で明示されている。
　だが、同時に保護者との関係は、学校での教育を考えるうえできわめて難しい問題をはらんでいることも事実である。2005年に、教育制度学を専門とする小野田正利が関西3地区の校長・教頭を対象に行った「保護者対応の現状に関する調査」の結果を参照してみると、「あなたは「保護者対応の難しさ」を常日頃感じておられますか？」という問いに対し、「大いに難しさを感じる」と回答したのが全体平均で38パーセント、「少し難しさを感じる」と合わせれば90パーセント、という高い数値が示されている[1]（図13-1）。
　かつて、筆者の講義を受講していたある学生が、「教師にはなりたいけど保護者と関わるのが怖い。だから、教職の授業を取ってはいるが、実際には教員採用試験を受けないと思う」といった内容を、授業へのコメントペーパーに書いてくれたことがあった。もしかすると、この学生は、身近な人から上のような教師の現状を聞き、そのためにこのような不安を抱えることになったのかもしれない。しかし、そこにもっとも大きな影を落としているのは、やはり「モ

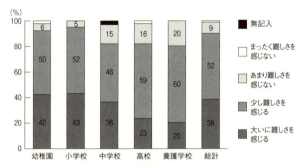

図 13-1　学校種別にみた「保護者対応の難しさ」を感じる割合

出所）小野田正利『悲鳴をあげる学校——親の"イチャモン"から"結びあい"へ』旬報社、2006年、52頁。

ンスターペアレント」の存在ではないだろうか。

「モンスターペアレント」という言葉は、皆さんもどこかで一度くらいは耳にしたことがあるだろう。「学校に理不尽な要求を突きつける親」といった意味で[2]、2007年ごろからわが国で使われ始めた。2008年には、米倉涼子主演のドラマの主題になったことでさらに全国的に普及し、その後もワイドショーなどで繰り返し取り上げられるテーマとなっている。

こうした、主にテレビやインターネットなどのメディアで語られる「モンスターペアレント」（「モンペ」、「モンペア」と略されることもある）のエピソードには、いわゆる「常識的な」視点から見ると目を疑いたくなるようなものも多い。先の学生がこれらの話をどこかで聞いていたとするならば、「保護者と関わるのが怖い」という気持ちが生じてしまうのも無理のないことであるだろう。

ではここで、次の節の内容に入る前に、皆さんが「モンスターペアレント」と聞いて思い浮かぶエピソードを挙げてみてほしい（ワーク13-1）。テレビなどで耳にした内容でかまわないので、できるだけ具体的に出し合い、そのなか

ワーク13-1

「モンスターペアレント」と聞いて思い浮かぶエピソードを具体的に挙げてみよう。

で、わたしたちが保護者との関係づくりのどんなところに不安を感じているのかを意識化することから始めよう。

２．学校に突然現れた「モンスター」？
──保護者と学校の関係の歴史的変化

　前節のワークでは、どのようなエピソードが出されただろうか。それはたとえば、下に挙げる、漫画『ハガネの女』のワンシーンのようなものであったかもしれない。次々と担任が辞めていく、ある公立小学校の「問題クラス」で新担任になった芳賀稲子・通称「ハガネ」は、先入観から、担任クラスのある児童１人を叱ってしまい、保護者から詰め寄られる。ここで保護者が発しているトゲトゲしい言葉や、その怒りの表情は、おそらく、世間で「モンスターペアレント」のイメージとして共有され、教員志望の学生たちの多くが不安を感じているものの典型例であるだろう。

　ただ、いま、確認してきた保護者たちは、本当に「モンスター」なのだろうか？　自分たち「まともな人間」とは異質な、おかしな「モンスター」のような保護者が最近は増えていて、教師は、その人たちと「戦って」いかなければならない、ということなのだろうか？　この問題を考えるにあたり、本節では、歴史の流れのなかで、保護者と学校の関係がどう変化してきたのかを概観してみたい。

　教育社会学者の広田照幸によれば、近代学校のシステムが日本に入ってきたばかりの明治初期においては、貴重な労働力である子どもを手放したくないなどの理由で学校に対する反発があったが(3)、いったん子どもたちが学校へ通うという慣行が定着してしまうと、高度経済成長期（1950年代半ば～1970年代はじめごろ）までのあいだ、学

図13-2　「モンスターペアレント」のイメージとは？
出所）深谷かほる『ハガネの女』１巻、集英社、113頁。

校は、地域や家庭よりも、文化的に「一歩進んだ存在」であり続けていたという。また学校は、地域の人々を、村での伝統的なライフコースから脱出させてくれる装置でもあった[4]。

しかし、高度経済成長期を経て、地域や家庭の文化水準が高まっていくと、むしろ、学校は時代から遅れた存在になってしまう。学校が、ハンカチやちり紙を持ってきたかどうかを検査しなくても、子どもたちは身だしなみに気をつかうようになったし、学校で集団的行動を強制しているうちに、社会では、フレックスタイム制の導入など、仕事の個人化・個別化が進んでいったのである[5]。このように、学校の地位が次第に低下していったのと並行して、人々のあいだに、「家庭こそが子どもの教育やしつけの最終責任者である」という自覚が芽生えてきた（60年代後半には、「教育ママ」という言葉が流行語にもなった）。こうした変化のなか、1970年代に入るころから、家族と学校の力関係が逆転し、家族の方が優勢になってきたとされる[6]。学校は、「教育する家族」に従属させられるようになり、現代にまで至っているというのである[7]。

さて、このようにみてみるとき、「モンスターペアレント」のエピソードとして語られる出来事が起こるのは、「まとも」でない「モンスター」のような保護者が最近になって突然現れたからなのではないことがわかる。それは、時代の流れのなかで必然的に生じてきた、保護者と学校の「関係のあり方」の変化を示している。そして、この変化は、保護者が学校に対し対等にものが言えるようになったという意味で、冒頭に述べた「学校と家庭の連携」にとっては、むしろ望ましい面をもつとさえいえるものではないだろうか。

3．関係のつくられ方の問題としての「モンスターペアレント」
——「モンスター」ではなく「イチャモン」として

前節で参照した広田は、別の本では、「モンスターペアレント」の背景に、歴史的な事情だけではない、「学校に固有の事情」があるとして、以下の3点を指摘している[8]。①共有された学校体験（誰でも学校教育を受けた体験をもっているため、学校の仕組みをある程度は理解している。このため、学校に対して、具体的な要求や苦情を出しやすい）、②認識・情報の歪み（保護者は、学校で何が起きたのかについては、その場に居合わせていないため、間接的に知るしかない。

親のあいだのネットワークや、わが子からの話が主要な情報源となるため、情報の歪みや偏りが生じやすい）、③公教育は相手を選べない（公教育は、すべての子どもを受け入れるため、どのような価値観をもつ保護者であっても受け入れることになる。にもかかわらず、上でみたように、高度経済成長期以降、学校は文化的に優位なポジションを維持できなくなってきたため、保護者に対し、「上から目線」で考えを改めるように言うことは難しい）。

　以上のような事情からも、「モンスターペアレント」のエピソードは、ある特定の保護者「個人」がおかしかったり、悪人だったりするために起こったものなのではなく、さまざまな理由から、保護者と教師（学校）の「関係」のつくられ方が、こじれてしまったことによるものだということができるだろう。

　このように、「モンスターペアレント」を「個人」の問題ではなく「関係」の問題としてとらえ直すために、第1節でも参照した小野田は、それを、別の言葉を使って表現することを提案している。それが、「イチャモン」という言葉である。ある保護者を「モンスターペアレント」とみなすことは、その保護者の人間性そのものを否定することであるし、また、都合の悪い保護者を一方的に批判して、教師である自分自身の態度やミスに無反省になる危険にもつながりやすい。これに対し、「イチャモン」は、保護者の言葉や行動の難しさを指しているのであって、人そのものを否定する言葉ではないためである[9]。

　こうした視点から、小野田は、たとえ保護者がトゲトゲしい言葉をぶつけてきたとしても、その言葉や態度そのものにとらわれず、そこに本当の要求や思いがあるとは限らないことに目を向ける必要があるという。教師の側が、ひと呼吸置いて、「主たる訴えは何か」、「怒りの背景に何があるか」を探ろうとすると、たとえばその背景には、家庭でわが子との関係がうまくいっていないことへの不安や、これまでの学年のあいだに蓄積していた、学校に対する不満が隠されていることも少なくないのである[10]。

　ワーク13-1でみたような「モンスターペアレント」のエピソードを「イチャモン」としてとらえ直すことで、その出来事を、さまざまな事情（学校での出来事や、教師としての自分の態度なども含む）が複雑にからまった「結び目」に現れた事柄としてみることができれば、そこには、「わかり合えない」と思われた保護者ともつながっていくための、糸口が見えてくるかもしれない。

ワーク 13－2

「モンスターペアレント」ではなく、「イチャモン」として状況をとらえるよう気をつけるとき、保護者との関わりにおいて、どのような点に配慮が必要だろうか？　例として、学校で問題を起こした児童・生徒の保護者と校内で面談を行う場合を思い浮かべ、「○○をしないようにする」、「○○をしてみる」など、できるだけ具体的に考えてみよう。

....
....
....

4．保護者に「あなた」と呼びかける姿勢
　　——「テクニック」の根底に求められることとは

　前節のワークでは、どのようなアイデアが出されただろうか？　たとえば、「相手の話を頭から否定しない（「そんなことは絶対にありえません！」と言われてしまうと、保護者はそれ以上、話す気がしなくなってしまうかもしれない）」、「自己弁護のために、話の腰を折らない（「ちょっと待ってください、私の意図はそうではなく……」という言い方をすれば、お互いのあいだに敵対心が煽られやすい）」、「話し合いの場に、お茶やお茶菓子を用意する（保護者が、学校から拒否されていないというメッセージを受け取ることで、話し合いの場の雰囲気を穏やかにする助けになる）」など、さまざまなアイデアが出されたのではないだろうか。いずれにしても、保護者と学校が協力して教育を行っていくためには、保護者との関係が難しくなったことを保護者「個人」の問題にして片づけてしまわないこと、保護者と教師（学校）の「関係」の問題と捉えて、お互いに納得できる着地点を見つける、という目標に向けた工夫が重要になるといえるだろう[11]。

　こうした、教師の側が具体的に気をつけるべきポイントについては、多くの本が出版されているし、いくつかの教育委員会が作成している保護者対応マニュアルをウェブ上で読むこともできるので、ぜひ、そういったものを参照してみてほしい。ただ、そのうえで、わたしたちが気をつけなければいけないのは、「何がいい対応か」はケースごとに異なるのであって、マニュアルだけで決められる部分には限界がある、ということである。

たとえば、先にみた「ハガネ」こと芳賀先生は、関係の悪化した保護者に対し、自身の見方に誤りがあったことを素直に認めて謝罪し、関係を好転させる。しかし、この態度には、「教師の側が弱みをみせることで、保護者の要求がさらにエスカレートするのでは」と危惧する声もあるだろうし、実際に、この対応によって、両者の関係がさらに悪化する危険性もゼロではなかったはずである。

図13-3　保護者と向き合う
出所）深谷かほる『ハガネの女』1巻、集英社、171頁。

ただ、ここで重要なのは、芳賀先生が、相手の保護者を「モンスターペアレント」という枠に当てはめて、その枠からみることをしていない、というところではないだろうか。ある人を、わずかな情報から過度に一般化した枠のなかに当てはめ、「○○だから、あの人は△△なんだ」と、その枠の方から決めつけること、これは、「ステレオタイプによるカテゴリー化（一般化）」と呼ばれ、差別のまなざしと同じ構造をもつものである[12]。これに対し、芳賀先生は、相手のこれまでの自己中心的な言動や、攻撃的な態度をいったん脇に置いて、1人の人間として保護者と向き合ったのである。

ブーバー（Buber, M. 1878-1965）の言葉を借りるならば、このときの芳賀先生は、相手の保護者との間に「我−汝（Ich-Du）」の関係を築けていた、ということになるだろう。ブーバーによれば、まず、人間には、世界（人間も含む）を、知覚や、感情や、思考の「対象」として経験することがある。このとき、人間と対象は、「我−それ（Ich-Es）」というあり方をしている。これは、世界を、ものとして、自分の内部で処理していることであり、表面的な向き合い方であるということができる[13]。これに対し、人間には、世界に対して、「汝（あなた）」と呼びかけ、生身の人間として相対し、本当の意味で「関わ

る」こともある[14]。

　もちろん、「我-それ」という向き合い方があるからこそ、わたしたちは、対象の性質や状態を冷静に把握することができていることはいうまでもない。「それ」の相と「汝」の相は、ブーバー自身もいうように、しばしば複雑にもつれ合っているのである[15]。そのことを充分に確認したうえで、再度、保護者との関わりにおける配慮に話を戻そう。そうすると、無茶な要求を出してきたり、攻撃的な態度をとってきたりする保護者に対しても、「汝」と呼びかける気持ちのゆとりを教師の側がもてるかどうか——これは、どのケースにおいても、根底のところで教師に問われることだといえるのではないだろうか。

5．身の回りに「依存」先を確保すること
——「自立」した存在として保護者とつながるために

　以上、考察してきたことをまとめるならば、保護者との関係を築いていくうえで重要なのは、「モンスター」のような保護者が現れたらどうするかと身構えたり不安に思ったりすることではなく、保護者とのあいだに生じる「問題と思われる出来事」を、どれだけさまざまな「関係」へと開いて見ることができるか、またその際、どれだけ保護者との人間的な関わりを維持していられるか、ということになるだろう。

　ただし、こうした見方を試み続けることは、骨の折れる作業でもある。保護者の孤独や不安を解きほぐそうとした結果、反対に、教師の方が孤独や不安を１人で抱え込んでしまうことのないように、自分自身についても十分な配慮が必要になってくる。この意味で、たとえば、保護者を家庭に訪問する際には、教師同士でチームを組んだり、職員室でお互いの愚痴や不安を聞き合ったりするなど、保護者対応の面でも、「同僚性（collegiality）」（詳しくは第８章参照）を高めることに、しっかりと目を向けてほしい。

　教師は、子どもを「自立」に導くことを仕事としているために、しばしば、責任感が強く、周囲に頼ることが苦手だと言われる。あなたはどうだろうか？「教師たるもの」、周りの人にはなるべく頼らず、できるだけどんな問題でも「１人で」解決するべきだと考えるだろうか。

　この点に関して、本章では最後に、小児科医の熊谷晋一郎の「自立」観を紹

第13章　保護者とつながるには？

介してみたい(16)。熊谷は、脳性まひのため、車いす生活を送ってきた経験から、「自立」と「依存」をめぐる通常の考え方を、大きく転換する必要があると考えるようになったという。「自立」と「依存」は、英語でもそれぞれ "dependence"、"independence" と表記されるように、通常、対の意味でとらえられている。そのうえで、健常者は「自立」し、障害者は他人の介助に「依存」している、と考えられている。しかし、健常者が他人の助けを借りずに生活できているのは、社会システムが多数派に合わせて作られているからであって、単に、「依存」できるモノや制度が多いからではないだろうかと熊谷は問う。これに対し、障害者が他人の助けを必要とするのは、「依存」できる先が非常に限られているからだというのである。

　この指摘は、一見、奇妙に感じられるかもしれない。しかし、たとえば、エレベーターのない駅のホームから、上の方にある改札に向かう際に、車いすに乗っている人が駅員の助けを必要とするのは、階段というモノに「依存」することができないからである。反対に、いわゆる健常者とされる人は、階段に「依存」することができるため、他人の助けがなくても改札に到達することができる。もしもこの駅のホームにエレベーターがあれば、車いすの人も、エレベーターに「依存」することで、「自立」した存在として改札を出ることができただろう。熊谷は、「自立」をこのようにとらえて、「依存先の数が限りなく増えた先に自立が実現する」とし、「自立」は、"independence" ではなく、"multi-dependence" と表現する方がふさわしいと述べている。

　以上の論から、もう一度、「本当の意味で「自立」しているとは、どういうことだろうか」と、皆さんのなかで問うてみてほしい。本章を通じて述べてきた、「保護者とうまくつながっていくには」というテーマを考えるうえでも、"multi-dependence" という意味で「自立」していくこと──つまり、教師が、身の回りに「依存」できるつながりをたくさん確保しておくこと

179

――は、重要な基盤となるのではないだろうか。

注
（1） 小野田正利『悲鳴をあげる学校――親の"イチャモン"から"結びあい"へ』旬報社、2006年、52-53頁。なお、本ページに掲載されている表中の「養護学校」は、2006年の学校教育法等の改正により、2007年度以降は、盲学校、聾学校とともに「特別支援学校」に一本化されている。
（2） 広田照幸『格差・秩序不安と教育』世織書房、2009年、341頁。
（3） 広田照幸『日本人のしつけは衰退したか――「教育する家族」のゆくえ』講談社、1999年、40頁。
（4） 同上、119頁。
（5） 同上、120頁。
（6） 同上、110-130頁。
（7） 同上、128頁。
（8） 広田照幸『格差・秩序不安と教育』世織書房、2009年、346-349頁。
（9） 小野田正利『親はモンスターじゃない！――イチャモンはつながるチャンスだ』学事出版、2008年、110-119頁。ただし、ここでの「イチャモン」は、関東で使われるときの、「相手を困らせるために因縁をつける」というようなニュアンスは含んでいない。関西弁で「無理難題要求」を表す語であるが、この六文字熟語に比べて「どことなく半分笑えるような、それでいて事象を的確にあらわすものである」というところが、この語を採用した理由であるという（小野田『悲鳴をあげる学校』、48頁）。
（10） 小野田正利『普通の教師が"普通に"生きる学校――モンスター・ペアレント論を超えて』時事通信社、2013年、98-103頁。／小野田正利『イチャモン研究会――学校と保護者のいい関係づくりへ』ミネルヴァ書房、2009年、207-209頁。
（11） ただし、東京都教育委員会が平成22年に作成した「学校問題解決のための手引」に紹介されている、「日本苦情白書」からのデータによれば、教員は、他の職種に比べ、寄せられた苦情等の原因を「こちらの配慮不足」とした割合が最も低く、「相手の勘違い」、「いちゃもん」、「クレーマー」ととらえる割合が高いという。このデータからは、保護者からの要求を単に「いちゃもん」ととらえただけでは不十分であり、「イチャモン」＝保護者と教師の「間」の問題、という視点をもってはじめて、教師としての自分自身を顧みる姿勢が生まれやすくなると考えられる。

(12) たとえば、「ドイツ人は、真面目で絶対に約束の時間に遅れない」という見方などが、この「ステレオタイプによるカテゴリー化」に該当する。実際には、ドイツ人であっても約束の時間に遅れがちな人はたくさんいるにもかかわらず、限られた情報から作り出されたイメージに従って、「ドイツ人はみんな〜だ」という仕方で語るとき、ある特定の「その人自身」には目が向けられていない。以上の内容について、詳しくは、中川喜代子『偏見と差別のメカニズム』明石書店、1998年を参照のこと。
(13) ブーバー（田口義弘訳）『我と汝・対話』みすず書房、2014年、5-9頁。
(14) 同上、13-18頁。
(15) 同上、26頁。
(16) 本節の熊谷からの引用は、すべて以下の新聞記事からのものである。「インタビュー　頼りにくい社会を変える　東京大学先端科学技術研究センター特任講師　熊谷晋一郎さん」『朝日新聞』2014年6月21日付。

【読書案内】
①小野田正利『普通の教師が"普通"に生きる学校——モンスター・ペアレント論を超えて』時事通信社、2013年。
　「モンスターペアレント」という言葉が流行するよりも前から、「学校と保護者のトラブル」を研究してきた著者が、多くの教師の、実際のエピソードにもとづきながら、「普通の」教師が元気に健康で働き続けていくためのポイントをまとめている。架空の「紅小学校（べにしょうがっこう）」を舞台に、3人の教師が悩みながら交換するリアルな学校の話題に触れるなかで、読者も、1人の教師になったつもりで、保護者対応のあり方について考えることができる。
②井上麻紀『教師の心が折れるとき——教員のメンタルヘルス　実態と予防・対処法』大月書店、2015年。
　本章の内容に特に関連するのは、「付録」として掲載されている「保護者対応のポイント」の部分である。特に対応困難な保護者に対する話の聞き方が八つのポイントから整理されており、「自分や相手を責めすぎない」ためのテクニックとして参考になる。この部分以外の章でも、教職員の専門病院で臨床心理士として働いている著者の経験から、教師のメンタルヘルスについて、さまざまなケースをもとにわかりやすい解説がなされているため、教員志望の人にはぜひ読んでおいてほしい一冊である。
③下司晶編『「甘え」と「自立」の教育学——ケア・道徳・関係性』世織書房、2015年。
　「甘え」（他者に依存している状態）を脱却して「自立」（他者への依存から脱した

状態)・「自律」(自らの意志で自分の行為を決定可能な状態) に至ることは、近代教育学によって、長く教育目的の一つとされてきた。この本では、7人の論者によって、我々にとって「当たり前」になっている、こうした「甘え」、「自立」、「自律」の問い直しが行われる。特に、本書の第2章を執筆している尾崎博美により書かれた第Ⅱ部第4章では、上に紹介した熊谷の「自立」論に通じる観点が、より多角的に論じられている。

参考文献
秋田喜代美・佐藤学編『新しい時代の教職入門』有斐閣、2006年。

(河野桃子)

第 14 章
学校外部に頼るのは教師の敗北なのか？
関係機関との連携にもとづく生徒指導のあり方

１．多忙化する日本の教師と生徒指導業務

　本書の第 8 章でもとりあげたように、今日の日本の教師の業務負担、特に授業時間以外の業務負担はたいへん大きなものとなっている。こうした教師の多忙化の背景として、一つ確実に指摘できる点が、今日の子どもをめぐる生徒指導上の諸課題の複雑・多様化である。もちろん以前から、いじめや不登校、暴力行為、あるいは万引きなどの初発型非行や薬物乱用、性非行（被害）といった子どもの問題行動（や犯罪被害）は、生徒指導上の重要な課題であったのだが、とりわけ 2000 年前後以降は、これらにくわえていくつかの子ども問題への対応が、法的・制度的レベルで教師（学校）に求められるようになってきている。それではさっそくだが、具体的にどのようなものが挙げられるか、テレビや新聞の報道などを思い出しつつ考えてみよう（ワーク 14-1）。もし思いつかないようであれば、ネットを活用して 2000 年前後以降に成立した子ども問題関連の法令などを調べてみてほしい。

--- ワーク 14-1 ---
特に 2000 年前後以降、教師（学校）に対応が求められるようになった子ども問題とは？

　2000 年前後といえば、神戸連続児童殺傷事件（1997 年）を皮切りに、栃木女性教師刺殺事件（1998 年）、佐賀西鉄バスジャック事件（2000 年）、佐世保小

6女児同級生殺害事件（2004年）など、子どもによる特異な凶悪事件が世間を騒がせ、少年人口比あたりの刑法犯少年の検挙人員が戦後4度目のピーク[1]を迎えたころである。そしてちょうど同じころに大きな社会問題となったのが、逆に子どもが被害者となる問題、つまり**児童虐待**だ。児童虐待という用語自体は、それこそ戦前からあったものの、この時期に起きたいくつかの象徴的な事件を受けて、2000年に現在の児童虐待防止法が制定された。これにより、学校の教師など「児童の福祉に職務上関係のある者は、児童虐待を発見しやすい立場にあることを自覚し、児童虐待の早期発見に努めなければならない」（5条）として、教師には虐待の早期発見の努力義務が明文で規定されることとなったのである。さらに、2004年の同法改正によって、学校や教師には、虐待の防止・対応に関する国および地方公共団体の施策への協力に努めること（5条2項）や、子どもおよび保護者に対し虐待防止のための教育・啓発に努めること（5条3項）などもあらたに求められている。

こうした児童虐待問題のほかに、特別支援教育関連の重要問題である**発達障害**を挙げることができよう。発達障害をめぐっては、2004年に発達障害者支援法が制定されたが、これを受けて文部科学省は、翌2005年4月に「発達障害のある児童生徒等への支援について」を通知した。同通知は、全国の各小中学校に対して、特別支援教育コーディネーター（関係機関との連絡調整や保護者の連絡窓口、校内体制整備の推進役を担う教員）の配置や、障害を抱えた各々の子どもの「個別の指導計画」および他機関との連携を図るための長期プラン「個別の教育支援計画」の必要に応じた作成を求めている。さらに2010年代に入ると、わが国における**子どもの貧困**の実状が社会的に大きくとりあげられるようになり、2013年に子どもの貧困対策法が成立、翌2014年にはその対策を具体化するための大綱が内閣府で策定された。そして同大綱のなかで学校は、子どもの貧困対策のプラットフォームと位置づけられ、学校教育による学力保障や学校を窓口とした福祉関連機関との連携などが、同大綱の重点施策の一つに掲げられるに至っている。

このように、今日の教師（学校）には、従来的ないじめ、不登校、暴力行為などへの対応のみならず、これまで福祉や保健医療の領域とされてきた諸課題に対しても、一定の役割を果たしていくことが期待されているのである。

2．教師の丸抱え状況打破のための関係機関との連携

　以上のように、子どもをめぐる多様な諸課題への対応が求められている今日の教師（学校）にあっては、ともすればそれらの問題を丸抱えしてしまうことが危惧されるところである。そうした危機感から、重要性が強く認識されだしたのが関係機関との連携だ。具体的には、やはり2000年前後のことであるが、文部科学省からその充実・強化を求める二つの象徴的な報告書が示されている。すなわち、1998年の「学校の「抱え込み」から開かれた「連携」へ──問題行動への新たな対応」と2001年の「心と行動のネットワーク──心のサインを見逃すな、「情報連携」から「行動連携」へ」である。とりわけ後者は、学校と関係機関とが単なる情報の交換（情報連携）だけではなく、相互に連携して一体的な問題行動対応を行うこと（**行動連携**）の必要性を指摘している点に意義がある。

　さらに、2015年12月には、中央教育審議会が「チームとしての学校の在り方と今後の改善方策について」を答申した。これは、「社会や経済の変化に伴い、子供や家庭、地域社会も変容し、生徒指導や特別支援教育等に関わる課題が複雑化・多様化しており、学校や教員だけが課題を抱えて対応するのでは、十分に解決することができない課題も増えている[2]」といった問題意識に立ち、生徒指導対応のみならず、学習指導や部活動の指導などにおける学校内外の人材活用についての総合的政策として、「**チームとしての学校**」の体制整備を提言したものである。詳しい内容の解説はここでは割愛するが、今後の教育政策の展開を見据えるうえでのきわめて重要な提言が多々盛り込まれているので、ぜひ各自で目をとおしておいてほしい。

　さて、このように今日、関係機関と

ケース会議を通じた行動連携

の連携（による教師の丸抱え状況の打破）が目指されているわけであるが、とはいえこうした動向に対し、若干の違和感を覚える者もいるかもしれない。たとえば、「元来日本の教師とは、学習指導や生徒指導など幅広い職務を担い、子どもたちのさまざまな面に全般的に関与することで、個々の子どもの状況を総合的に把握して指導することができてきた。関係機関など学校外部の力を頼ることは、そうした教師としての職務放棄にほかならず、究極的には、日本の伝統的な教師像の崩壊につながりかねないのではないか」といった批判も出てくるのではないだろうか。つまり、まさにこの章の主題にもあるように、「学校外部に頼るのは、教師としての敗北なのではないのか」という論点である。

これは非常に大切な指摘で、たしかに外部との連携の充実が、教師の指導放棄、外部への丸投げへとつながってしまっては、大いに問題であろう。この点をじゅうぶんにふまえたうえで、以下では具体的な想定事例をもとに、やや掘り下げて検討してみたい。

3．想定事例の検討と連携の必要性

ここでは、大きく二つの架空の事例を想定し、それぞれ検討を進めていこう。一つ目は、児童虐待が疑われる中学生について、教師が直接その子の自宅に乗り込んで保護したケースである。二つ目は、小学生の子どもが近隣住民宅に侵入し窃盗を繰り返していたものの、一つ目とは逆に、教師および学校が子どもへの直接的な対応には乗り出さなかったケースである。

想定事例①　児童虐待が疑われるケース

> 中学校1年生の女子生徒Aが、5月ごろから学校を休みがちになった。担任XがAの保護者に電話で様子を尋ねたところ、「もともと体が弱く、季節の変わり目で体調を崩した」とのことであった。4日ほど休んだ5月中旬のある日、Aが学校に登校してきたが、以前より顔がやつれ、身だしなみも整っていないAの様子に、Xは異変を感じた。そこで、Xが昼休み時間にA本人と面談をするなかで、Aは自身が病気がちであること、また普段家では、仕事の忙しい両親に代わって、小さな弟たちの養育を任されていることを語った。そのためXは、同日夕方にA

の保護者に電話し、なるべく今後はＡが学校に通えるように配慮してほしい旨を伝えたのだが、虐待（育児放棄）を疑われたと感じた保護者が激しく興奮。保護者は、「学校は私がＡを虐待していると疑っているのか。そんな学校にはもうＡを通わせられない」と言い放ち、電話を切ってしまった。

　ことの緊急性を悟ったＸは、すぐさまＡの自宅を訪問。玄関前に出てきた保護者に事情を説明しようと試みたものの、興奮状態の保護者とは会話にならなかった。このままでは埒が明かない判断したＸは、保護者を押し切ってＡ宅内に入り、Ａを保護して児童相談所に身柄を引き渡した。

　このケースにおける担任教師Ｘの対応は、はたして妥当だったのだろうか。周囲の人と話し合ってみよう。

── ワーク14−2 ──
この担任教師Ｘの対応の妥当性とその理由は？

　まず、このケースからは、Ｘが学校を休みがちなＡのことを心配し、保護者にＡの様子をたずねたり、また本人とも面談を行ったりするなど、担任としてＡの状況につねに気にかけていたことがうかがえる。その意味でＸが、担任として負っている注意義務を、十全に果たそうとしていたことは評価に値する。とはいえＸは、問題の解決を急ぐあまり、個人での対応に走りすぎたことは否めないであろう。このような、場合によっては法的対応も絡むケースでは、一般にチームでの対応が基本となるし、とりわけ虐待が疑われるケースならば、（虐待の事実が確認できない場合でも）ただちに**児童相談所**などへ通告すべきことが児童虐待防止法で定められている（6条1項）。そのためＸは、まずはＡの異変に気づいて相談を受けた段階で、生徒指導主事や管理職に本件につき報告や相談をすべきであったし、そのうえで児童相談所などしかるべき専門機関へ通告して、相互に連携してことの対応に当たるべきであったといえる。さらに、本章の文脈でより重要なのが、Ｘが保護者の制止を振り切ってＡ宅に押し入り、Ａを保護したことの是非である。この行動は適切だったので

あろうか。答えはノーである。

　教師は、各家庭から子どもを預かって教育するという代理監督者としての立場上、保護者との関係性によっては、保護者への一定の指導・助言を与えることもある。しかしながら教師には、虐待の確証を得るためにせよ、虐待が疑われる子どもを保護するためにせよ、強制的に家庭に立ち入り調査をする権限は、(ある意味では当然のことながら)法令上どこにも認められていない。この強制立ち入り調査という強い権限は、2008年の児童福祉法および児童虐待防止法改正によって法制化された比較的新しいもので、その権限行使は児童相談所の職員(児童福祉司)と児童委員[3]にのみ認められている。またそれも、保護者が再三の立ち入り調査や出頭要求に応じない場合に、裁判所の令状をとって執行されるあくまで最終的な手段であり、一教師が個人の判断で行使できる類のものではないのである[4]。以上のことからXは、子どものことを思っての善意の行動とはいえ、自らの権限の範囲を超えた対応をしてしまったのだと判断されよう。

想定事例②　小学生による住居侵入盗のケース

　ある時期から、地域住民から学校に対し、「そちらの学校の子どもに、うちの家のお金や物が盗られた」という苦情が複数寄せられるようになった。詳しく話を聞くと、どの地域住民の方も、同様の手口で被害に遭ったようである。つまり、小学校中学年くらいの男子児童が、まず「トイレが我慢できないので、使わせてください」といってきたので、家に入れてあげたら、その子が帰ったあとに金品がなくなっている、というものだ。そこで、その児童の顔などの特徴を確認したうえで、学校で独自に調査をしたところ、3年生の男子児童Bの存在が浮かび上がってきた。被害に遭った家の場所も、そのBの通学路付近に集中している。そうこうしているうちに、ある地域住民YがそのBを連れて学校を訪れた。Yは、以前にも一度被害に遭っていたのだが、Bが懲りずにまたY宅にやってきたので、今度は犯行の現場を押さえて学校に連れてきたのだという。

　そこで学校は、校長、生徒指導担当教員および担任とで、Bに対し慎重に聞き取りを行った結果、Bは今回の件だけではなく他の地域住民の件についても、素直に自分が盗んだことを告白した。そのため、学校は本人に対する指導をしたうえで、保護者にも事の経過を報告し、必要な指導をお願いした。また被害に遭っ

た地域住民の家にも、校長と担任とで一軒一軒お詫びに行き、学校でもBへの指導と再発防止を徹底することを約束した。ただし、Yをはじめとする地域住民は、「小さい子どものしたことだから」として警察への被害届は提出しないとのことであった。これを受けて学校は、上記の関係教職員などで協議をし、学校としても①Bの将来を考えて、これ以上ことを大きくしないこと、②今後は学級や学年、学校単位での非行防止教室の充実を図っていくことを基本方針として決定し、本ケースを終了とした。

それでは、このケースにおける学校の対応はどうであろうか。妥当なものだったかどうか、周囲の人と話し合ってみよう。

---- ワーク14-3 ----
この学校の対応の妥当性とその理由は？

　本件における学校の対応は、決して不適切なものではなかったように思われる。もちろん学校は捜査機関ではないのだが、その職務の範囲内で事件についての必要な調査を行うことには何ら問題はない。また、Bおよびその保護者に指導や働きかけをして、地域住民へのアフターケアや再発防止の徹底を図っていこうとしている点も、積極的に評価できよう。

　ただしこのケースでは、対応をもう一歩進めて、Bがこのような犯行におよんだ背景にまでアプローチすることが大切なのではないだろうか。たとえば、もしかするとBの非行の背景には、貧困や保護者によるネグレクトなどの家庭的問題があって、貧しさゆえに窃盗に手を染めたのかもしれない。あるいは、Bが友人からいじめに遭っており、こうした行為を強要されたのかもしれない。さらには、このような家庭的な問題も友人関係上の問題も特段存在せず、純粋にBの窃盗行為への依存（盗癖）という本人自身の問題に起因する可能性もある。このケースは架空の事例であるため、真相はどうとでもいえるのであるが、何にせよそうした問題の根本から解決しない限り、本当のケース終了にはならないことは確かである。

そこで本件では、事後的な対応として、担任やスクールカウンセラーによる本人との面談や心理検査の実施、行動観察などを通じて、本人の背景問題を探っていくことが当然なされるべきであろう。そのうえで、事案の特殊性を考慮して、(一つ目の想定事例のように児童相談所の協力を仰ぐのもよいかもしれないが) やはり非行・犯罪対応の専門機関たる**警察**の力を頼ることが、このケースの場合はもっとも妥当であるように思われる。警察と突然いわれると身構えてしまう人もいるかもしれないが、それほど構える必要はない。皆さんは、**少年サポートセンター**という組織を知っているだろうか。少年サポートセンターとは、それこそ関係機関との連携による生徒指導施策が本格化した 2000 年前後から、全国の都道府県警察に設置され出した少年支援専門の組織である。ここには、一般の警察官のほかに、少年補導職員や少年相談専門職員が配置されており、少年の非行相談や被害少年の支援、街頭補導、非行防止の啓発活動などを行っている。またこれ以外にも、すべての警察署内にいるわけではないが、退職した警察官などが**スクールサポーター**として非常勤で配置され、地域の見回り活動を行ったり、学校からの非行関連の相談に応じるなどしている場合もある[5]。

このように、今日の警察は、単に少年事件の捜査をするのみならず、少年の非行防止や犯罪被害防止にも積極的に取り組んでいる。そして、こうした専門の組織や職員と連携協力していくことで、教師や学校だけでは解決が難しかったケースも、場合によっては対応がスムーズにいったり、少なくとも問題対応の幅が広がるといった利点は確実にあると考えられる。

まとめよう。教師とは、決して万能な存在ではなく、その職務権限上、できることとできないことがある。できないことに関しては、関係機関の協力が必要不可欠である。また、教師の職務上可能なもののなかにも、人的・時間的制約などで対応が難しいものもあり、むしろ他の関係機関と連携して臨んだほうが、対応がスムーズにいくことが期待される場合もある。そうした場合に、関係機関の力を頼ることは、個々の子どもの背景問題に応じた適切な支援につなげるうえで、きわめて重要な選択肢の一つとなろう。

その意味で、表題の「学校外部に頼るのは教師の敗北なのか？」という問題に立ち返るならば、どこまで学校(教師)が責任をもって対応し、どこから学

校外部の力を頼るべきかをしっかりと見きわめたうえで、状況に応じて積極的に外部の関係機関と連携していくことは、決して教師の敗北ではあるまい。むしろこれからの教師には、「子どもの健全育成のために、利用できるものは何でも利用する」といったある種のアグレッシブさが、よりいっそう求められてくるのではないだろうか。そこで次に、教師（を目指す者）がこうした関係機関との連携力をどのようにして高めていくか、その具体的な方途を考えていくことにしたい。

4．どのようにして教師の連携力を高めていくのか？

連携マップ（関係機関マップ）の作成

　教師の連携力を高めていくうえで、まずもって必要になるのが、そもそも地域にどのような関係機関が存在するのかを、大まかにでも知ることである。そこで、しばしば校内研修などでも取り入れられているのが**連携マップ（関係機関マップ）**の作成である。以下、実際にその作成に取り組んでみよう（ワーク14-4）。

　なお、作成に先立って若干の補足をしておきたい。まず、起点とする学校は任意だが、現職教員の場合は勤務校を、学生の場合は母校や自宅近くの学校などなじみのあるところを想定するとよいだろう。そしてその学校を起点に、学校所在地を管轄する警察署や児童相談所などを調べていき、それぞれの生徒指導関連の主な業務を簡潔にまとめてみてほしい（たとえば児童相談所であれば、「障害相談、養護相談、育成相談、非行相談、保健相談など、子どもの相談援助に関する総合的窓口」など）。通常ならば、ここからさらに各機関の位置関係を白地図にプロットしていくのだが、今回の作業では割愛する。

　また下記の一覧では、先述のスクールサポーターや保護司、児童・民生委員など個々の人的資源は、所在地の記入が難しいと判断したために欄を設けていない。同様に地域の組織や団体も、地域ごとにあまりに多様であるため記入欄を設けなかったが、特に現職教員の場合は、これらについてもわかる範囲で調べておくと、地域の実状への理解がより深まるだろう。

ワーク14-4

連携マップ（関係機関マップ）の作成

分野	関係機関等	所 在 地	生徒指導関連での主な業務内容
教育	都道府県教育委員会		
	市区町村教育委員会		
	教育センター教育相談部		
	適応指導教室		
	少年補導センター		
警察・保護司法	警察署		
	少年サポートセンター		
	交番（駐在所）		
	家庭裁判所		
	少年鑑別所		
	保護観察所		
福祉・保健医療	児童相談所		
	福祉事務所		
	児童自立支援施設		
	発達障害者支援センター		
	保健所／保健センター		

施設参観や聞き取り調査、ボランティアなどへの参加

　この連携マップ（関係機関マップ）の作成を通じて、地域にどのような関係機関が存在するのか、またそれらがどのような業務を担っているのかを概略的に把握できたならば、次に取り組みたいのがそれらの機関の実際についての情報収集である。つまり、学校と同じように各関係機関にも、職務上できることとできないことがある。また、やろうと思えばできるが、さまざまな制約から

第14章　学校外部に頼るのは教師の敗北なのか？

対応が困難なこともある。そのような、各地域における関係機関の実際に関する具体的な把握から、学校と関係機関とがいかにして無理なく連携協力していけるかを模索していくことが大切である。

　そのためには、やはりそれら関係機関の職員と、実際に顔を突き合わせて対話をしていくことが不可欠である。そこで、たとえば一時保護所を擁する児童相談所であるとか、児童自立支援施設、少年鑑別所、少年院などのなかには、業務の支障にならない範囲で施設参観を受け入れているところもあるので、ゼミや研究会で、あるいは研修の一環として参観を依頼してみるのもよいだろう。なお、施設参観を依頼するにあたっては、図14－1のような依頼状を、事前に（少なくとも参観希望時期の1ヵ月前には）送付するのが望ましい。先に電話で依頼し、承諾を得た後に依頼文書を送付するという方法もあるが、いずれにせよ先方の都合もあるので、早めの依頼が肝心である。また、上述したような関係機関とは異なり、必ずしも子どもを直接収容するわけではない機関（教育委員会や少年サポートセンター、福祉事務所など）にとって、施設参観という形態での受け入れは難しいと考えられるが、聞き取り調査（インタビュー調査）というかたちならば対応可能なこともある。その場合の依頼は、どういった目的・内容のインタビューをしたいのかがわかるように、あらかじめ質

図14－1　施設参観の依頼状の例

図14-2 鹿児島県警察大学生少年サポーターによる防犯教室の様子と教材例

問事項をまとめておき、依頼状と併せてそれを送付できるとよいだろう。また、特に大学生であれば、各機関が募集するボランティアやインターンシップなどに参加してみるのもよい。図14-2は、鹿児島県警察が委嘱した大学生少年サポーターによるボランティア活動の様子であるが、このように関係機関の職員と直接的に活動を共にするなかで、各機関に対する心理的距離を縮めていくこともできる。ぜひこうした活動に学生の頃から取り組むなかで、関係機関との連携力を培っていってほしい。

注
（1） 一般に、戦後日本の少年非行には、四つの波（ピーク）があるとされている。
第一の波は、終戦直後の混乱期である1950年代前半で、1951年をピークとする。
第二の波は、高度経済成長で社会構造が大きく変化した1960年代半ばで、1964

年がピーク年である。第三の波は1983年がピーク年で、オイルショックを経て低成長期に入った時期である。そして第四の波が2000年前後で、1998年と2003年をピークとする。
（２）　中央教育審議会「チームとしての学校の在り方と今後の改善方策について（答申）」2015年、3頁。
（３）　児童福祉法16条の規定にもとづき、各地域に配置されている民間の相談援助者であり、厚生労働大臣から委嘱された民生委員が、この児童委員を兼ねることになっている。具体的には、地域の各家庭の子育てや妊娠中の悩みなどに対する相談援助や、地域の子どもたちの見守りなどを行っている。
（４）　なお、児童虐待の通告窓口としては、児童相談所のほかに市町村の福祉事務所もあるが、福祉事務所には、こうした強制立ち入り調査や、強制一時保護といった権限は認められていない。
（５）　スクールサポーターは、2016年4月現在、44都道府県で約850人が配置されている（警察庁『平成28年版 警察白書』日経印刷、2016年、120頁）。

【読書案内】
①石川正興編『子どもを犯罪から守るための多機関連携の現状と課題——北九州市・札幌市・横浜市の三政令市における機関連携をもとに』成文堂、2013年。
　学校・教育委員会、警察（少年サポートセンター）、児童相談所を中心とした関係機関の連携の望ましいあり方について、副題にあるように三つの都市におけるシステムや取り組みの大規模な調査・分析から展望したもの。子どもをめぐる関係機関との連携を本格的にとりあげた、おそらくわが国初のまとまった研究成果であり、一読する価値はある。
②島田清『イベント校長の学校再生！』講談社、2010年。
　北九州市立湯川中学校の校長（当時）であった著者が、自らのこれまでの教育実践をふりかえって整理した実践記録。家庭や地域の人々を、どうやって学校に巻き込んでいくかという視点から、さまざまな取り組みに挑戦した様子がうかがえる一冊であり、本章ではじゅうぶんにとりあげることのできなかった家庭や地域との連携について、具体的なアイディアや示唆を与えてくれる。

（帖佐尚人）

第15章
現代社会に生きる10代と向き合うには？
10代と秘密から考える

1．10代の見えにくさ

　このテキストを読んでいる方の多くは、教師になることを目指しており、生徒のことを理解したいと思っているだろう。いうまでもなく、教師にとって生徒を理解しようとする姿勢は必要不可欠だ。しかし、本当に理解できるのだろうか？　理解することは無条件でよいことなのだろうか？　そして、思い出してほしい。中学生や高校生だったときのことを。皆さんは教員に理解されたかっただろうか？　本当に理解してもらえただろうか？　本章では、教師の仕事の根幹にも関わる10代と向き合うということについて考えていきたい。

　皆さんが向き合うことになる中学生や高校生は、人間の発達のなかで子どもから大人への過渡期に位置する思春期（puberty）や青年期（adolescence）と呼ばれる時期に位置している。学問領域によって定義や名称などは異なるが、思春期は第2次性徴が始まり生物学的変化が起こる、おおよそ10～20歳までの時期を指す。急激な身体的な変化が、直接的・間接的に心や行動に影響を及ぼすため、思春期は心が不安定な揺らぎの時期であるともいわれる。このような10代の時期は、どのような言葉で表すことができるだろうか（ワーク15-1）。

ワーク15-1
10代を象徴するような言葉を並べてみよう。どんな言葉が並ぶだろうか？

....
....
....

第15章 現代社会に生きる10代と向き合うには？

10代の闇？ 魅力？

　皆さんは10代をどのような言葉で表しただろうか。10代特有の揺らぎや、児童期と比べて大人には見えない部分をもつようになった姿に対して、1990年代には神戸の酒鬼薔薇事件など、世間を騒がせるような少年犯罪が起こったことをきっかけに、「10代の闇」や「14歳の闇」という言葉が用いられるようになった。10代の少年による凄惨な事件の影響から、思春期の子どものわからなさや大人に見えにくい姿が、「闇」という言葉で象徴されたのである。

　一方で作家のあさのあつこは、「10代の闇」という言葉や「10代が怖い、わからない」という世間の風潮に対して異議申し立てしたいという思いから、『バッテリー』（図15-1）を執筆した。『バッテリー』は、自信家で天才肌の13歳のピッチャー原田巧と、最高のバッテリーになるべくして出会ったキャッチャーの永倉豪との2人を中心とした人間模様や心の葛藤、誇りや喜びなどが描かれた物語である。多くを語らない巧は、母親をはじめとする大人からは生意気でよくわからないと思われているが、「13歳だから、どうだというんだ」という過剰な自信と揺るがない意志をもつ、魅力的なヒーローであり、10代の支持を多く集めている。

　あさのは、大ベストセラーとなった『バッテリー』の他にも10代の少年少女の物語を多く執筆している。その理由として、思春期の子どもたちの心の揺らぎは魅力的であり、そうした揺らぎのなかで彼らは「豊かな物語」を生きており、それこそが描きたいのだと述べている。大人には見えにくい10代の思いや姿は、大人にとって一方で「闇」と受

図15-1 『バッテリー』
出所）あさのあつこ『バッテリー』教育画劇、1996年。

けと取れ、もう一方では「魅力」という言葉で表現されている。このような10代の見えにくさと、教師はどのように関わっていけばいいのだろうか。

2．10代の見えない部分と教師

二つのエピソード

　先述のあさのは、自信が中学生だったときの忘れられないエピソードを二つ紹介している。

　　中学校の……何年生のときだったでしょうか、どういう経緯だったかは定かに覚えていないのですが、ある教師が私たちに向かってこういったことがあります。「わかっている。おまえたちのことは、よくわかっているからな」その一言を聞いたとき、わたしの内に渦巻いた感情は、殺意に近いものでした。大人だからといって、教師だからといって、そんな簡単に他者のことが理解できるの？　できるわけない。「おまえたちのことは、よくわかっている」覚悟も決意も想いもないまま言い放たれた言葉の、なんと傲慢で空虚なことか。他者を理解するためには、覚悟と決意と思いがいります。どうしても必要なのです。そうでないと、言葉はみんな徒花と変じます。どんなに美しくても作り物の玩具と成り果てるのです[1]。

　教師の発言に対して厳しい言葉で述べられているこのエピソードは、あさの自身が本当の言葉で中高生の読者に物語を届けたいという、小説家としての決意を記した文章のなかでとりあげられている。その一方で、「人生を決定づけた言葉とは何か」をたずねられた際に、こんなエピソードを述べている。

　　中学生のとき、先生に職員室に呼ばれて、「おれな、おまえの文章好きだぞ。おまえ、書けるぞ」と言われたんです。「あっ、わたしそうなんだ」と思いましたね。
　　その先生はけっこうだれでもほめる先生で、ほめられたのはわたしだけではなかったと思うんですけれども。でも、15〜16歳で、物書きになり

たいと思っている女の子が、書かせてくれる先生に、おまえは書けるぞ、お前の文章好きだぞと言われたわけです。何かものすごく、本当にビリっときたんですよね。きっと、わたしがそういうふうに思いたかったんでしょうけれど、それを先生が後押ししてくれたんですよね[2]。

どちらも同じ中学時代のエピソードであるが、何十年たったいまでも、あさのが忘れることのできない強烈な思い出として残っている。この二つのエピソードは、一見すると教師に対する矛盾したような姿が描き出されているが、あさのが教師に対して感じたこの違いは何だろうか（ワーク15-2）。

ワーク15-2

あさのの二つのエピソードに共通して描かれているのは、教師が生徒（あさの）に対して、生徒を理解していることを伝えている場面である。しかし、前者のエピソードは生徒を憤慨させ、後者では、生徒の人生を決定づけた大切な言葉として記憶されている。この二つの違いはどこからきているのか考えてみよう。

10代の見えない部分と向き合う

　二つのエピソードの違いには、引用した文章だけではわからない教師個人の人柄や、あさのとの関係性などもあるかもしれない。また、ワークを通してさまざまな考えが挙げられたかもしれない。ここでは、この二つのエピソードに対してあさのが受けた感情の違いは、生徒（あさの）の見えない部分に対する教師の関わり方の違いから生じたのではないだろうか、という一つの考えを提示したい。

　最初のエピソードでは、教師の「わかっている。おまえたちのことは、よくわかっているからな」という発言が、あさのを憤慨させている。乱暴に使われた「わかっている」という言葉が、あさのを含んだすべての生徒の心の領域まで侵犯しているからだ。教師にそうした意図があったかどうかではなく、生徒の心の見えない部分に図々しく立ち入ろうとしている、もしくは生徒には見え

ない部分などないという姿勢をあさのは感じ取り、「殺意にちかいもの」と表現されるほどの嫌悪感を抱いたのではないだろうか。

　二つ目のエピソードはどうだろうか。物書きになりたかったあさのは、そのことを誰にも話さず秘密にしていた。そんなあさのにとって、「おれな、おまえの文章好きだぞ。おまえ、書けるぞ」という教師の発言は、一つ目のエピソードよりも、物書きになりたいというあさのの夢や秘密に直接ふれるような、かなりナイーブな内容である。しかし、あさのは憤慨するどころかその言葉に背中を押され、人生で一番心に残った言葉として記憶している。もし、「おまえ、書けるぞ」ではなく「おまえ、物書きになれるぞ」という言葉であったら、最初のエピソード同様、嫌悪感が生じたかもしれない。しかし、後者の教師は、評価を下すのではなく、自分があさのの文章を好きだと伝えたうえで、あさのの夢や思いなどの見えない部分・見せない部分を大事にして向かい合っているのではないだろうか。言い換えるならば、中学生のあさのに対して、あさのが見えない部分や見せたくない部分をもつことに敬意をもって向き合っているのである。一方的に他者を理解しようとすることは、ときに暴力にもなりうる。そうではなく、二つ目のエピソードでは、教師が10代の生徒に対して、単純に理解できない部分をもつ1人の人間として真摯に向かい合っているからこそ、生徒の心に響いたと考えることができるのではないだろうか。

3．思春期の子どもと秘密

自己を形づくる秘密

　前節の二つのエピソードの核となっている、10代がもつ見えない部分とはいったい何なのだろうか。大人や他者からみて「見えない」部分は、10代の子どもを主語にすると、10代の子どもが他者に「見せたくない」部分であるともいえる。その「見せたくない」ものの一部は、「秘密」と呼ぶことができる。教師は、このような秘密をもつ生徒と向き合っていくことになる。言い方を変えると、教師は、生徒を理解しようとすることが必要であるが、生徒は秘密をもつのである。この秘密とどう関わるかが、教師として10代と向き合う際のキーワードになるのではないだろうか。

そもそも秘密とは、『広辞苑』によると「かくして人に知らせないこと。公開しないこと。また、その内容」を意味する。人間の発達のなかでは、おおよそ4歳のころに他者が知らない秘密や、他者に秘密にすることに関する基本的な理解ができているといわれる。また、子どもがもつ秘密の内容や動機は、子どもの発達とともに変化し、所有しているものに対する秘密から人間関係に関わる秘密へと変化することが指摘されている。そうした発達のなかで、思春期の子どもにとって秘密とはどのような意味があるのだろうか。
　思春期は、自己についての内面の関心が高まる時期であり、親から精神的に自立する時期でもある。そのため、同世代などの仲間や友人同士のつながりが強くなる一方で、親や教師などの大人に対しては、多くを語らなくなり、内面をあまり知られたくない様子がみられるようになる。これまでの児童期のように、親や教師など大人の思いを素直に受け止め、疑問を抱かずに歩いていくわけにはいかず、自分自身で自分の生き方を模索していこうとするのが思春期の特徴である。このような親から自立しようとするいとなみが、思春期に秘密をもつことと密接に関係していく。
　秘密にはさまざまな種類があるが、自分が考えていること、楽しいと思うこと、悩んでいることなどを、他者に知られないように、自分だけのものとして自分のなかに閉じ込めておくことでもある。このような秘密をもつ過程の積み重ねによって、子どもは自分だけの心の世界を築いていく。それが、自己を他から分けるという、境界をつくることにつながる。それは、他者によって見通すことのできない、自己の内面世界を育んでいく心のプロセスといえる。教育哲学者の矢野智司は、秘密をもたない人間とは、内面をもつことがないために、他者に対して透明な人間であると指摘している。自分だけの世界を築いていくこと、つまり秘密をもつことは、他者と自分を区別して自分を形づくることにつながり、人間の内面性の問題に深く関わるのである。そうした過程を経て、10代の子どもは親から自己を分離し、精神的に自立していく。この見えない部分、秘密をもつことが10代の子どもの自己形成にとって重要な役割を担うのである。

『カラフル』から見た秘密

　森絵都の『カラフル』(図15-2)という作品には、このような思春期の子どもの秘密が詰まっている。あらすじは、少し複雑である。生前の罪によって、輪廻のサイクルから外されたぼくの魂が主人公である。ある日、ぼくの魂は、ふいなことから再挑戦のチャンスを得て、自殺を図った真という14歳の少年の体を借りて(作品のなかでは「ホームステイ」と表現されている)、真として生活しながら、前世で犯した悪事を思い出さなくてはならなくなる。

図15-2 『カラフル』
出所) 森絵都『カラフル』文理論社、1998年。

　その真が自殺をするきっかけになったのが、父と母の秘密、そして淡い恋心を抱いた少女の秘密を知ってしまったうえに、自分が一番知られたくない秘密を兄に知られ馬鹿にされたことだった。この少年は、さまざまな人の秘密に触れ、また秘密を暴かれたことによって絶望し、自ら死に至ったのである。他者の秘密を知ることは、これまで見えなかった他者の生々しい本当の姿を見てしまうことでもある。それは、ときとして裏切りになる。真面目で仕事熱心だと思っていた父の偽善者としての姿、活動的で家庭的だと思っていた母の不倫、さえない学校生活で唯一心を許していた女子生徒がしていた援助交際などを偶然知ることにより、真は信頼していた他者すべてに裏切られたと感じ自殺に至った。他者の秘密に触れることは、そのくらい危険で覚悟が必要なことなのだ。

　しかし、本当の物語はここから始まる。主人公であるぼくの魂は、学校でも友達がおらずさえない真として生きることに乗り気でないため、他人事のように真を客観視しながら真として生活する。しかし、前述のような真が知ってしまった家族や友達の秘密を抱えながら彼らと関わり、同時に真の体を間借りしているという誰にも言えない自分自身の秘密をもって生活していくなかで、真を取り巻く人間のもつ秘密の多面性に気づくのである。そして、その気づきによって、主人公のぼくの魂も自分の罪にまつわる秘密に気づく。すると、いま

まで灰色にみえていた世界が、カラフルな美しさと豊かさをもって主人公の前にたちあらわれ、秘密にふれたことよって生きる意味を取り戻すのである。

ワーク 15-3

『カラフル』のように「中高生の"秘密"を描いた作品」や「中高生を描いた作品で、あなたが一番共感したもの」にはどのようなものがあるだろうか？ 具体的な作品を挙げてみよう。文学だけでなく、漫画やアニメや映画などからも考えてみよう。また、その作品のキーワードも挙げてみよう。

1	作品名	
	キーワード	
2	作品名	
	キーワード	

　登場人物たちのもつ秘密の裏側には、年齢にかかわらず、平凡と非凡のあいだでの悩みや、他者からの期待や意味づけへの苛立ち、アイディンティティの揺らぎなどさまざまなものがあった。そうした秘密は、ときとして人を守り、ときとして人を傷つける。他者を理解しようとすることは、喜びや難しさをともなうだけでなく、関係性が一遍に変質してしまうような危険性を秘めている。『カラフル』の主人公のように、思春期の子どもは自分自身が秘密を抱えることで、大人だと思っている親でさえその秘密を抱え、秘密と向き合いながら生きていることに気づく。そして、自分や他者がもつ秘密にふれることによって、新しい関係性と世界が開かれ、その新しい世界を自分で歩き始めるのではないだろうか。また、小説のなかに教師はほとんど登場しないが、その理由や教師としてどのように関わるかを考えてみるのも面白いかもしれない。

4．現代の 10 代と秘密

親と教師に反抗しない"幸せ"な 10 代

　現代の 10 代はどのような特徴をもつのだろうか。彼らは、日本のバブル景気が崩壊し経済低迷が続いた「失われた 20 年」に生まれ育った世代に位置している。NHK 放送文化研究所では、全国の中高生とその親を対象に「中学生

と高校生の生活と意識調査」を1982年から5〜10年おきに行っている。2012年の調査で、「あなたは今、幸せだと思っていますか？」とたずねた結果、「とても幸せだ」と「まあ幸せだ」を合わせた「幸せだ」と答えた中高校生は約95パーセントにあたり、これまでの調査で一番高い値となった。経済的な観点からみると、幸福感が高まるとは思えない日本社会の10年の間に、「とても幸せ」と思う中高生が増えたことを示している。また、学校が楽しいと答え、担任の先生が自分をわかってくれていると答えた生徒も、これまでで一番高い値となった。さらに、父母との関係も良好で、相談相手に友達よりも母親を選ぶ生徒が増えていることも、現代の特徴と指摘されている。

　このようなアンケートから見える現代の10代の特徴を鑑みると、これまで述べられてきたような、親や教師など大人に反抗し、自立を模索する思春期とは少し異なる面もみえてくる。仲間関係についても、調査ではインターネットやSNSの普及が、知らない世界へとつながるツールとしてよりも、身近な仲間と密接に結びつく内輪の閉じられたツールとして用いられている特徴が指摘されている。仲間と密接に結びつきながらも、自分の感情を生身の関係のなかでは秘密にし、一方ネットでは本音を話している姿もみられ、ネットの普及とともに子どもの生活が二重化し、子どもの秘密自体も変化しているとも考えられている。

10代の仲間関係と秘密

　秘密は自己を形づくるだけでなく、思春期特有の仲間関係をも大きく左右する。誰とどのような秘密を共有するかによって、その仲間関係の結束を強めたり弱めたりする。一方で、秘密を共有できない場合は、疎外感を感じる。SNSやLINEが広まったことで、さらにこの結束や疎外は学校外の時間においても無制限に、そして多面的に子どもの生活全体に関わるようになった。身の回りや内輪の人間関係に過剰に気を配る一方で、うわべだけの希薄な人間関係のなかで孤独感を感じていたり、内輪ではない人間に対し無関心であったりと極端な姿もみられると指摘されている。

　朝井リョウの『桐島、部活やめるってよ』（図15-3）は、田舎の県立高校に通う17歳の高校2年生たちの物語である。人気者のバレー部のキャプテン

第15章　現代社会に生きる10代と向き合うには？

桐島が突然部活をやめたことによって、校内での立場がまったく違う5人に起こるさまざまな変化がオムニバス形式で描かれている。この作品は、内容のおもしろさはもちろんのこと、これまで暗黙裡にされてきた学校内のクラスカーストを赤裸々に描き出したことでも着目された。しかしそれだけでなく、思春期の生徒がもつ秘密と仲間関係についても描かれている。

前述したように、主人公5人は校内でもまったく違うグループにおり、接点がないようにみえる。しかし、彼らに共通しているところは、いつも一緒に過ごす友達や仲間にも言えない、もしくは言わない秘密をもっている

図15-3　『桐島、部活やめるってよ』
出所）朝井リョウ『桐島、部活やめるってよ』集英社、2010年。

ところである。1話ずつ1名が主人公となりモノローグで描かれているため、主人公の本当の気持ちが痛いほど伝わってくる。目立ち、見た目も華やかなグループにいるけれども仲間には言えない本当の気持ち、地味だが打ち込めるものをもつ同級生への焦りや憧れ、ひとりぼっちになりたくないから一緒にいるだけの関係など、仲間には言えない秘密と誰もが始終向き合っている。そして、彼らは自分の秘密と向き合うことにより、新たな段階へと歩みを進めていく。このような過程を経ながら、傷つきながらも他者の秘密と自分の秘密、仲間内の秘密とどのように向き合っていくかが、思春期の人間関係の学びの一つとなっているのだろう。

あさのの中学時代のエピソードにあったように、皆さんが教師として向き合うことになる思春期の生徒は、秘密をもつ1人の自立し始めた人間である。そして、わたしたちもそうであるように、彼らは他者がもつ秘密にふれ、誰かと秘密を共有し、また自分の秘密と向き合いながら、他者とともに自分の人生をつくる過程を生きていることに留意したい。なぜなら、生徒（他者）を理解しようとすることは、生徒（他者）の秘密に触れてしまうことでもあるからだ。この教師や大人が見えない部分が、子どもの自立に欠かせないものであるから

こそ、教師として向き合うことになる彼らが、独立した人格と尊厳をもち、権利の主体者であることを忘れてはならない。そのうえで、一般的な思春期の子どもの姿だけでなく、変化していく社会のなかで実際の10代の子ども一人ひとりと関わり、理解していきたいという志向性をもち続けることが大切だろう。

ワーク15-4

皆さんは、見えない部分や秘密を持つ10代の生徒と、教師としてどのように向き合っていきたいだろうか？

注
（1）あさのあつこ『なによりも大切なこと』PHP研究所、2010年、2-4頁。
（2）あさのあつこ『チュウガクセイノキモチ』小学館、2008年、121-122頁。

【読書案内】
①**矢野智司**「「子ども」の秘密——歴史心理学的考察」梶田叡一編『自己意識の発達心理学』金子書房、1989年、289-305頁。
　子どもの内面成熟の契機の一つとして秘密をもつことをとりあげ、歴史心理学から子どもにとっての秘密の意味を考察している。近代化によって大人の秘密が解体され、秘密の存在によって支えられていた子どもという現象や、子どもの自律化の過程が変化するのではないかという問題提起がされている。
②**矢野智司**『大人が子どもにおくりとどける40の物語』ミネルヴァ書房、2014年。
　40の物語を通して、幼児期から青年期までの人生の課題と、その人生の課題によって開かれる、自己の世界とあり方が教育人間学的視点から論じられている。思春期・青年期について、幼児期からの人間発達の連続性の視点から考えることができる。「秘密」をとりあげた項目も参照されたい。
③**青木真砂子**『大人になるっておもしろい？』岩波ジュニア新書、岩波書店、2015年。
　『ゲド戦記』などを翻訳した児童文学者・翻訳家が、10代に向けて書いた手紙形式のエッセイである。教師が何気なく授業で学生にする質問が、ときとして生徒の秘密に対する暴力をはらむことや、「秘めて守る」ことの大切さにもふれている。

参考文献

岩宮恵子「思春期のこころとつながる 第5回「秘密」と「うそ」の裏側にあるもの」『児童心理』第66巻第2号、金子書房、243-249頁。

NHK放送文化研究所『NHK中学生と高校生の生活と意識調査2012 失われた20年が生んだ"幸せ"な十代』NHK出版、2013年。

梶田叡一編『自己意識の発達心理学』金子書房、1989年。

谷冬彦「思春期のうそと秘密——自立の始まり」『児童心理』第63巻第11号、金子書房、2009年、1051-1055頁。

無藤隆・子安増生編『発達心理学Ⅰ』東京大学出版、2011年。

―――――『発達心理学Ⅱ』東京大学出版、2011年。

「「バッテリー」児童文学作家 あさのあつこさん(旬の顔)」『朝日新聞』2005年3月16日夕刊、3頁。

(米川泉子)

第 16 章
子どもたちの「多様性」と向き合うには？
子どもたちそれぞれの成長物語と教師

1.「学校」、「教室」とはどのような場所か

　子どもたちが学校で過ごす時間のなかで大きな位置を占める教室での経験、時間。学校や教室を構成している要素は何か。私たちがもっている学校、教室のイメージはどのようなものだろう。まず出発点として、次のワークに取り組んでもらいたい（ワーク16-1）。

ワーク 16-1

いままでの学校生活を思い浮かべながら、自分にとって最も心に残っている、あなたが過ごした「学校」・「教室」のイメージをイラストと言葉で書き込んでみよう。

学校	教室
（形は？学校にあったものは…）	（どんな雰囲気だった？　教室にあったものは…）
《イラスト》	
・ ・ ・ （あなたにとってどんな場所だった？）	《言葉》 ・ ・ （教室で何をしていただろう？）

　学校や教室はあなたにとってどんな、何を経験した場所だっただろうか。教室のイメージについて学生にたずねると、さまざまなことを教室で体験してきたことに気づかされる。授業を受けていた・お昼を食べていた場所、たくさん

学んだ場所であり、また休み時間のおしゃべりが思い出される、友達と会えて楽しい、けんかと友情を育んだ場所でもあり、そして人間関係やルールを学んだ場所でもあったようだ。そして学校は、自分の才能を見つけてくれた場所、勉強・部活・運動会などを経験し、さまざまな思い出がつまった楽しい場所／辛い時もあった場所、温かい場所（憩いの場）／息苦しい場所としてしばしば思い出される。

学校生活において子どもたちが膨大な時間を過ごし、学び成長する教室は、多様な人やものによってさまざまな出来事が次々と生起する、不思議な場所でもある。教室は「授業」と呼ばれる知識教授・学力形成が行われる場であるとともに、友達や先生と触れ合い、ときにはすれ違ったり問題が起こったりする、それぞれの成長の物語が生起する人間形成の場、集団生活の送り方を経験する場という側面も有している。

それでは、これまでの児童生徒としての教室・学校経験について考えてもらったが、もしあなたが教師になったら、どのような学校や教室を構想していけばよいだろう。また、その過程で困難に直面したときにはどのようにしたらよいのだろうか。本章では、学校や教室で起こっているさまざまな問題について、その渦中にある**当事者の視点**を念頭に置きながら、問題をどのようにとらえればよいのか・指導の課題について考えていこう。そのことによって、学校や教室の姿がより鮮明にみえ、どのように教室づくりを進めていけばよいか、探求するヒントともなるだろう。次節から、あなたなりの教室の姿、子どもとの関わり方について考えていこう。

2．児童生徒にとって安心できる学校、教室とは

学校や教室は、すべての子どもたちが安心して学び合うことができる場であってほしい……これは教職に関わる多くの人が抱く願いであろう。しかし、

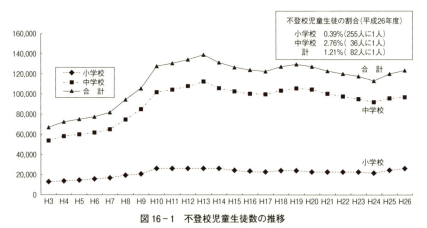

図16-1 不登校児童生徒数の推移

出所）平成26年度「児童生徒の問題行動等生徒指導上の諸問題に関する調査」（文部科学省）より。

多くのものがその内面に光と影を有しているように、学校や教室もまた、つねに子どもたちに光を与えているわけではない。その一つが、登校したくてもできない、教室に行きたくても行けない、**不登校**の問題である。不登校は、1950年代後半から教育課題と認識され始め、当初は「学校恐怖症」、その後「**登校拒否**」と呼ばれ、1970年代半ばから80年代に増加し、社会問題化した。当時、登校拒否は「学校に適応できない子ども」の病理現象であるとの見方が示されたり、児童生徒が一定の意志を持って学校へ登校しないという意味で受け取られ、個人にその原因が見出されていたが、その様態にさまざまな発生要因や程度などがあることが明らかになり、家庭や本人に問題があるのではなく社会の病として欠席を理解する見方が1980年代後半から広まった。1989年に文部省によって発足した学校不適応対策調査研究協力者会議は、1992年に会議報告「登校拒否（不登校）問題について──児童生徒の「こころの居場所」づくりを目指して」をまとめ、さまざまな要因が作用すれば、「どの子にも起こりうるものである」という視点でとらえて指導・援助することが必要であるとの見方が示された。この報告によって不登校についての認識が大きく変化し、これ以降「不登校」という言葉が一般的に浸透し、現在は「不登校」という用語が定着している。

　現在、日本では、病気や経済的理由を除く、友達からのいじめ、先生との不

適合、学力の問題など、さまざまなきっかけで、年間30日以上学校を休む不登校[1]の小・中学生が約12万人存在している。この数字のなかに入らなくても、潜在的に学校・教室への行きづらさを感じている子どもたちはおそらくもっと多いだろう。学校に行けなくなった／行かない／行きたくない、不登校の渦中にある子どもたちと向き合うにはどうすればよいのだろうか。ここで考えなくてはならない課題の一つは、子どもが学校にいない状態であるために、教師と子どもの教育関係がある種、途切れている状況にどのように対応していくかという問題である。そこでは集団生活等の人間関係、教師と子どもの教育的関係性をいかにして再構築・改善していくかが鍵となる。

学校内での対応

　不登校の子どもたちへの支援活動は、学校内・学校外でさまざまな方法で行われているが、学校内では、担任による家庭訪問、養護教諭や**スクールカウンセラー、スクールソーシャルワーカー**による相談や指導、カウンセリングなどが行われている。1995年度から文部省による「スクールカウンセラー活用調査研究委託事業」が開始され、「心の専門家」として学校に配置されるようになったスクールカウンセラーは、児童生徒への相談・助言にとどまらず、教職員や保護者と連携して子どもの心の悩みにこたえている[2]。また、「児童生徒を取り巻く環境」に注目し、問題への解決を図るスクールソーシャルワーカーの導入も進んでおり、不登校の子どもたちに対して、家庭環境も含めて**福祉的な面から**支援する取り組みも行われている。不登校などの原因・背景は年々複雑化・多様化しており、学校・家庭・地域それぞれの要因が複雑に絡み合い、生じているケースも多く、家庭への支援も含めて、福祉に関する外部機関との連携を図るスクールソーシャルワークが全国で取り組まれるようになった。この連携を担うスクールソーシャルワーカーは、**教師のサポートネットワーク**としてとらえられ、不登校の子どもの支援を広く豊かに構想するものとして期待が寄せられている[3]。

　文部科学省は、不登校児童生徒への指導や援助の考え方として①将来の社会的自立に向けた支援の視点、②連携ネットワークによる支援、③将来の社会的自立のための学校教育の意義・役割、④働きかけることや関わりをもつことの

重要性、⑤保護者の役割と家庭への支援を重視している。不登校の子どもがいま置かれている状況や学校生活における適応／不適応の実態を把握し、1人ひとりの要因・背景の違いを認識しつつ指導や援助を行うことが大切である。そのためには、実態把握、個々に適時適切に対応する働きかけ、専門的知識の習得、学校環境の整備、そして関係諸機関や専門家との連携などの支援体制の充実が求められる。

学校外での対応、多様な学びの場

　また、学校外では、教育委員会が設置運営する**教育支援センター（適応指導教室）**による学校復帰に向けた支援体制が整えられており、子どもたちの**居場所**としての役割、集団生活の場や学習機会の確保などの役割も担っている。

　その他、学校へ行かない・行けない子どものための居場所づくりの一環として、**オルタナティブ・スクール**（Alternative school）、**フリースクール**（Free school）と呼ばれる学びの場を設立する取り組みも1970年代半ばごろから進展してきた[4]。上記の試みは子どもの多様な学びの保障への取り組みでもある。**オルタナティブ教育**（Alternative education）は、多様な教育思想や理論を背景とした、「もう一つの教育の場」として生じ、主流な教育とは別のかたちの教育内容・方法・システム等を実現しようとする試みであり、これらの多くは子どもの主体性を尊重したり、柔軟なカリキュラムによる教育を行うなどの特徴がある。

　また、日本のフリースクールをめぐる議論に目を向けてみると[5]、教育相談に応じたり、体験活動や学習指導を行ったりする民間施設のフリースクールでは、公的支援の問題などから経済的困難を抱えているところも多く、利用家庭には経済的な負担が伴う。通った日数は学校への出席として扱うことも認められてきたが、ほとんどのフリースクールは正規の学校として認められてきたわけではない[6]。しかし、近年、学校以外での多様な学びの重要性が認識され、不登校の子どもへの支援組織として、既存の学校制度との連携・協力的関係が模索されている。

　では、上記のような組織は子どもにとってどのような存在として受け止められてきたのだろうか。実際に不登校を体験した女の子のフリースクールでの経

験をここで紹介しておこう。

> 私に合っていたフリースクール
> ……私は現在、高校4年生。いじめが原因で不登校になり、中学2年生の途中から地元のフリースクールに通った。フリースクールのゆっくり流れる時間は私に合っていた。先生も、「早くしなさい。急ぎなさい」などとは決しておっしゃらなかった。中学に居場所がなかった私は多くの友達と出会い、様々なことを学んだ。……不登校は決して悪いことではないし、恥ずかしいことでもない。「無理して学校に行く必要ない」と母が言ってくれたおかげで今の私がある。自分に合ったフリースクールで友達と勉強したり遊んだり。その方が大切だと思う。居場所が必要な子どもたちが、安心して過ごせるフリースクールをたくさん造ってほしい。不登校を経験した私の願いである。(『朝日新聞』2015年2月5日朝刊)

この文章からは、生きづらさを抱える子どもたちの居場所としてのフリースクール、不登校の受け皿の一つとしてのフリースクールの姿が垣間見える。学校は、子どもの学ぶ権利を保障し、教育の機会均等に大きな役割を果たし、教育全体のなかで中心的な役割を担っている。ただ、その大きな枠のなかで、違和感を抱いたり不適合を起こしている子どもが存在していることもまた事実である。彼ら、当事者の目線を大切に、いままでと違った視点で学校教育を模索する時期にきているのかもしれない。子どもたちにとって何が本当に幸せか、本当の意味で子どものためにとはどういうことなのか、長期的に考えるとどのような働きかけが必要なのか……正解のみえない難しい問題だ。ただ、既存の学校と多様な学びの場、双方の立場からお互いを照らすこと、その往還によってわれわれは何のために学校があるのか、何のために教育があるのか、その問いの原点に立ち返って考えることができる。

3．子どもと教師の教育的関係性——問題のある子？

子どもと教師の関係は、つねにすべてが安定した状態にあるわけではないこ

とは、これまでの学校経験を振り返っても、そして教職について実際に日々、子どもと関わるなかでも多くの人に認識されることであろう。しかし、何か関係性に問題が生じたとき、困難に直面したとき、それらを見つめ直すことで、教育的関係性は編み直され、教師としてのターニングポイントやより深い子ども理解へと導かれる可能性に開かれることもある。このことについて考えるために、ある小学校の先生と一見、問題を抱えた子どもたちとの関わりとその変化[7]についてみていこう。

ワーク16-2

まず事例1・2を読んで、次のことについて考えてみよう。
教室で「問題」をおこしていたようにみえる隆君。どのような子だろう（なぜ問題を起こすのか／起きるのか）？

教師の視点から	隆君の視点から

さらに、隆君の変化について気づいたこと・考えたことを書き出し、周りの人と意見を交換してみよう。

【事例1】

　その日もガーンという大きな音と共に教室のゴミ箱が転がり、怒りに肩をふるわせた隆君が勇君に今にも飛びかかろうとしていた。勇君が隆君の大切にしていた筆箱にいたずらをしたのだ。教室は大騒ぎ。久しぶりに担任した2年生のクラス。新学期初日、あちこちでケンカが始まり、泣いている子もいた。「オレは将来、ヤクザになるんだからな。こんなことやってられねえよ」と、机の上に足をのせて眉間にシワを寄せ、怒鳴っている

子もいる。隆君だ。私（渡辺先生）は子どもたちの言い分を聞いたり、なぐさめたり、注意したり。……挫けそうになるたびに、職場の先輩や仲間たちに励まされ、隣のクラスの担任とも相談して、とにかく子どもたちが楽しいと思える授業にしようと準備を整え、教室に向かうが、短時間しか集中できない子もいて、授業は簡単ではなかった。私は教室が心地よい場所になるよう、そして１人ひとりの興味や関心を交流し合って「みんなで学ぶとおもしろいな」という思いを教室に作ろうとした。少しずつ子どもたちは落ち着きを見せるが、計算練習になると相変わらず面倒くさがり、真剣に取り組まない。そして７月の算数の「液量」の学習。どういう授業をやろうかと考えている時、隆君が「オレ、すげぇたくさん水飲んじゃった」と教室に駆け込んできた。私はこれを聞いて「だれが一番水を飲んだのか」という題材で授業を行うことにした。子どもたちは、どうやって調べるのか教え合い、「飲んだ水分を、決めたコップの何杯分かその数で比べる」という方法に決めて、早速調べ始めた。次の日には、机の上に"マイコップ"が並んでいる。全員が宿題をやってきたのは、はじめてのことだ。上記の題材をきっかけに、コップの大きさが違うと数では比べられないこと、冷蔵庫やゴミ箱は水が入っていないのにリットルを使う、という発見もし、前向きに子どもたちは学び始めた。

落ち着きのない当初の２年生のクラスの子どもたち。このような状態はしばしば教師を悩ませる。困ったな……ケンカをやめさせなければ……どうして騒ぐのだろう……隆君のような子が「問題のある子」にみえることもあるかもしれない。子どもたちは、それぞれの発達課題を抱え、家庭や日常生活でのさまざまな思いを胸に、学校へ来ている。なぜ勉強に集中できないのか自分でもわからない子もいるだろう。その理由はさまざまだが、課題への興味のもてなさや失敗への恐怖だったり、人間関係の不調和やクラスのなかで感じる自分の学力の問題（劣等感）だったり。渡辺先生はその心の内の声を聴き、彼らに寄りそいつつ授業だけでなく教室の空気を変えようとしている。そして、それまでの「液量」の授業で自分がやってきた形式の授業ではなく、隆君の日常の発言をきっかけに授業を再構成し、子どもたちのさまざまな発見をつなぎ、大切に

しようと試みている。違ったアプローチがあればこの子たちはできる……教室における「今」の状況を判断し、隆君の水に関する発言と、教育内容としての「液量」をつなぎ、子どもたちの「知りたい！」という興味や関心から授業を出発したのである。

また、この事例の背景には、さまざまな**対話**――教師と子ども、子どもと子ども、教師と教材、子どもと教材、発見という名の自分自身のとの対話――が存在している。教室には、このようにさまざまな、そして一つひとつ異なる対話が常に生起している。子どもたちの学びを深めるためには、教師は子どもと教材それぞれに目を向けるだけでなく、子どもが教材とどのように向き合っているか／向き合えていないのか絶えず把握する必要がある。複雑性や曖昧性を授業の本質であるととらえる「**授業のデザイン**[8]」という考え方があるが、そのデザインは教育内容の主題と目の前の子どもたちの学びを結び合わせ、あるいは問い直していくことで生成・発展し、授業中だけでなく授業前・後も継続されるいとなみである。また、授業の「**不確実性**[9]」という言葉が示すように、授業の組織は、計画、実践、反省という作業だけでなく、多様な「対話」に彩られ、実際に行ってみなければどのように進んでいくか予測できない、未知で流動的な側面を有している。

【事例2】
　（「液量」の授業を経て……）友達から「隆が説明したのでよくわかった」と言われた隆君は、練習問題もちゃんとやるようになった。1年生の時にできなかった引き算も、自分からやり始めた。夏休みが直前に迫ったある日、私（渡辺先生）は、「先生、夏休みになると寂しいか？」と突然、隆君に尋ねられた。日中、トイレに行く暇もないほどハプニングが起こるクラスだったので、私は一瞬言葉に詰まったが、私の返答を待つ間もなく、「オレも寂しいよ。でも我慢しな。9月には、また、会えるからな」と隆君。私はこのクラスとの関わりで、二つの確信を得た。一つは、子どもは学びの中で自らを変える、学びを通して自分発見、友達発見ができるということ。もう一つは、子どもを真ん中に、職場の仲間や親たちとつながることができるということであった。

この事例からは、さまざまな「**学び**」が垣間見える。教師から子どもが学ぶこと、子どもから教師が学ぶこと、子どもたちが互いに学びあうこと、職場の同僚や親から教師が学ぶこと。それぞれの子どもが抱いている興味や関心、そして授業のわかり方も1人ひとり違っていて、一見問題を抱えているようにみえる子どもにも、わかるようになりたいという思いが根底にはあり、何かのきっかけでそれが発現したときには学びが連鎖していくこと、それは教師や周りの友達との関係性も変化させる可能性をもっていること……子どもたちはさまざまなことを教えてくれる。当初、勉強がわからないことへのいら立ちなどから荒れているようにみえた隆君も、周りの友達に「隆が説明したのでよく分かった」という言葉によって自分もクラスに必要な人間であるという心の居場所を見つけることができ、学習意欲や態度にも変化が生じている。また、事例1から続く、渡辺先生と子どもたちとの関わりについて注目してみると、教師が子どもの発達課題に気づき、それぞれの子どもたちの学びへの壁と課題と向き合い、信頼関係を結び、そのクラスにあった新しい関わりを準備していることが分かる。そして何より教師自身が子どもたちから学び、成長していることに気づく。

　教師との信頼関係が醸成され、安心して自分を表現できたり、自分のよさが認められたり、子どもたちのあいだにも互いに受容的な人間関係があるとき、その環境は子どもたちが安心して生活し、学ぶことのできる居場所となる。これらのさまざまな変化が絡みあって、クラス全体の学びや人間関係にも変化が生じている。このような教師と子どもの関係性をみるとき、伝統的な一斉授業における教師（知識の伝達者）－子ども（知識の受容者）という二項関係は、学びあい育ちあう関係としてとらえ直される。そしてその二項関係の変化は、また新たな関係性の構築へと向かう。

4．特別なニーズをもつ子どもたちへの支援をどう考えるか

　前節でもみてきたように、子どもをどう理解するか、子どもとの信頼関係をどう構築するかという課題は、教師にとって根源的な問いでもある。子どもとの信頼関係は、子どもの声（それはもしかしたら無言の声の場合もあるかもしれ

ない) に耳を傾け、目の前の子どもの成長を受け入れ、多様な援助要請に気づくことから始まる。

近年、いわゆる**発達障がい**のある子どもたちを含めた子どもへの理解と支援について、「**特別支援教育**」という枠組みで探求されている。2005年に施行された「発達障害者支援法」では、従来まで法的支援の対象から外れていたPDD（広汎性発達障害）やLD（学習障害）、ADHD（注意欠如多動性障害）の子どもたちも法的支援の対象となった[10]。

文部科学省の定義によれば、「特別支援教育」とは、障がいのある幼児児童生徒の自立や社会参加に向けた主体的な取組を支援するという視点に立ち、幼児童生徒1人ひとりの教育的ニーズを把握し、その持てる力を高め、生活や学習上の困難を改善または克服するため、適切な指導および必要な支援を行うものである。2007年4月に施行された改正学校教育法により、すべての学校において特別支援教育を推進することが法律上も明確に規定された。これまでの「**特殊教育**」が障がいの種類や程度に応じて特別な場で手厚い教育を行うことに重点が置かれていたのに対し、「特別支援教育」は障がいのある子ども一人ひとりの教育ニーズに応じた支援を行うことに重点が置かれており、小学校、中学校の通常の学級に在籍する発達障がいなどのある子どもも含め、より多くの子どもたちの教育ニーズに対応した教育が行われる[11]。

発達障がいのある子どもは小学校では1クラスに2、3人いるといわれており、第2節でも扱った不登校、いじめ、学級崩壊などの問題と絡みあいながら、どのように適切な指導および必要な支援を行っていけばよいのか、各学校でも考える機会が増えている。それでは、子どもたちの教育的ニーズを把握し、その可能性を大切に伸ばしていくためには、どうすればよいのだろうか。発達障がいのある子どもは、障がいによる困難を抱えているが、優れた能力を発揮する場合もあ

図16-2 特別支援教育における「包み込むモデル」

出所) 前掲『通常学級での特別支援教育のスタンダード』、23頁。

り、できるだけ早期から適切な援助を受けることが重要だとされている[12]。子どもの発達特性に気づき、自己肯定感が阻害されることのない、1人ひとりの個性が尊重される居場所づくりについて考えていく必要がある。その際にまず重要になるのが、子どもたちに接する際の視点の転換であろう。大和久勝は、自身の教職経験から、発達障がいの子どもを「困った子」ではなく、「困っている子」としてみることの大切さを指摘している[13]。「困る子」「困った子」として教師や親の前に登場する子どもたち。しかし実は自分でも自身を理解できずに苦しんでいる「困っている」子なのだという考え方。ここに、教師や親や、周りの友達から理解されずに悩んでいる子どもたちの心に寄りそい、その子のかけがえのなさを受け止め、本人としっかりと関わっていくための一つの鍵があるように思われる。しかし、発達障がいを理解することに付随する「発達障がいという判断」は、ある種のレッテル貼りにもつながりうる傾向を有しているということも心に留め、共感を欠いた表面的理解——その子全体を見ないで発達特性だけに注目する——に陥らないよう、注意する必要があるだろう。

　それでは、「子どもの可能性を最大限に伸ばすことを目指す」特別支援教育は、具体的には各学校でどのように実践されているのか。ここでは、障がいのある子もない子もともに学べる、居場所のある学校づくりを進めている東京都日野市における特別支援教育の取り組みを一例としてとりあげ、教育支援や指導、学校環境等について考えていきたい。特別支援教育は、2007年度から全国でスタートしたが、日野市は、2006年度より本格的に試みを始め、市の基本テーマの一つに「特別支援教育の充実」を掲げ、特別支援教育の推進に取り組んできた。ハード面では特別支援学級の増設、全小学校に特別支援教室（学習支援室）の設置を行い、巡回相談員の増員などの体制も整えられた。ソフト面に関しては教師1人ひとりの指導法についての検討が試みられ、その過程では従来の障がい児教育をそのまま通常学級に持ち込むこと（障がい児教育の個別的な対応）が集団の指導を基本とする通常学級になじみにくいなどの問題なども立ち上がったという[14]。この問題を受けて登場したのが、日野市の取り組みを象徴する「ひのスタンダード」の策定（市内の小中学校の通常学級で実際に行う特別支援教育の内容と基準を具体的に示そうという試み）というアイデアと「**包み込むモデル**」という考え方である（図16−2参照）。「包み込むモデル」

では、子どもの最も近くにある「個別的配慮」を強調してきた従来の特別支援教育の視点に加え、「個別的配慮」は、担任を中心とする、すべての子に対する「指導方法」という枠に抱えられて成立すること、その「指導方法」は「学級環境」に支えられ、「学級環境」は「学校環境」のなかに存在すること、さらに「学校環境」は「地域環境」のなかに位置していること、の重要性が認識されている。そして、それぞれの包み込む「層」でいかなる工夫をするか、がつねに問われる。

　また、日野市の実践は、障がいの有無にかかわらずすべての子どもを対象にした教育、「**インクルーシブ教育**」（**包括的教育**）の理念をその背景にもっており、障がいをもつ子どもたちだけを対象にするのではなく、困難を感じるすべての子どもたちを学校が包み込むことを実現しようとしている。そして、そこから生まれた具体的対応は、校内委員会の設置などを中心とする組織づくり、通常学級に在籍しながら特別支援学級を利用する方法などの組織の工夫であり、学校を「**ユニバーサルデザイン**[15]」のもと構想しようとする環境の工夫などである。同校では発達障がいのある子どもにとって学びやすい環境と、どの子にとっても学びやすい環境を同時に実現することが試みられており、そこでは発達障がいのある子どもは、学校や教育活動にとって、なくてはならない存在として位置づいていることもまた、これからの「特別支援教育」を展望していくうえでも重要な視点であろう[16]。

5．これからの教師の役割

　本章では、さまざまな教育課題と、その渦中にある子どもたち、学校や教室の現在、そして教師の役割について検討してきた。子どもは想像以上にたくさんの可能性を内に秘めており、その子どもの成長、発達に教師が果たす役割は大きい。教師は、子どもたちに一定の知識や技能を教えるだけの職業ではなく、子どもの人間形成に関わる職業であり、それゆえ教室内に限らず、子どもたちの個々の成長や人間関係、生活環境などにも目配りが必要である。

　今日では、地域の教育力の低下や家庭における子育て機能の低下などを背景として、学校や教師に求められるものは多様化している。また、教師の多忙化

やモンスターペアレントの問題など（第8章、第13章もあわせて参照してほしい）、これから教師になるにあたっていろいろな不安や悩みをもっている人も少なくないだろう。しかし、教師という職業は、たくさんの「人と関わる職業」のなかでも、伸び盛りで大きな可能性と将来性を秘めた「人」の成長に直に関わることができ、ともに歩んでいける、魅力ある職業でもある。目の前の子どもたちが抱えている問題を整理し、子どもたちに人間全体として向きあい、学校や教室を少しでも過ごしやすい環境にできるよう、そして子どもの可能性を大事に未来につないでいけるよう、さらなる検討を続けていこう。

注

（1） 文科省の定義によれば、「不登校」とは、何らかの心理的、情緒的、身体的、あるいは社会的要因・背景により、年間30日以上児童生徒が登校しないあるいはしたくともできない状況にある（ただし、「病気」や「経済的な理由」によるものを除く）ことをいう。不登校の具体的な例としては、学校生活上の影響、あそび・非行、無気力、不安など情緒的混乱、意図的な拒否、複合が挙げられる（文部科学省「学校基本調査の手引」より）。

（2） 臨床心理学をベースにし、教育相談等を行うスクールカウンセラーは、子どもの「こころ」に寄りそうものとして期待がかけられ、学校現場に浸透してきたが、その心理主義化や医療化に関しては、個人主義に傾斜する懸念など、課題が示されてもいる（たとえば、吉田武男・中井孝章『カウンセラーは学校を救えるか――心理主義化する学校の病』昭和堂、2003年）。

（3） その他、文科省の支援施策として、不登校児童生徒に対する特別な教育課程の編成や教育課程の弾力化等に関する取り組みも行われている（cf.「不登校児童生徒を対象とした学校の設置に係る教育課程の弾力化事業」【2005年7月、学校改正法施行規則の一部改正により全国化】）。

（4） 「オルタナティブ教育」、「オルタナティブ・スクール」の用語は、時代や地域により多義的に用いられるが、永田佳之によれば、20世紀後半以降の日本のオルタナティブな教育運動には、①不登校の子どもたちの受け皿となり、公教育と対峙するかたちで発展してきたフリースクールなどの教育運動、②欧米の教育理論や実践に触発されるかたちで発展してきた民間教育運動、③公費で民間主導の教育を展開しようとする動き、の三つの潮流がみられるという。cf. 永田佳之『オルタナティブ教育――国際比較に見る21世紀の学校づくり』新評論、2005年、

6-7頁。
（5） フリースクールにはさまざまな形態があるが、日本のフリースクールは主に、①不登校の子どもたちの学校外の学びの場として親の会の活動などが中心になってつくられたもの、②欧米のオルタナティブ教育の流れを受け開設されたもの、を源流とし、発展してきた。
（6） 近年では、東京シューレ葛飾中学校など、フリースクールを母体とし、私立学校の認可を受けた学校も誕生してきている。
（7） 事例1・2に登場する渡辺先生と子どもたちの関わりについて、渡辺恵津子「子どもとともに育つ伴走者」汐見稔幸編『子どもにかかわる仕事』岩波ジュニア新書、岩波書店、2012年、65-77頁より抜粋。
（8） 藤岡完治「授業をデザインする」浅田匡他編『成長する教師』金子書房、1998年、8-23頁を参照。
（9） 佐藤学『教育の方法』左右社、2013年を参照。
（10） 2016年5月に改正された発達障害者支援法では、教育面に関して、発達障がいがある子どもが他の子どもとともに教育を受けられるよう配慮すること、個別の支援計画や指導計画の作成の推進、いじめ防止対策、福祉機関との情報共有や連携の推進等が盛り込まれた。
（11） 文部科学省初等中等教育局特別支援教育課『特別支援教育』広報パンフレット、2007年を参照。なお、障がいのある児童生徒の学校教育は、原則として、特別支援学校、特別支援学級、通級指導教室、通常学級で行われており、現在では通常の学級で学習を支援する「支援員」の活用も広がっている。
（12） 同上。
（13） 大和久勝編『困った子は困っている子——発達障害の子どもと学級・学校づくり』クリエイツかもがわ、2011年を参照。
（14） 日野市における特別支援教育の取り組みについては、東京都日野市公立小中学校全教師・教育委員会、小貫悟『通常学級での特別支援教育のスタンダード』東京書籍、2010年を参照。
（15） 障がいのある人にとっても障がいのない人にとっても過ごしやすい環境、使いやすいデザインをつくるという考え方。
（16） 特別支援教育について考える際には、本文でも述べた可能性とともに、これから検討すべき課題も多くあると考えられる。たとえば、柘植雅義は、特別支援教育の課題として、以下の問題を挙げている。①理念と基本的な考えの問題、②対象と範囲の問題、③2E（two exceptional）教育の問題、④個に応じた指導・支援、教育課程、指導の質の問題、⑤通級による指導と特別支援学級のあり方の問題、

⑥教員の養成、専門性、学歴、免許制度の問題、⑦本人、保護者、家族の参画のあり方の問題、⑧投資と費用効果の問題、⑨評価の問題、⑩理解推進と広報・普及の問題（詳細については、柘植雅義『特別支援教育――多様なニーズへの挑戦』中公新書、中央公論新社、2013 年、208-235 頁を参照してほしい）。これらの課題と向き合いつつ、多様な背景をもちいまを生きる子どもたちの現状に即した特別支援教育の取り組みが築かれていくことを願う。

【読書案内】
①汐見稔幸編『子どもにかかわる仕事』岩波ジュニア新書、岩波書店、2012 年。
　教師や教育関係者等、子どもにかかわるさまざまな仕事に就いている方々の実際の語りや経験談にふれることで自分なりの子どもへの関わり方を探求してほしい。
②東京都日野市公立小中学校全教師・教育委員会、小貫悟『通常学級での特別支援教育のスタンダード』東京書籍、2010 年。
　具体的な写真や事例を交えながら、「通常学級での特別支援教育」に取り組む日野市の小・中学校の先生方のアイデアなどが分かりやすく紹介されている。

参考文献
浅田匡他編『成長する教師』金子書房、1998 年。
大和久勝編『困った子は困っている子――発達障害の子どもと学級・学校づくり』クリエイツかもがわ、2011 年。
佐藤学『教育の方法』左右社、2013 年。
汐見稔幸編『子どもにかかわる仕事』岩波ジュニア新書、岩波書店、2012 年。
柘植雅義『特別支援教育――多様なニーズへの挑戦』中公新書、中央公論新社、2013 年。
東京都日野市立小中学校全教師・教育委員会、小貫悟『通常学級での特別支援教育のスタンダード』東京書籍、2010 年。
永田佳之『オルタナティブ教育――国際比較に見る 21 世紀の学校づくり』新評論、2005 年。
文部科学省初等中等教育局特別支援教育課『特別支援教育』広報パンフレット、2007 年。
吉田武男・中井孝章『カウンセラーは学校を救えるか――心理主義化する学校の病』昭和堂、2003 年。

（米津美香）

第17章
これからの教師の役割とは？
ファシリテーターとしての教師

1．新しい学びの登場と新たな教師像

技術的熟達者から反省的実践家へ

　1996年、「21世紀を展望した我が国の教育の在り方について」という中央教育審議会答申のなかで、「生きる力」が提唱された。そこでは「生きる力」とは、「自分で課題を見つけ、自ら学び、自ら考え、主体的に判断し、行動し、よりよく問題を解決する能力」であり、「自らを律しつつ、他人と協調し、他人を思いやる心や感動する心など豊かな人間性とたくましく生きるための健康や体力」であると定義された。それを受けて、その後の学習指導要領改訂時に「総合的な学習の時間」が創設された。この流れは多くの人が知るところだろう。

　近年の教育の大きな転換期であったこの時期に、佐藤学は、90年代日本の教育状況を分析し、教師のあり方、教師の資質と見識、教師の役割と責任が問われ、教師像そのものが大きく変わらなければならない状況に来ていると指摘している。近代の教師は「技術的熟達者（technical expert）」としてのあり方を目指してきたが、これからは「反省的実践家（reflective practitioner）」としてのあり方へと転換しなければならないというのである。反省的実践家とは、ドナルド・ショーンにより、専門家の実践におけるあり方として位置づけられた、今日の教員養成において最も注目されている概念の一つである（第12章参照）。佐藤はショーンをふまえ、この反省的実践家としての教師を「「活動過程における省察（reflection in action）」を原理として、教室の出来事を省察し意味と関わりを構成しながら、子どもの学びを触発し促進する[1]」者と定義している。ここでは特に「触発し促進する者」という言葉に着目しよう。これが本章でと

りあげる、これからの教師の役割として求められる「ファシリテーター」だからである。佐藤は反省的実践家としての教師を、単に教室の出来事を省察する者であるだけでなく、子どもの学びを触発し促進する者であるとする。教える者としての教師像から子どもの学びをファシリテートする者としての教師像への転換が今後求められると 20 年近く前にすでに指摘しているのである。本章では、これからの時代に求められるファシリテーターとしての教師像について考えていく。

新しい学びの登場

「生きる力」の提唱から 20 年近く経った 2014 年、「初等中等教育における教育課程の基準等の在り方について」という諮問が出された。そこには、以下のような表現がみられる。

> 必要な力を子供たちに育むためには、「何を教えるか」という知識の質や量の改善はもちろんのこと、「どのように学ぶか」という、学びの質や深まりを重視することが必要であり、課題の発見と解決に向けて主体的・協働的に学ぶ学習（いわゆる「アクティブ・ラーニング」）や、そのための指導の方法等を充実させていく必要があります。

ここには「教える」ことに加えて「学ぶ」ことへの着目、そして知識の質・量に加えて学びの質・深まりへの着目が表明されている。「教える」ではなく「学ぶ」、「知識」ではなく「学び」。「生きる力」で提唱された「自ら学び、自ら考え」という学ぶ者の主体性がより明確になっているのである。

さらにここでは学ぶ内容だけでなくどのように学ぶのかという学びのプロセス、方法の重視が求められている。学ぶ内容以上に、学ぶプロセスや方法が学びの質や深まりに関連していると考えられているのである。

それを受けて、「主体的・協働的に学ぶ学習」やそのための指導法を充実させていく必要があるとされる。これは教える内容重視から学びのプロセス重視への転換であり、個人的なものだと思われていた学び観の協働（協同）的な学び観への転換である。特に、学びを協働（協同）的ないとなみととらえる観点

は重要である。受験勉強に慣らされてきてしまったわたしたちにとって、学ぶことは他者との競争のなかに回収され、個人的なものとなってしまっている。しかし学ぶことは、他者との関わりのなかでこそ深まっていくものなのである。わたしたちは個人では到達することのできない学びの深みに、他者と関わることでたどり着くことができる。他者との関わりは学びの質を深めるものなのである。

　そして2016年8月26日の中央教育審議会教育課程部会の「次期学習指導要領等に向けたこれまでの審議のまとめ（案）」では、「学習指導要領等の改善の方向性」として、「「主体的・対話的で深い学び」、すなわち「アクティブ・ラーニング」の視点からの学びをいかに実現するか」が課題であるとされた。「アクティブ・ラーニング」の意味内容は、「主体的・協働的に学ぶ学習」から「主体的・対話的で深い学び」へと、より他者との関わりによる学びの深まりを重視したものとなってきているのである。

　もちろん、この出発点は「生きる力」にある。しかしここに来て「生きる力」は、「アクティブ・ラーニング」という言葉とともに、より明確な学習方法として求められるようになり、さらにはそれが他者との関わりのなかで学ばれるものであるというまったく新しい学びのあり方として登場しているのである。

新たな教師像
　このような新しい学びの登場の流れのなかで、2012年の中央教育審議会答申「教職生活の全体を通じた教員の資質能力の総合的な向上方策について（答申）」において、これからの教員に求められる資質能力として、「教職生活全体を通じて、実践的指導力等を高めるとともに、社会の急速な進展のなかで、知識・技能の絶えざる刷新が必要であることから、教員が探究力を持ち、学び続ける存在であることが不可欠である（「学び続ける教員像」の確立）」とされた。グローバル化や情報化、少子高齢化など社会の急激な変化にともなう高度化、複雑化する問題への対応として「学び続ける教師像」という新たな教師像が示されたのである。

　さらにそこでは、「専門職としての高度な知識・技能」として「新たな学びを展開できる実践的指導力」がこれからの教員に求められる資質能力であると

もされた。「新たな学びを展開できる実践的指導力」とは、具体的には「知識・技能を活用する学習活動や課題探究型の学習、協働的学びなどをデザインできる指導力」である。ここに来て、教師の指導力とは、単に教える能力ということではなく、課題探究型の学習、協働的学びをデザインする力であるとされるようになったのである。この力こそ本章でとりあげるファシリテーションという言葉で表現されるものである。以下、ファシリテーションとは、あるいはファシリテーターとはどのようなものなのか、そしてファシリテーターとしての教師になるためにはどうしたらいいのか、考えていくことにしよう。

2．ファシリテーターとしての教師

教師からファシリテーターへ——ロジャーズの教育論から

　クライアント中心療法の開発者で「20世紀に最も影響の大きかった心理療法家」とも称されるカール・ロジャーズは「学習促進者になる」という論文のなかで、教育の目標を、教えることから学習を促進させることへと転換しなければならないと述べ、教育者も教師（teacher）から学習の促進者（facilitator of learning）へと変化しなければならないとしている。そして、教師と学習促進者（ファシリテーター）とを対立的にとらえ、それぞれをまったく正反対のものとして位置づけている。ロジャーズは伝統的な教育を、水さし（教師）からコップ（生徒）に水（知識）を注ぐことにたとえている。この場合、教師の視点はいかに効率よくコップに水を注ぐことができるかにある。一方で、ファシリテーターは、ただひたすら「風土（climate）」に関わろうとするという。ファシリテーターの視点は、「子供が周囲を気にせず好奇心をむき出しにし、平気で間違いをおかし、環境から、級友から、わたくしから、経験から、自由に学習できるようになるような心理的風土を、どうしたら創り出すことができるだろうか？[2]」というものになる。そしてこのような「風土」がつくられると、子どもたちが相互に関わりあう自由が育ち、子どもがほかの子どもの学習を援助するようになるのだというのである。

　ロジャーズは、教師がファシリテーターになるために必要な視点として、以下の七つを挙げている。丁寧にみていこう。

一つ目は「子どもはどんな気持ちだろうか」。ロジャーズは、大人にとって意味のあることではなく、学習している当の子ども自身の世界に入っていき、その子にとって意味があることは何なのかを理解する必要があると述べている。教師主体ではなく、子ども主体の態度である。二つ目は「関係に自分を賭けられるか」。子どもを１人の人間として、尊敬する人物として遇し、また関係のなかで自分自身のありのままの姿を示し、率直で人間的な関係を築くこと。これはロジャーズが「治療的人格変化の必要十分条件」として示した「自己一致」「無条件の肯定的配慮」「共感的理解」の「無条件の肯定的配慮」に当たるものだろう。三つ目は「生徒の興味は何か」。子どもたちが興味や情熱を示すものは何なのか、それについて心から知りたいという思いを示す必要があるという。四つ目は「いかにすれば探求心を解放することができるか」。ロジャーズは伝統的な教育のなかで衰えさせられている子どもたちの好奇心、探求心を持続させ、解放させることが必要だとしている。五つ目は「学習資源の提供」。教えるのではなく、子どもたちが利用できる学習の資源を物心両面から準備し、構想力に富んだ仕方で提供する。六つ目は「創造性」。創造的な子どものなかに時々みられる、厄介な、ときには傲慢で奔放な質問を受け入れる寛容さと人間性を備えていること。教師自身の想定を超えた質問や回答をする子どもを、自分自身の枠に押し込めようとしないことが重要だとしている。最後に「身心一如を受け入れる余地はあるか」とロジャーズは問う。子どもたちの知的生活だけでなく、情的生活をも発展させるように援助することが、ファシリテーターとしての教師には重要だというのである。以上のような視点に立ってファシリテーターは、子どもたちが好奇心をむき出しにし、平気で間違いをおかし、相互に関わりあいながら学ぶ「風土」をつくるのである。次にファシリテーターのあり方についてみていこう。

ファシリテーターとは
　日本に「ワークショップ」という考え方を紹介した１人である中野民夫は、ワークショップとは、「講義など一方的な知識伝達のスタイルではなく、参加者が自ら参加・体験し、グループの相互作用の中で何かを学びあったり創り出したりする、双方向的な学びと創造のスタイル[3]」であると定義している。

ワークショップとはまさに新しい学びに対応する方法なのである。そしてそのワークショップの場をつくるのがファシリテーターである。中野は「ファシリテーターは教えない。「先生」ではないし、上に立って命令する「指導者」でもない。その代わりにファシリテーターは、支援し、促進する。場を創り、つなぎ、取り持つ。そそのかし、引き出し、待つ。共に在り、問いかけ、まとめる[4]」と述べている。促進するというファシリテーターの役割を、中野は「そそのかす」という大和言葉で表現しようとする。そそのかすとは、その気になるように促すことである。教えるのではなく、その気にさせる。ファシリテーターとしての教師は、子どものもつ主体的な、内側からのやる気や興味、力を引き出し、子ども同士をつなげ、その場にいて何が起こるのかを見守り、待つのである。決して自分が主役となって教えたり、指導したりはせず、徹頭徹尾子どもたちの内側の学びに寄り添うのである。そしてそのためにファシリテーターとしての教師は学ぶための「場」（ロジャーズのいうところの「風土」）をつくる。学びのための場が作り上げられれば子どもたちは各々の関心に沿って勝手に学んでいく。それが本来の主体的な学びであり、アクティブ・ラーニングである。また場が作り上げられると、先のロジャーズのいうように、子どもたちは相互に勝手に学んでいくようになり、学びは自ずと協働学習の形態になっていく。つまり、「主体的で対話（協働）的な学び」というのは、無理に働きかけて主体的にさせたり、協働させたりするものではなく、そのための場をつくることによって、自ずとそうなっていくものなのである。それゆえ、ファシリテーターとしての教師の役割は学びのための場づくりに集約されるのである。

　そこで、重要となってくるファシリテーターの行動基準を星野欣生は「相手中心であること」、「個の尊重」、「非評価の姿勢」、「非操作ということ」、「ともにあること」であるとまとめている[5]。ここで特に着目したいのが、「非評価の姿勢」と「非操作ということ」である。従来の教師のあり方とは正反対の姿勢が求められるのである。評価せず、操作しない。あくまでも1人ひとりの子ども中心であり、それに寄りそうかたちで「ともにある」というあり方がファシリテーターとしての教師のあり方なのである。

　それでは次に、ロジャーズが「風土」と呼んだ学びの「場」のつくり方についてみていこう。

3．学びの「場」づくり

物理的な「場」づくり

　ファシリテーターとしての教師がはじめに考えなければならないことは、いかにして学びのための場をつくるかである。場づくりには物理的なものと心理的なものがある。それが相互に影響しあって場はつくられる。まずは、物理的な場づくりからみていこう。

　物理的な場づくりは、空間設定である。教室での生徒たちのアクティブ・ラーニング、協働学習の作業において、どのような空間がふさわしいのか考え、そのための空間設定をすることが、ファシリテーターとしての教師の最初の仕事である。空間が思考や気分に与える影響はわたしたちが思っている以上に大きい。同じメンバーで、同じ話題で話したとしても、空間が違えば議論の深まり方はまったく変わってくる。まずはそれを体験してみよう（ワーク17-1）。

ワーク17-1

2人一組での座り方に意識を向ける
1．2人一組になって座って、1～2分話をします。（話題は、世間話でもこのテキストの中のワーク課題でも、何でもかまいません。）
2．2人の座り方に意識を向けてみましょう。どのような形で座っているでしょうか？　向き合ってでしょうか？　それとも横並びでしょうか？　その座り方はどのように決めましたか？　その座り方は居心地がいいでしょうか？
3．座り方をいくつか変えてみましょう。まずは向き合って座って1分ほど話してみましょう。どんな感じがするでしょうか？
4．次に横並びで座って1分ほど話してみましょう。しばらくしたら左右を入れ替えて話してみましょう。どんな感じがするでしょうか？
5．次に直角に座って1分ほど話してみましょう。どんな感じがするでしょうか？
6．最後にあらためて、いまの2人の感じから、居心地のいい座り方を考えて座ってみましょう。その座り方で、最初の座り方からいまの座り方まで、座り方によって受けた影響について話してみましょう。

　どうだっただろうか。座る位置一つとっても、感じ方は違うはずである。誰

第17章 これからの教師の役割とは？

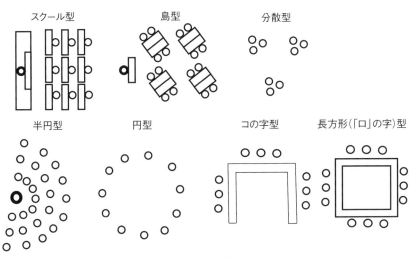

図17-1 教室の場づくり

　かと並んで歩いている時でも、その人の右側を歩くのと左側を歩くのとでは感じ方は違うし、その人なりの好みもあるはずである。またそれは相手との関係性によっても変わってくるだろう。わたしたちの身体は、環境や関係性の変化に大きく影響を受けている。そのことに敏感になり、互いに居心地のいい感じを探ることは、学びの場の空間設定においても重要な方法・技術となる。

　協同学習でたとえば、机をつなげていわゆる「島」をつくって話をする場合と、真ん中に机がなく椅子だけで話をする場合とでは、同じメンバーであったとしても場の雰囲気は変わり、それによって話の内容や展開も変わってくる。それは、わたしたちの思考は空間に大きく影響されているからである。それゆえ、ファシリテーターとしては、何について議論させるのかという内容の問題以前に、空間をどうコーディネートするのかという意識が重要となってくる。いったん始まってしまえば、個々のグループのプロセスにファシリテーターは手を出さない。それゆえ、実際の活動が始まる前に、個々のグループが活性化し、学びが深まるための場づくりが求められるのである。

　具体的な空間デザインとしては、全員の顔が見える円形型、机の形にあわせた長方形（「ロ」の字）型、ホワイトボード等を活用して全員が同じ方向を見ることができるスクール型、あるいはその前に少し空間的に余裕をもたせた半円

型、少人数のグループで活動するための「島」型や分散型などがある。佐藤の提唱する「学びの共同体」の授業では、教室は「コ」の字型に配置されている。

　また人数や男女のバランスも重要な要素となってくる。ファシリテーターはグループの人数を何人にするのか、作業やディスカッションの内容やクラスの雰囲気によって判断し、決定する必要がある。人数が多すぎれば何もしない生徒が出てきてしまうし、少なすぎれば活動が活性化しない可能性が出てくる。人数が偶数なのか奇数なのかによっても大きく変わってくる。また男女の座り方によっても大きく影響を受ける。多感な時期の生徒たちを同性同士で固めると、グループ自体が性別によって分断されてしまう可能性が出てくる。たとえば4人グループであれば、男女の配置は市松模様状に前と横には異性がくるようにするとグループはまとまりやすい。ほかにもグループサイズの変更もディスカッションの活性化のためには有効である。同じ6人グループでも最初から6人で話す場合と、2人組あるいは3人組で話してから6人のグループに戻す場合とでは議論の活性度は変わってくる。以上のようなことをつねに考慮に入れることで、学びのための物理的な場はつくられ、活性化したディスカッションが行われるようになる。

心理的な「場」づくり

　心理的な場づくりでは、学びの場における安心・安全をどう作り出すかが課

ワーク17-2

つながり自己紹介
1. グループで円になって座ります（人数は少人数でも多人数でも可能です）。
2. 最初の人から自己紹介をし、そのうえで自分と他のメンバー全員との関係を紹介します。たとえば、隣の人とはサークルが一緒だとか、別の授業で同じ班になったことがあるとか、お昼に食堂でご飯を食べているのを見たことがあるとか、できる限り相手とのつながりを探して、その人との関係性を紹介します。1人終わったら隣の人、隣の人と、その場にいるメンバー全員との関係を紹介します。はじめての人の場合は「はじめましてです」と紹介します。
3. 最初の人が全員とのつながりを紹介し終えたら、次の人が自己紹介し、また同じように全員とのつながりを紹介していきます。

題となる。安心な学びの場とはグループのメンバー同士が、互いを理解しあい、他者の失敗を共有できるような場だといえるだろう。互いを理解するということにも、さまざまな側面、質がある。ここでは、メンバー同士のつながりを明らかにすることで互いを理解するワークに取り組んでみよう（ワーク 17-2）。

　このワークを行うと、その人自身を知る自己紹介以上に、それぞれの関係性を知ることができるようになる。そして互いにつながりを紹介しあうことにより、一方だけが知っていたり、互いの気づかないつながりに気づいたりもする。どちらか一方だけでもその人のことを知っていたら関係は始まる。ディスカッションを進めていくうえで、誰と誰とが知り合いだとか、仲がいいだとかいった関係性は、場に大きく影響してくる。それを一度明らかにすることによって、安心感のある場を形成していくのである。

　大学では、互いの関係をなんとなくは知っているがそれが明示されないままグループワークが進んでいくことが多い。その状態だとグループワークやディスカッションは表層的なものにならざるをえない。ほかのメンバーの意見に反対しにくいし、思いつきも発言しにくいだろう。また明確な意見としてまとまる以前のアイデアを出すことも難しいだろう。協働学習の意義は、他者に話すことで個人のなかではまだ形になっていないものや、話している当人が気づいていなかったことが形になっていくことにある。個人ではたどりつくことのできない学びの深みに、協働という形によって到達することができるのである。つまり、協働学習の場では形になった考えを発表するのではなく、まだ形になっていない考えをグループの場に出すことこそが重要なのである。そしてそれを可能にするのが安心・安全だと感じられる場の存在である。「ここでは思いつきを発言してもいいし、うまくまとまっていない考えでも大事だと思ったことは発言してもいいんだ」とグループのメンバー 1 人ひとりが感じることが重要なのである。つながり自己紹介はその第一歩となる。

　次に自分や他者の失敗を許容するということについて考えてみよう。新しい学びのモデルとなる「ワークショップ（工房）」という場は、完成形や生産性のみを求められる「ファクトリー（工場）」とは異なり、試行錯誤を重ねる場である。つまり、ワークショップとは、失敗する場であり、失敗から新たなものを生み出していく場なのである。新しい学びにおいても、求められるの

は、教師の求める正解にいかに素早く正確にたどりつくかではなく、答えのない問いに取り組んでいくことである。そこでは、失敗をすることこそが歓迎されるのである。しかし、従来の教育スタイルに馴染んでしまっている子どもたちは、失敗をすることを極度に恐れる傾向にある。また伝統的な教育スタイルを身につけてしまっている教師は、無意識に子どもに正解を求めてしまう。教師も子どもももともに、唯一の正解があると勘違いをし、それを求めるあまり、教師は失敗を悪いものととらえ、それゆえ子どもは失敗を回避しようとし、チャレンジして失敗するくらいなら何もしないことを選ぶ。新しい学びでは、既知の正解よりも未知へのチャレンジや失敗が重要であることを、教師は場づくりのメッセージとして、子どもたちに明確に伝えなければならない。

それでは、失敗を許容するワークに取り組んでみよう（ワーク17-3）。

ワーク17-3

声出しジャンプ

1. 5～10人で円になって手をつなぎます。
2. ファシリテーターのランダムな「前」「後」「右」「左」という指示に従って、メンバーは声を出しながらジャンプします。ファシリテーターが「前」と指示したら、メンバーは「前」と言って前にジャンプします。何回か繰り返してみましょう。
3. 次に、メンバーはファシリテーターの指示とは逆のことをします。ファシリテーターが「右」と指示したら、メンバーは「左」と言って、左にジャンプします。何回か繰り返してみましょう。
4. 次に、メンバーはファシリテーターの指示に、声は逆らい、行動は従います。ファシリテーターが「左」と指示したら、「右」と言って左にジャンプします。何回か繰り返してみましょう。
5. 最後に、メンバーはファシリテーターの指示に、声は従い、行動は逆らいます。ファシリテーターが「後」と指示したら、メンバーは「後」と言って前にジャンプします。何回か繰り返してみましょう。

どうだっただろうか。4や5になると失敗が多くなっただろう。全員で手をつないで動き、声を出すため、失敗はすぐにわかる。そして自分の体が思うように動かないと笑いがこみあげてこないだろうか。自分自身で自分の失敗を笑

い、また他者の失敗を笑いながらそれ
を許容することで、互いのチャレンジ
を歓迎する空気が醸成されていく。そ
れが心理的に安心な場をつくる助けに
なっていくのである。

　教師はファシリテーターとして、結
果としての成果ではなく、学びのプロ
セスに意識を向けなければならない。
そして、子どもたちをできるだけ失敗
させなければならない。本来学校は失
敗するための場であるはずである。それがいつのまにか学びのための場ではな
く、評価のための場になってしまっている。評価そのものを否定する必要はな
いが、教師が評価者としてだけ存在する限り、子どもは教師の前で失敗できな
くなる。失敗できないということはチャレンジをしないということにつながる。
そうなると子どもの学びの可能性は狭められ、学びは表層的なものになり、学
ぶ喜びそのものも失われていく。教師がどれだけ子どもたちの失敗を歓迎でき
るかは、教師の学び観、教師観に大きく関わっている。評価者としてあるいは
指導者として立つのか、それともファシリテーターとして立つのか、その時々
で判断をして、柔軟に立ち方を変えることが現代の教師には求められているの
である。

4．ファシリテーターとしての感覚

コンテンツとプロセス

　最後に、ファシリテーターとしての教師になるために必要な感覚について考
えてみよう。
　ファシリテーターは「待つ」、「ともにある」とされるが、ファシリテーター
は場をつくり、見守るなかで、何を意識しているのだろうか。場で起こってい
ることには大きく分けて二つの側面がある。一つは話されている内容面（コン
テンツ）、もう一つはその話されているという当の出来事そのもの（プロセ

ス）である。多くの場合、わたしたちは何が話されているかに意識を向け、それがどのように話されているのかについては見落としがちである。しかしファシリテーターはコンテンツよりもプロセスをみるのである。プロセスには、発言者の表情や声の調子、目線、行動、態度など、あるいは聞いているメンバーの反応、表情、行動、態度、さらにはその場の雰囲気などが含まれる。ファシリテーターとしての教師は、ワークの結果や内容だけを意識するのではなく、そのプロセスに目を向け、子どもたちがどのように学んでいるのかを見守るのである。結果ではなくプロセスを見守ることによって「待つ」ことや「ともにある」ことは可能となる。コンテンツや結果だけをみてしまうと、最短距離で効率的にゴールに到達しようとしてしまい、それゆえ子どもたちの失敗をよくないものととらえたり、正解だけを求めてそれに至るプロセスを無視したりしてしまう。「待つ」ことも「ともにある」こともできず、教えたり指導したりしてしまう。それでは学びは深まっていかない。子どもたちの学びを深めるために、ファシリテーターとしての教師は、子どもたちの学びと「ともにある」ことに徹するのである。そしてファシリテーターとしての教師の「ともにある」姿勢が学びの場全体に影響し、失敗を恐れずチャレンジする安心感を醸成することにつながるのである。

身体に対する感覚
　場をコーディネートするためには、空間への鋭敏な感覚が必要となってくる。場の雰囲気を感じ取り、それがどのような空間構成によって生み出されているのかを読み取るのである。そしてその雰囲気を感知するには、ファシリテーター自身の身体感覚が手掛かりとなる。これは、最初に述べた反省的実践家としてのあり方にもつながるものである。
　思考には前提として、それを支える1人ひとりに固有の身体がある。姿勢はその最たるものである。試しに以下のワークをやってみてほしい（ワーク17-4）。
　同じ自分でも姿勢によって気分や思考が変わってこないだろうか。思考のあり方や内容は、わたしたちの姿勢や身体に大きく影響を受けている。そして、その身体に影響を与えるものが周囲の環境空間である。つまり、空間が思考に

> ── ワーク 17-4 ──
> 姿勢
> 1．椅子に座り、背もたれに寄りかかり、上を向いて何かを考えてみる。
> 2．次に、背もたれから背中を離し前かがみになり、うつむき加減で何かを考えてみる。

　影響を与えるのは身体を介してなのである。それゆえ、自身の身体感覚への敏感さが思考への空間の影響を読み取ることにつながるのである。空間に影響された自身の身体を鋭敏に感じ取り、そこから逆に、空間をコーディネートしていく。それは誰がどこに座るかという問題やほかのグループとの距離といった文字通りの空間設定から、空気がよどんできたら窓を開ける、座っていたのを立ち上がらせてみるといった、一見些細なことにまで及ぶのである。

　現実には、教室空間や、机、椅子といった備品の制約によって、思うような空間設定ができないかもしれない。しかし、少し視点を変えるだけで教室空間のあり方は大きく変わるはずである。また椅子や机の配置は、それぞれの局面、状況によって、それにふさわしい形にどんどん変化させながら展開させていくことが重要である。それによって子どもたち自身も場をつくりかえる意味を身体で理解することができるだろう。

　また、上記のワークは、子どもの学びの深まりを見る視点ともなる。ディスカッション時の子どもの姿勢や表情から学びの深まりや子どもたち同士の関わりの深まりを知ることができる。その子が深く考えているのかそれとも考えているふりをしているだけなのか、あるいは場に関わっているのかそれともただそこにいるだけなのかといったことを子どもたちの姿勢や表情を見ることで知ることができるのである。議論や学びが深まっているグループはそのまま見守り、議論が表層的に流れていたり、場が壊れてしまっているグループにはあえて介入したりといった判断を子どもたちの身体を見て、場の雰囲気を感じることによって行うのである。その視点を獲得するためにも、ファシリテーターとしての教師は自身の身体感覚に敏感である必要があるのである。

場に対する感覚

次に、場そのものに対する感覚を磨くワークをやってみよう(ワーク17-5)。

ワーク17-5

場の雰囲気を言語化する
1. 3～4人で円になって座ります。しばらく雑談をしてください。
2. 5分ほどしたら、いまの場の雰囲気を言葉にしてみましょう。
　　言葉にするのが難しければ、何かにたとえてみましょう。たとえばいまの雰囲気を色にたとえると何色ですか？　単純に赤や青といった表現ではなく、「台風一過のあとの真夏の空のような青」といったように、できるだけ具体的に、詳しくたとえてみましょう。たとえることができたら、なぜそう思ったのか話してみましょう。
3. 全員がたとえて、その理由を出し終わったら、それを比べてそれぞれがどんな感じがするか話してみましょう。

　場の雰囲気や空気というものは知らず知らずのうちにわたしたちに影響しているものである。そして多くの場合、それに対して意識的に関わることができず、その場の雰囲気や空気に流されてしまう。しかしファシリテーターは場に対して責任がある。場の雰囲気がおかしければそれをしっかりと把握し、変える必要があるのである。そのためにはまず、その雰囲気を認識しなければならない。このワークでは、たとえを使って言語化することによって場の雰囲気を捉えることがねらいとなっている。目に見えず、意識化されにくい場の雰囲気も、たとえを使いそれを言語化することによって、理解したり、変化させたりすることができるものとなる。日常でも誰かと話しているとき、「いまのこの空気は何にたとえられるかな？」と考えてみてほしい。その積み重ねが、雰囲気をつかむことにつながり、場をつくる土台となるだろう。

　本章では、これからの時代に求められる教師像として、ファシリテーターという側面に着目してみてきた。そしてその像はこれまでの伝統的な教師像の新たな一側面というよりも、教師像そのものの転換をともなうものである。逆にいえば、伝統的な教師のあり方のままファシリテーターになることはできない。これまでの教師観、学び観を一旦捨て、ファシリテーターという観点からあらためて教師像というものを再構築する必要がある。そうすることによってはじ

めて、子どもたちの「主体的で対話（協働）的な学び」は強制されたものでなく、自ずとそうなるかたちで立ち現れてくるものとなるだろう。

注
（1） 佐藤学「現代社会の中の教師」佐伯胖他編『教師像の再構築　岩波講座現代の教育6』岩波書店、1998年、20頁。
（2） カール・R・ロージャズ（伊東博監訳）『新・創造への教育2　人間中心の教師』岩崎学術出版社、1984年、37頁（Rogers, C. *Freedom to learn for the 80's*, Bell&Howel, 1983）。
（3） 中野民夫『ファシリテーション革命』岩波アクティブ新書、岩波書店、2003年、40頁。
（4） 同上、iv頁。
（5） 星野欣生「ファシリテーターは援助促進者である」津村俊充・石田裕久編『ファシリテーター・トレーニング　自己実現を促す教育ファシリテーションへのアプローチ』ナカニシヤ出版、2003年、9-10頁。

【読書案内】
①**中野民夫**『**ワークショップ――新しい学びと創造の場**』岩波新書、岩波書店、2001年。
　　――――『**ファシリテーション革命**』岩波アクティブ新書、岩波書店、2003年。
　ワークショップやファシリテーションの実践、普及に努めてきた中野民夫による網羅的な解説書。さまざまな分野のワークショップの紹介と、それを支える技法としてのファシリテーションについて詳しく述べられている。
②**西村佳哲**『**かかわり方のまなび方**』ちくま文庫、筑摩書房、2014年。
　働き方研究家の西村佳哲が、ファシリテーターは何をしているのかという問いのもと、ファシリテーターたちにインタビューをし、その技法や姿勢、考え方を明らかにした書。実際にファシリテーターが現場で何を考えているのか知ることができる。

参考文献
佐藤学「現代社会の中の教師」佐伯胖他編『教師像の再構築　岩波講座現代の教育6』岩波書店、1998年。
ドナルド・ショーン（佐藤学・秋田喜代美訳）『専門家の知恵――反省的実践家は行為しながら考える』ゆみる出版、2001年。

―――（柳沢昌一・三輪建二監訳）『省察的実践とは何か――プロフェッショナルの行為と思考』鳳書房、2007年。(Donald A. Schön *How Professionals Think in Action*, Basic books, 1983)

中野民夫『ワークショップ――新しい学びと創造の場』岩波新書、岩波書店、2001年。

―――『ファシリテーション革命』岩波アクティブ新書、岩波書店、2003年。

星野欣生「ファシリテーターは援助促進者である」津村俊充・石田裕久編『ファシリテーター・トレーニング――自己実現を促す教育ファシリテーションへのアプローチ』ナカニシヤ出版、2003年、7-11頁。

カール・R・ロージァズ（伊東博監訳）『新・創造への教育2 人間中心の教師』岩崎学術出版社 1984年（Rogers,C. *Freedom to learn for the 80's*, Bell&Howell, 1983)。

（小室弘毅）

人名索引

あ
朝井リョウ　*204*
あさのあつこ　*197*
アトキン、J. M.　*130*
ヴァン＝マーネン、M.　*144-146, 151, 154*
石川啄木　*49*
大村はま　*120*
小野田正利　*171, 175, 180, 181*

か
河上亮一　*39*
キング牧師　*119*
熊谷晋一郎　*178, 179, 181, 182*
ケイ、A. C.　*130*

さ
斎藤喜博　*119*
佐伯胖　*139*
佐藤学　*28, 103, 224*
シェフラー、I.　*124*
下中弥三郎　*34*
ショーン、D. A.　*156, 224*
ゼノン　*9*

た
ディルタイ、W.　*145*

な
中野民夫　*228*

西田幾多郎　*3*
ネルソン、T. H.　*136*
ノール、H.　*145, 146, 149, 154*

は
広田照幸　*173, 174, 180*
ブーバー、M.　*177, 178, 181*
藤原和博　*53*
ベルクソン、H.　*9, 10*
ヘルバルト、J. F.　*144, 145, 148, 154*
ボルノー、O. F.　*145*

ま
向山洋一　*39*
ムート、J.　*145, 151*
森絵都　*202*
森有礼　*33, 60*

や
矢野智司　*201*

ら
リーバーマン、M.　*36*
ロジャーズ、C.　*227-229*

わ
和辻哲郎　*6*

事項索引

あ
ICT　*132, 133, 136*

間柄　*6*
アキレスと亀　*9*

241

アクティブ・ラーニング　167, 225, 226, 229, 230
憧れ　18
遊び　146
「或教授の退職の辞」　3
暗黙知　26
eポートフォリオ
eラーニング　136
生きる力　224
意見具申権　73
威光模倣　165, 166
依存　178, 179
イチャモン　175, 176, 180
居場所　212
意味　146
インクルーシブ教育（包括的教育）　220
Web　135
失われた20年　203
営利企業等の従事制限　77
FA（フリー・エージェント）制　73
SNS　139, 204
演劇　92
教えられる　5
教わる　5
オルタナティブ・教育　212, 221
オルタナティブ・スクール　212, 221

か

「開放制」原則　45
学習指導案　118
学習指導要領　85, 158, 171
学習者　121-125
学制　33
学生が教師になる　11
学級崩壊　31, 107
学校教育の水準の維持向上のための義務教育諸学校の教職員の人材確保に関する特別措置法（人確法）　75
学校教育法　162
家庭教育　20
『カラフル』　202
関係性　16

観察者　25
技術的熟達　224
機知　142
機転　142
希望降任制　73
義務教育諸学校における教育の政治的中立の確保に関する臨時的措置法　79
義務教育等教員特別手当　75
義務教育費国庫負担法　73
給与条例主義　74
教育委員会　44
────法　50
教育観　ⅱ, ⅲ
教育技術法則化運動　39
教育基本法　171
教育公務員特例法（教特法）　71, 79
教育刷新委員会　35, 50
教育支援センター（適応指導教室）　212
教育職員免許状　43
教育職員免許法　35, 51, 64
教育職給料表　74
教育長　71, 72
教育ママ　174
教員　32
────採用試験　7
────資格認定試験　52
────の資質向上　31
────の地位に関する勧告　36
教員免許　7
────更新制　54
────令　48
教科外活動　85
教科活動　84
教師
────のサポートネットワーク　211
────の思慮深さ　147
────の倫理綱領　35
教職概論　8
教職観　30
教職調整額　74
競争試験　71
協働　167

242

事項索引

教養　21, 58
許可学校　48
『桐島、部活やめるってよ』　204
クラスカースト　205
ケアリング　22
計画　142
警察　190
啓明会　34
ケース・メソッド　166
言語　118-123
研修制度
県費負担教職員制度　73
憲法　76
行為についての省察　164
工学的アプローチ　129
公共性　82
工芸モデル　149
行動連携　185
高度経済成長期　173-175
公募制　73
校務分掌　85
公立の義務教育諸学校等の教育職員の給与等に関する特別措置法（給特法）　74
国際教員指導環境調査（TALIS 2013）　75
国民学校　47
　──令　35
子どもがおとなになる　10
子どもの貧困　184
子どもの貧困対策法　184
コンテンツとプロセス　235
コンピテンシー　167

さ
再帰性　103, 106
参加者（当事者）　26
"幸せ"な10代　203
CIE　51
CAI　128
支援　17
時間外勤務手当　74
試験検定　48
自己　201

　──形成　201
指示　121
自主的な研修　158
思春期　196
　──の人間関係　205
市町村費負担教員制度　73
実践のなかの省察　163
指導　17
　──案　142
児童委員　188
児童虐待　184
　──防止法　184
児童相談所　187
児童福祉司　188
児童福祉法　188
師範学校　8
　──令　33
師範タイプ　33
シミュレータ　137
シャドウ・ワーク　105
自由　14, 145
10代　196
　──の闇　197
授業　101, 113, 115-125
　──研究　159
　──のデザイン　216
熟達化　157
主体的・協働的に学ぶ学習　225
主体的・対話的で深い学び　226
生涯学習　156
小学校令　46
状況に埋め込まれた学習　26
条件附採用制度　72
少年サポートセンター　190
少年相談専門職員　190
少年補導職員　190
情報の提示方法　136
情報量　134
職務上の義務　77
職務に専念する義務　78
初任者研修　31, 159
序論　116

243

自立　178, 179, 181, 182
人事委員会　71
新自由主義　88
信用失墜行為（の禁止）　77, 78
信頼関係　94, 217
スクールカウンセラー　211
スクールサポーター　190
スクールソーシャルワーカー　211
ステレオタイプによるカテゴリー化（一般化）
　　177, 178
スピーチ　113-125
製作　11
省察（リフレクション）　151, 162
　――的研究　167
　――的実践　156
政治的行為の制限　77, 79
生成変化　11
生徒指導　85
生徒理解　200
説明　121
全体の奉仕者　83
専門職　156
洗練された技法　157
争議行為等（の禁止）　77, 78
総合的な学習の時間　155
創造　11
　――性　21, 26
　――的熟達　157
　――的進化　9
疎外感　204
即興　142

た

第一次米国教育使節団報告書　35
大学院修学休業制度　79
「大学での教員養成」原則　45
ダイナブック　136
代用教員制度　49
対話　216
タクト　142, 144-146, 151, 153
他者理解　198
地域教育　20

チーム（としての）学校　89, 185
地方教育行政の組織及び運営に関する法律
　　72
地方公務員法　71
中学生と高校生の生活と意識調査　203
懲戒処分　80, 81
長期派遣研修制度　79
聴衆　121
包み込むモデル　219
出逢い　20
定型的熟達　157
適応的熟達　157
展開　118
問い　142
道義的責任　81
登校拒否　210
導入　117, 118
同僚性　109, 178
特別支援教育　218
特別支援教育コーディネーター　184
特別免許状制度　53
特殊性・個別性　145
徒弟制度　19

な

内申権　73
仲間関係　202
「なる」ことへの強制　13
「なる」ことへの自由　13
「なる」という出来事　7
日本教職員組合　35, 89
任用候補者名簿　72

は

バーンアウト　105, 106
ハイパーテキスト　135
ハイパーリンク　135
発達障害、発達障がい　102, 184, 218, 219
発達障害者支援法　184
発達段階　85
『バッテリー』　197
発展性　21, 26

発問　　121
話し言葉　　120
話す　　125
反省的実践家　　41, 162, 224, 225, 234-238
非違行為　　81
PISA　　155
批判的思考力　　91
秘密　　196
秘密を守る義務（守秘義務）　　77, 78
比喩　　119
評価者　　26
ファシリテーション　　227
ファシリテーター　　225, 227-232
不確実性　　103, 106, 216
部活動　　86, 96, 104
服務義務　　76
服務の宣誓　　77
府県免許状　　46
普通免許状　　46
不登校　　31, 102, 210, 213
普遍性・一般性　　145
フリースクール　　212
文化祭　　143
文化的価値　　26
分限処分　　80, 81
米国教育施設団報告書　　50
法令等及び上司の職務上の命令に従う義務　　77

ま
まとめ　　118
まなざし　　25
学び　　22, 217
　　──続ける教員　　156
──の共同体　　232
身分上の義務　　77, 78
無境界性　　89, 103, 106
無試験検定　　48
メタメディア　　130
免許状主義　　45
メンター　　165
メンタリング　　165
模倣　　18, 165
モンスターペアレント　　102, 171-177, 181

や
有機モデル　　149
ユニバーサルデザイン　　220
揺らぎの時期　　196
善さ　　18
寄り添い　　19

ら
羅生門的アプローチ　　130, 140
両極性　　145
理論と実践　　145
『倫理学』　　6
レジリエンス　　110
レトリカルな機能　　119
レトリック　　119, 122
連携マップ（関係機関マップ）　　191
ロールプレイ　　151

わ
ワークショップ　　228
話者　　119
我－それ　　178
我－汝　　177

・執筆者一覧（＊は編者、執筆順）

平石晃樹（ひらいし・こうき）　第1章
1981年生まれ。ストラスブール大学大学院人文系博士課程哲学専攻修了。博士（哲学）。現在、金沢大学人間社会学域学校教育学類准教授。『ワークで学ぶ道徳教育』（分担執筆、ナカニシヤ出版、2016年）、「倫理と教え――レヴィナスにおける〈問い〉とその〈無起源〉」（『理想』第694号、2015年）、ほか。

尾崎博美（おざき・ひろみ）　第2章
1978年生まれ。東北大学大学院教育学研究科博士課程後期修了。博士（教育学）。現在、東洋英和女学院大学教授。『「甘え」と「自律」の教育学』（分担執筆、世織書房、2015年）、『ワークで学ぶ教育学』（分担執筆、ナカニシヤ出版、2015年）、『ワークで学ぶ道徳教育』（分担執筆、ナカニシヤ出版、2016年）、ほか。

岸本智典（きしもと・とものり）　第3章
1984年生まれ。慶應義塾大学大学院社会学研究科博士課程単位取得退学。修士（教育学）。現在、鶴見大学文学部准教授。『道徳教育の地図を描く――理論・制度・歴史から方法・実践まで』（編著、教育評論社、2022年）、眞壁宏幹編著『西洋教育思想史［第2版］』（分担執筆、慶應義塾大学出版会、2020年）、ブルース・ククリック『アメリカ哲学史――一七二〇年から二〇〇〇年まで』（共訳、勁草書房、2020年）、『ウィリアム・ジェイムズのことば』（編著、教育評論社、2018年）、ほか。

山本一生（やまもと・いっせい）　第4章
1980年生まれ。東京大学大学院教育学研究科博士課程修了。博士（教育学）。現在、国立大学法人鹿屋体育大学スポーツ人文・応用社会科学系准教授。「コミックマーケットという「場」――「場の魔法」が起こった参加者と、それが解けた研究者の〈重なり〉」『ポップカルチャーの教育思想――アカデミック・ファンが読み解く現代社会』（晃洋書房、2023年）、ほか。

髙宮正貴（たかみや・まさき）　第5章
1980年生まれ。上智大学大学院総合人間科学研究科教育学専攻博士後期課程修了。博士（教育学）。現在、大阪体育大学教育学部教授。『ワークで学ぶ道徳教育』（分担執筆、ナカニシヤ出版、2016年）、『悪という希望』（分担執筆、教育評論社、2016年）、『ワークで学ぶ教育学』（分担執筆、ナカニシヤ出版、2015年）、ほか。

荒井英治郎（あらい・えいじろう）　第6章
1981年生まれ。東京大学大学院教育学研究科博士課程単位取得満期退学。修士（教育学）。現在、信州大学教職支援センター准教授。『教育と法のフロンティア』（共編著、晃洋書房、2015年）、『憲法判例からみる日本――法×政治×歴史×文化』（分担執筆、日本評論社、2016年）、『現代の学校を読み解く――学校の現在地と教育の未来』（分担執筆、春風社、

2016年)、ほか。

広瀬悠三（ひろせ・ゆうぞう）　第7章
1980年生まれ。京都大学大学院教育学研究科博士後期課程研究指導認定退学。博士（教育学）。現在、奈良教育大学教育学部特任准教授。『カントの世界市民的地理教育――人間形成論的意義の解明』（ミネルヴァ書房、2017年）、『ワークで学ぶ道徳教育』（共著、ナカニシヤ出版、2016年）、『やさしく学ぶ道徳教育』（共著、ミネルヴァ書房、2016年）、ほか。

＊**井藤 元**（いとう・げん）　第8章
1980年生まれ。京都大学大学院教育学研究科博士課程修了。博士（教育学）。現在、東京理科大学教育支援機構教職教育センター教授。『シュタイナー「自由」への遍歴――ゲーテ・シラー・ニーチェとの邂逅』（京都大学学術出版会、2012年）、『マンガでやさしくわかるシュタイナー教育』（日本能率協会マネジメントセンター、2019年）、『シュタイナー学校の道徳教育』（イザラ書房、2021年）、『笑育――「笑い」で育む21世紀型能力』（監修、毎日新聞出版、2018年）、『記者トレ――新聞記者に学ぶ観る力、聴く力、伝える力』（監修、日本能率協会マネジメントセンター、2020年）、ネル・ノディングズ『人生の意味を問う教室――知性的な信仰あるいは不信仰のための教育』（共訳、春風社、2020年）、ほか。

畠山 大（はたけやま・だい）　第9章
1984年生まれ。東北大学大学院教育学研究科博士課程後期修了。博士（教育学）。現在、東京海洋大学学術研究院准教授。『ワークで学ぶ教育学（増補改訂版）』（分担執筆、ナカニシヤ出版、2020年）、『ワークで学ぶ道徳教育（増補改訂版）』（分担執筆、ナカニシヤ出版、2020年）、『子どもと共に育ちあう エピソード保育者論（第2版）』（分担執筆、みらい、2020年）、『ワークで学ぶ教育課程論』（分担執筆、ナカニシヤ出版、2018年）、ほか。

浅井宗海（あさい・むねみ）　第10章
1957年生まれ。東京理科大学大学院理工学研究科修士課程修了。修士（理学）。現在、中央学院大学商学部教授。『情報通信ネットワーク』（近代科学社、2011年）、『プレゼンテーションと効果的な表現』（エスシーシー、2005年）、『新コンピュータ概論』（実教出版、1999年）、ほか。

井谷信彦（いたに・のぶひこ）　第11章
1980年生まれ。京都大学大学院教育学研究科博士課程研究指導認定退学。博士（教育学）。現在、武庫川女子大学文学部教育学科講師。『災害と厄災の記憶を伝える――教育学は何ができるのか』（共著、勁草書房、2017年）、『ワークで学ぶ道徳教育』（共著、ナカニシヤ出版、2016年）、『ワークで学ぶ教育学』（共著、ナカニシヤ出版、2015年）、『存在論と宙吊りの教育学――ボルノウ教育学再考』（京都大学学術出版会、2013年）、ほか。

羽野ゆつ子（はの・ゆつこ）　第 12 章
1970 年生まれ。京都大学大学院教育学研究科博士課程修了。博士（教育学）。現在、大阪成蹊大学教育学部准教授。『ワークで学ぶ道徳教育』（分担執筆、ナカニシヤ出版、2016 年）、「実践のサイクルをコアとした教員養成——芸術系私立大学の教育実習の事例を中心に」（日本教師教育学会年報、2007 年）、『メタファー研究の最前線』（分担執筆、ひつじ書房、2007 年）、ほか。

河野桃子（こうの・ももこ）　第 13 章
1978 年生まれ。東京大学大学院教育学研究科博士課程修了。博士（教育学）。現在、日本大学文理学部教育学科准教授。『ワークで学ぶ教育学』（分担執筆、ナカニシヤ出版、2015 年）、『ワークで学ぶ道徳教育』（分担執筆、ナカニシヤ出版、2016 年）、『シュタイナーの思想とホリスティックな知』（勁草書房、2021 年）、ほか。

帖佐尚人（ちょうさ・なおと）　第 14 章
1985 年生まれ。早稲田大学大学院教育学研究科博士後期課程修了。修士（教育学）。現在、鹿児島国際大学福祉社会学部児童学科講師。『ワークで学ぶ道徳教育』（分担執筆、ナカニシヤ出版、2016 年）、『現代アメリカ教育ハンドブック』（分担執筆、東信堂、2017 年）、ほか。

米川泉子（よねかわ・もとこ）　第 15 章
1980 年生まれ。上智大学大学院総合人間科学研究科博士後期課程満期退学。修士（教育学）。現在、金沢学院大学文学部准教授。『子どもの心によりそう保育原理』（分担執筆、福村出版、2012 年）、『ワークで学ぶ教育学』（分担執筆、ナカニシヤ出版、2015 年）、『「家庭団欒」の教育学——多様化する家族の関係性と家庭維持スキルの応用』（分担執筆、福村出版、2016 年）、ほか。

米津美香（よねづ・みか）　第 16 章
1984 年生まれ。東京大学大学院教育学研究科博士課程単位取得退学。修士（教育学）。現在、奈良女子大学文学部人間科学科助教。『大正新教育の思想——生命の躍動』（分担執筆、東信堂、2015 年）、『ワークで学ぶ道徳教育』（分担執筆、ナカニシヤ出版、2016 年）、『教育課程論』（分担執筆、学文社、2016 年）、『「星野君の二塁打」を読み解く』（分担執筆、かもがわ出版、2021 年）、ほか。

小室弘毅（こむろ・ひろき）　第 17 章
1975 年生まれ。東京大学大学院教育学研究科博士課程単位取得退学。修士（教育学）。現在、関西大学人間健康学部准教授。『人間形成と修養に関する総合的研究』（分担執筆、野間教育研究所、2012 年）、『ワークで学ぶ教育学』（分担執筆、ナカニシヤ出版、2015 年）、『ワークで学ぶ道徳教育』（分担執筆、ナカニシヤ出版、2016 年）、『やさしく学ぶ道徳教育』（分担執筆、ミネルヴァ書房、2016 年）、ほか。

ワークで学ぶ教職概論

| 2017 年 4 月 15 日 | 初版第 1 刷発行 |
| 2024 年 4 月 10 日 | 初版第 3 刷発行 |

（定価はカヴァーに表示してあります）

編 者　井藤　元

発行者　中西　良

発行所　株式会社ナカニシヤ出版
〒606-8161　京都市左京区一乗寺木ノ本町 15 番地
TEL075-723-0111　FAX075-723-0095
http://www.nakanishiya.co.jp/

装幀＝宗利淳一デザイン
イラスト＝藤沢チヒロ
印刷・製本＝亜細亜印刷
©G. ITo et al. 2017
＊落丁・乱丁本はお取替え致します。
Printed in Japan.
ISBN978-4-7795-1146-2　C1037

本書のコピー、スキャン、デジタル化等の無断複製は著作権法上での例外を除き禁じられています。本書を代行業者等の第三者に依頼してスキャンやデジタル化することはたとえ個人や家庭内での利用であっても著作権法上認められておりません。

「ワークで学ぶ」シリーズ　全7巻

ワーク課題で教育学の基本を学ぶ

ワークで学ぶ教育学〔増補改訂版〕
井藤　元［編］　何が正しい教育なのか、良い先生とはどんな先生なのか。ワーク課題を通じて創造的思考を養っていこう。　　2600円＋税

ワークで学ぶ道徳教育〔増補改訂版〕
井藤　元［編］　学校で道徳を教えることはできるのか、そもそも道徳とは何か。ワーク課題を通じて道徳をめぐる問いと向き合っていこう。　　2600円＋税

ワークで学ぶ教職概論
井藤　元［編］　教師になるとはどのようなことか。理想の教師像なんてあるのか。ワーク課題を通じて「教育観」を磨いていこう。　　2500円＋税

ワークで学ぶ教育課程論
尾崎博美・井藤　元［編］ワーク課題と授業案を通じて、「授業を受ける立場」から「授業をつくる立場」へと視点を転換していこう。　　2600円＋税

ワークで学ぶ学校カウンセリング
竹尾和子・井藤　元［編］　児童・生徒や家庭への支援はどうすればいいのか。ワーク課題を通じて、学校カウンセリングの良き担い手になろう。　　2600円＋税

ワークで学ぶ教育の方法と技術
小室弘毅・齋藤智哉［編］　大改正された新学習指導要領に対応。ワークを通じて「主体的・対話的で深い学び」を実践していこう。　　2600円＋税

ワークで学ぶ発達と教育の心理学
竹尾和子・井藤　元［編］　子どもの発達はどのように進むのか。ワーク課題を通じて発達観と教育観を磨こう　　2600円＋税